Rudolf Buschmann / Irene Edich

Europarecht

Grundlagen für Betriebs- und Personalräte

aktiv im Betriebs- und Personalrat

Rudolf Buschmann / Irene Edich

Europarecht

Grundlagen für Betriebs- und Personalräte

BUND
VERLAG

Bibliografische Informationen Der Deutschen Nationalbibliothek
Die Deutsche Nationalbibliothek verzeichnet diese Publikation in der Deutschen Nationalbibliografie; detaillierte bibliografische Daten sind im Internet unter *http://dnb.d-nb.de* abrufbar.

Umschlag: Bernd Adam, Weinheim
Satz: Dörlemann Satz, Lemförde
Druck: CPI books GmbH, Birkstraße 10, 25917 Leck

ISBN 978-3-7663-7511-7

kontakt@bund-verlag.de
www.bund-verlag.de

Vorwort

Immer mehr Musik aus Europa!

Die praktische Arbeit der Arbeitnehmervertretungen in ganz Europa hat sich in den letzten Jahren dramatisch verändert. War es vor Jahren noch erforderlich, aber auch ausreichend, nationales Arbeits- und Sozialrecht, nationale Arbeitnehmerschutzbestimmungen zu kennen und für die Beschäftigten sinnvoll anzuwenden, reicht dieses Wissen heute nicht mehr aus. Zahlreiche nationale Gesetze, die zum Grundwissen von Betriebs- und Personalräten gehören, werden europarechtskonform interpretiert und erhalten dadurch einen ganz besonderen Sinn. Bestimmte europarechtliche Vorschriften gelten unmittelbar auch im Betrieb und gestalten damit die Praxis des Arbeitslebens. Warum ist das so? Europäische Mindestbedingungen im Arbeits- und Sozialrecht verhindern, dass einzelne Staaten Sozialdumping betreiben, um bestimmten Unternehmen auf diese Weise Wettbewerbsvorteile im internationalen Konkurrenzkampf zulasten ihrer Beschäftigten zu verschaffen. Der Europäische Gewerkschaftsbund und seine nationalen Mitgliedsgewerkschaften arbeiten daran mit, geben notwendige Anstöße und organisieren Widerstand gegenüber allen Initiativen aus Wirtschaftskreisen, die darauf abzielen den sozialen Schutz zu verschlechtern. So ist in den letzten Jahrzehnten zwar noch kein flächendeckendes europäisches Arbeits- und Sozialrecht entstanden, wohl aber eine ganze Reihe wichtiger Einzelregelungen, die das nationale Arbeitsleben in ganz Europa prägen. Um nur einige Beispiele zu nennen: Im Recht der Gleichbehandlung, des Arbeitsschutzes, der Arbeitszeiten, des Datenschutzes und vieles mehr spielt die Musik in Europa und ist nicht mehr zu überhören.

Was bedeutet dies für die Arbeit der Beschäftigtenvertretungen? Rechte setzen sich nicht von selbst durch, sondern müssen immer wieder konkret eingefordert werden. Für die Rechtspositionen der abhängig Beschäftigten gilt dies in ganz besonderem Maße. Dafür müssen sie sie kennen!

Dieses Buch gibt dazu eine Übersicht über die wichtigsten europäischen Bestimmungen, ihr Zustandekommen und ihre Struktur, schließlich ihre Auslegung, quasi das Handwerkszeug im Umgang mit Europarecht. Eine vielleicht anfänglich vorhandene Scheu im Umgang mit europäischem Recht verringert sich mit jeder gelesenen Seite in diesem Grundlagenbuch. Irene Edich und Rudolf Buschmann, sind dafür bestens prädestiniert, arbeiten sie doch seit langem an der Stelle, an der Europarecht angewandt wird, sind die maßgeblichen Prozessvertreter für Beschäftigte in Verfahren mit arbeitsrechtlichen Schwerpunkten vor den europäischen Gerichten, dem Gerichtshof der Europäischen Union in Luxemburg und dem europäischen Gerichtshof für Menschenrechte in Straßburg, verbinden Prozesspraxis und Wissenschaft. Aus europäischer Sicht ist es uns ein besonderes Anliegen, dass alle Rechte der Beschäftigten, für die wir europaweit kämpfen und die wir verteidigen müssen, in der Praxis der Betriebe und Dienststellen auch umgesetzt werden. Dafür ist dieses Buch die beste Grundlage.

Isabelle Schömann,
Stellvertretende Generalsekretärin des Europäischen
Gewerkschaftsbundes, Brüssel

Inhaltsverzeichnis

Abkürzungsverzeichnis

a. a. O.	am angegebenen Ort
Abs.	Absatz
AEntG	Arbeitnehmer-Entsendegesetz
AEUV	Vertrag über die Arbeitsweise der Europäischen Union
a. F.	alte Fassung
AG	Aktiengesellschaft
AGG	Allgemeines Gleichbehandlungsgesetz
AiB	Arbeitsrecht im Betrieb (Zeitschrift)
Alt.	Alternative
Anm.	Anmerkung
ArbG	Arbeitsgericht
ArbGG	Arbeitsgerichtsgesetz
ArbSch-RL / ArbSchG	Arbeitsschutzrichtlinie / Arbeitsschutzgesetz
ArbZ-RL / ArbZG	Arbeitszeitrichtlinie / Arbeitszeitgesetz
Art.	Artikel
AuR	Arbeit und Recht (Zeitschrift)
AÜG	Arbeitnehmerüberlassungsgesetz
BAG	Bundesarbeitsgericht
BAGE	Sammlung der Entscheidungen des Bundesarbeitsgerichts
BDSG	Bundesdatenschutzgesetz
BetrVG	Betriebsverfassungsgesetz
BGB	Bürgerliches Gesetzbuch
BPersVG	Bundespersonalvertretungsgesetz
BR	Betriebsrat
BRK	(UN-)Behindertenrechtskonvention
BUrlG	Bundesurlaubsgesetz
BV	Betriebsvereinbarung
BVerfG	Bundesverfassungsgericht

BVerwG	Bundesverwaltungsgericht
bzgl.	bezüglich
bzw.	beziehungsweise
CEEP	Europäischer Zentralverband der öffentlichen Arbeitgeber und Unternehmen in Europa (CEEP – European Centre of Employers and Enterprises providing Public services)
CSDDD	Corporate Sustainability Due Diligence Directive
DGB	Deutscher Gewerkschaftsbund
d. h.	das heißt
DS	Datenschutz
DSGVO	Datenschutz-Grundverordnung
DV	Dienstvereinbarung
EASR	Europäischer Ausschuss für Soziale Rechte
ebd.	ebenda
EBR	Europäischer Betriebsrat
EBRG	Europäische Betriebsräte-Gesetz
EG	Europäische Gemeinschaften
EGB	Europäischer Gewerkschaftsbund
EGMR	Europäischer Gerichtshof für Menschenrechte
EMRK	Europäische Menschenrechtskonvention
EP	Europäisches Parlament
ErwG	Erwägungsgrund
ESC	Europäische Sozialcharta
EU	Europäische Union
EuGH	Europäischer Gerichtshof/Gerichtshof der Europäischen Union
EUV	Vertrag über die Europäische Union
EuZA	Europäische Zeitschrift für Arbeitsrecht
EWG	Europäische Wirtschaftsgemeinschaft
EWGV	Vertrag zur Gründung der Europäischen Wirtschaftsgemeinschaft
ff.	folgende
gem.	gemäß
GewO	Gewerbeordnung
GG	Grundgesetz
ggf.	gegebenenfalls
GmbH	Gesellschaft mit beschränkter Haftung
GRC	Charta der Grundrechte der Europäischen Union
HDSIG	Hessisches Datenschutz- und Informationsfreiheitsgesetz

h. M.	herrschende Meinung
HPR	Hauptpersonalrat
IAO	Internationale Arbeitsorganisation
i. d. R.	in der Regel
IfSG	Infektionsschutzgesetz
i. H. v.	in Höhe von
ILO	International Labour Organization
insb.	insbesondere
IPWSKR	Internationaler Pakt über wirtschaftliche, soziale und kulturelle Rechte
i. S.	in Sachen
i. S. d.	im Sinne der/des
IuK	Information und Konsultation
i. V. m.	in Verbindung mit
Kapovaz	kapazitätsorientierte variable Arbeitszeit
KI	Künstliche Intelligenz
KSchG	Kündigungsschutzgesetz
LAG	Landesarbeitsgericht
lit.	Buchstabe
LkSG	Lieferkettensorgfaltspflichtengesetz
MERL	Massenentlassungs-Richtlinie
Mitbestimmung	Mitbestimmung – Das Magazin der Hans-Böckler-Stiftung
MuSchG	Mutterschutzgesetz
m. w. N.	mit weiteren Nachweisen
NachwG	Nachweisgesetz
n. F.	neue Fassung
NJW	Neue Juristische Wochenschrift (Zeitschrift)
Nr./Nrn.	Nummer(n)
NZA	Neue Zeitschrift für Arbeitsrecht (Zeitschrift)
o. g.	oben genannt
ö.D.	öffentlicher Dienst
PersR	Der Personalrat (Zeitschrift)
PR	Personalrat
PSV	Pensionssicherungsverein
RESC	Revidierte Europäische Sozialcharta
RL	Richtlinie
Rn.	Randnummer
Rspr.	Rechtsprechung
SeeArbG	Seearbeitsgesetz
SGB	Sozialgesetzbuch

s. o.	siehe oben
sog.	sogenannte/r
StGB	Strafgesetzbuch
str.	strittig
TV	Tarifvertrag
TzBfG	Teilzeit- und Befristungsgesetz
u. a.	und andere / unter anderem
UNICE	Union der Industrie- und Arbeitgeberverbände Europas
usw.	und so weiter
u. U.	unter Umständen
v.	vom
vgl.	vergleiche
v. H.	vom Hundert (Prozent)
VO	Verordnung
WA	Wirtschaftsausschuss
WissZeitVG	Wissenschaftszeitvertragsgesetz
z. B.	zum Beispiel
ZESAR	Zeitschrift für europäisches Sozial- und Arbeitsrecht
zust.	zuständig

Literaturverzeichnis

Buschmann / Fraunhoffer / Schierle / Vorbau (Hrsg.), Unsichere Arbeits- und Lebensbedingungen in Deutschland und Europa, Jahrbuch des Rechtsschutzes, 2014.

Buschmann / J. Ulber (Hrsg.), Arbeitszeitrecht, Kompaktkommentar zum Arbeitszeitgesetz mit Nebengesetzen und europäischem Recht, 2019.

Däubler / Beck (Hrsg.), Allgemeines Gleichbehandlungsgesetz, Handkommentar, 5. Aufl. 2022 (zit.: Däubler/Beck-*Bearbeiter*).

Däubler / Klebe / Wedde (Hrsg.), Betriebsverfassungsgesetz, Kommentar, 19. Aufl. 2024 (zit.: DKW-*Bearbeiter*).

Däubler / Wedde / Weichert / Sommer, EU-DSGVO und BDSG, Kompaktkommentar, 3. Aufl. 2024 (zit.: DWWS-*Bearbeiter*).

Deinert / Treber, Europäische Arbeits- und Sozialordnung, 2021.

Fitting / Engels / Schmidt / Trebinger / Linsenmaier, Betriebsverfassungsgesetz mit Wahlordnung, Handkommentar, 30. Aufl. 2020 (zit.: Fitting).

Franzen / Gallner / Oetker (Hrsg.), Kommentar zum europäischen Arbeitsrecht, 5. Aufl. 2024 (zit.: EUArbRK-*Bearbeiter*).

Kohte / Faber / Feldhoff (Hrsg.), Gesamtes Arbeitsschutzrecht, Handkommentar, 2. Aufl. 2018 (zit.: HaKo-*Bearbeiter*).

Oetker / Preis (Hrsg.), EAS, Europäisches Arbeits- und Sozialrecht, Loseblatt (zit.: EAS-*Bearbeiter*).

Preis / Sagan (Hrsg.), Europäisches Arbeitsrecht, 3. Aufl. 2024 (zit.: Preis/Sagan-*Bearbeiter*).

Schlachter / Heinig (Hrsg.), Europäisches Arbeits- und Sozialrecht, Enzyklopädie Europarecht, Bd. 7, 2. Aufl. 2021.

Schmitz, Lieferkettensorgfaltspflichtenrecht, Kurz-Kommentar, 2023.

Waddington, European Works Councils and Industrial Relations: A Transnational Industrial Relations Institution in the Making, 2010.

Zimmer, Das Lieferkettensorgfaltspflichtengesetz, HSI-Schriftenreihe, Bd. 48, 2023.

I. Beispiele aus der Praxis – Warum sich Betriebs- und Personalräte mit Europarecht beschäftigen (müssen)

So etwas könnte jeden Tag passieren:

1. Arbeitgeber/Dienststelle und Betriebsrat/Personalrat verhandeln im Mitbestimmungsverfahren (§ 87 Abs. 1 Nrn. 2, 3 BetrVG / § 80 Abs. 1 Nrn. 1, 2 BPersVG)[1] über tägliche und wöchentliche Arbeitszeiten der Beschäftigten. Der Arbeitgeber fordert **Bereitschaftszeiten**, möchte diese aber nicht oder nicht vollständig auf die Arbeitszeit anrechnen. Ist das zulässig? Was ist Arbeitszeit? Das deutsche Recht gibt keine Antwort.[2] Europa hat sie.[3]
2. In Interessenausgleichsverhandlungen fordert der Arbeitgeber den Abschluss einer Betriebsvereinbarung mit einer sog. Namensliste, in der »zur Sicherung einer ausgewogenen sozialen Altersstruktur« die soziale Auswahl der zu kündigenden Beschäftigten nach **Altersgruppen** getrennt vorgenommen wurde. Dies führte dazu, dass bestimmte Beschäftigte allein wegen Überschreitung eines bestimmten Lebensalters auf die Liste gesetzt wurden. Der Betriebsrat fragt, ob Europarecht einer Altersdiskriminierung entgegensteht.[4]
3. Der Beschäftigte B wird nach längerer Krankheit im April wieder gesundgeschrieben. Er fragt nach seinem **Resturlaub** aus dem Vorjahr. Die Personalabteilung hält den Urlaub für verfallen und verweist auf § 7 Abs. 3 BUrlG.[5] B meint, dass diese Bestimmung so nicht

1 Stellvertretend für alle Personalvertretungsgesetze nennen wir jeweils einschlägige Vorschriften des BPersVG.

2 § 2 Abs. 1 ArbZG: »Arbeitszeit im Sinne dieses Gesetzes ist die Zeit vom Beginn bis zum Ende der Arbeit ohne die Ruhepausen…« – Klassischer Fall einer Un-Regelung, denn was ist »Arbeit«?

3 Antwort unter VI. 6. Arbeitszeitrecht als besonderes Arbeitsschutzrecht.

4 Antwort unter VI. 7. Allgemeines Gleichbehandlungsrecht.

5 § 7 Abs. 3 Satz 3 BUrlG: »Im Fall der Übertragung muss der Urlaub in den ersten 3 Monaten des folgenden Kalenderjahres gewährt und genommen werden.« Wir nehmen es vorweg: Das ist nicht die Lösung!

wirksam sei, und hofft, dass der BR/PR ihm bessere Auskunft geben kann (§§ 80 BetrVG, 62 BPersVG).[6]

Alle Arbeitnehmervertreter[7] kennen solche Situationen. Immer wieder tauchen Fragen auf, die sich allein aus nationalem Recht nicht beantworten lassen. Ein Blick ins Europarecht hilft da weiter. Europäisches Arbeitsrecht, europäische Rechtsprechung, europäische Institutionen – für viele noch ein weitgehend unbekanntes Feld. Das lässt sich ändern. Wir wollen deshalb eine Handreichung gerade für Betriebs- und Personalräte schaffen, die hilft, mit europäischer Rechtsprechung und europäischen Richtlinien umzugehen. In diesem Buch werden die wesentlichen, für Betriebs- und Personalräte relevanten Rechtsgrundlagen und Anwendungsfälle erläutert – vor allem im Arbeitsrecht. Worum geht es im Europarecht, wie entsteht es und welche Wirkung hat es im täglichen Arbeitsleben? Um einen Einstieg zu schaffen, stellen wir die jeweiligen deutschen Gesetze und Paragrafen ihren entsprechenden europäischen Vorschriften gegenüber und behandeln die in der Praxis wichtigsten Themenfelder. Was viele nicht wissen: Zahlreiche europäische Vorschriften formulieren ausdrücklich besonderen **Schutz und/oder besondere Rechte für »Arbeitnehmervertreter«**. Dazu gibt es Rechtsprechung. Schließlich geben wir einen Überblick über das gerichtliche Verfahren, vor allem vor dem Gerichtshof der Europäischen Union, dem EuGH in Luxemburg.

Dabei zeigt sich:

- Europa ist nicht nur eine Wirtschaftsgemeinschaft und ein Binnenmarkt, sondern eine **Rechtsgemeinschaft mit vielen verbindlichen Regelungen**, die unser Arbeits- und Sozialrecht und damit das gesamte Arbeitsleben prägen.
- Europäisches Arbeitsrecht soll verhindern, dass Mitgliedstaaten strategisch die Arbeitsbedingungen in ihren Ländern absenken, um damit die Wettbewerbschancen ihrer nationalen Volkswirtschaften im Vergleich zu ihren europäischen Konkurrenten, aber zulasten ihrer inländischen Beschäftigten zu verbessern; das begrenzt auch die Möglichkeiten mancher Politiker und Wirtschaftsvertreter in Deutschland, die immer wieder solche Forderungen erheben.

---

6 Antwort unter VI. 11. Urlaubsrecht.

7 Gemeint sind immer alle Geschlechter. Die männliche Form verwenden wir nur wegen der Kürze.

- Tatsächlich haben in Deutschland Beschäftigte in den letzten Jahren in vielfacher Weise von europäischer Rechtsetzung und Rechtsprechung profitieren können.
- Der Umgang mit Europarecht ist für die Praxis der Beschäftigtenvertretung deshalb unverzichtbar.

II. Was ist Europarecht?

Nach landläufiger Definition reicht Europa von Gibraltar bis zum Ural oder zum Kaukasus, aber nicht überall gilt das Europarecht, das wir in diesem Buch behandeln. Hier sind zwei Ebenen zu unterscheiden:

1. Recht des Europarats

Die größere und ältere Institution ist der **Europarat**. Ihm gehören alle europäischen Staaten bis auf Russland, Belarus, Vatikan und Kosovo an. Organe des Europarats sind die Parlamentarische Versammlung, das Ministerkomitee, der Menschenrechtskommissar, das Sekretariat. Im Europarat wurden über 200 Übereinkommen und Protokolle verabschiedet, von denen Deutschland die meisten ratifiziert[1] hat. Die – auch im Arbeitsrecht – wichtigsten und für Deutschland verbindlichen Konventionen sind die **Europäische Menschenrechtskonvention (EMRK)** und die (revidierte) **Europäische Sozialcharta (ESC)**. Über die Einhaltung der EMRK wacht der Europäische Gerichtshof für Menschenrechte (EGMR), über die Einhaltung der ESC der Europäische Ausschuss für Soziale Rechte (EASR), beide in Straßburg. Verletzte, darunter auch Beschäftigte und Gewerkschaften, können bei Verstoß gegen ihre Rechte aus der EMRK[2] nach Ausschöpfung aller nationalen Rechtsmittel unmittelbar

---

1 Ratifizierung nach Art. 59 Abs. 2 GG: »Verträge, welche die politischen Beziehungen des Bundes regeln oder sich auf Gegenstände der Bundesgesetzgebung beziehen, bedürfen der Zustimmung oder der Mitwirkung der jeweils für die Bundesgesetzgebung zuständigen Körperschaften in der Form eines Bundesgesetzes. Für Verwaltungsabkommen gelten die Vorschriften über die Bundesverwaltung entsprechend.«

2 Art. 2 Recht auf Leben; Art. 3 Verbot der Folter; Art. 4 Verbot der Sklaverei und der Zwangsarbeit; Art. 5 Recht auf Freiheit und Sicherheit; Art. 6 Recht auf ein faires Verfahren; Art. 7 Keine Strafe ohne Gesetz; Art. 8 Recht auf Achtung des

Beschwerde beim EGMR einlegen, was nicht selten geschieht.[3] Eine Beschwerde wegen Verletzung von Rechten aus der ESC[4] ist in Deutschland nicht möglich, da Deutschland das entsprechende Beschwerdeprotokoll nicht unterzeichnet, geschweige denn ratifiziert hat. Jedoch gibt es eine nationale Berichtspflicht der Bundesregierung über die Einhaltung der Charta; der Ausschuss gibt hierzu Stellungnahmen (*conclusions*) ab, in denen schon mehrfach Verletzungen von Bestimmungen der Charta festgestellt wurden. Das Recht der Europäischen Union (EU, dazu sogleich) nimmt an verschiedenen Stellen Bezug auf das Recht des Europarats, das

---

Privat- und Familienlebens; Art. 9 Gedanken-, Gewissens- und Religionsfreiheit; Art. 10 Freiheit der Meinungsäußerung; Art. 11 Versammlungs- und Vereinigungsfreiheit; Art. 12 Recht auf Eheschließung; Art. 13 Recht auf wirksame Beschwerde; Art. 14 Diskriminierungsverbot.

3 Die Beschwerden von deutschen Beschäftigten an den EGMR werden vom Gewerkschaftlichen Centrum für Revision und Europäisches Recht der DGB Rechtsschutz GmbH in Kassel vertreten, so zum Beispiel die zahlreichen Beschwerden beamteter Lehrer wegen des Verbots der Teilnahme an gewerkschaftlichen Arbeitskampfmaßnahmen gegen eine Verschlechterung ihrer Arbeitsbedingungen als Verstoß gegen die Vereinigungsfreiheit gemäß Art. 11 EMRK; zuvor schon Beschwerden wegen verzögerter Verfahrensbearbeitung durch Sozialgerichte als Verstoß gegen das Recht auf ein faires Verfahren gemäß Art. 6 EMRK.

4 Art. 2 Recht auf gerechte Arbeitsbedingungen; Art. 3 ~ auf sichere und gesunde Arbeitsbedingungen; Art. 4 ~ auf ein gerechtes Arbeitsentgelt; Art. 5 Vereinigungsrecht; Art. 6 ~ auf Kollektivverhandlungen einschließlich des Streikrechts; Art. 7 ~ der Kinder und Jugendlichen auf Schutz; Art. 8 ~ der Arbeitnehmerinnen auf Mutterschutz; Art. 9 ~ auf Berufsberatung; Art. 10 ~ auf berufliche Bildung; Art. 11 ~ auf Schutz der Gesundheit; Art. 12 ~ auf soziale Sicherheit; Art. 13 ~ auf Fürsorge; Art. 14 ~ auf Inanspruchnahme sozialer Dienste; Art. 15 ~ behinderter Menschen auf Eigenständigkeit, soziale Eingliederung und Teilhabe am Leben der Gemeinschaft; Art. 16 ~ der Familie auf sozialen, gesetzlichen und wirtschaftlichen Schutz; Art. 17 ~ der Kinder und Jugendlichen auf sozialen, gesetzlichen und wirtschaftlichen Schutz; Art. 18 ~ auf Ausübung einer Erwerbstätigkeit im Hoheitsgebiet der anderen Vertragspartei; Art. 19 ~ der Wanderarbeitnehmer und ihrer Familien auf Schutz und Beistand; Art. 20 ~ auf Chancengleichheit und Gleichbehandlung in Beschäftigung und Beruf ohne Diskriminierung aufgrund des Geschlechts; Art. 21 ~ der Arbeitnehmer auf Unterrichtung und Anhörung; Art. 22 ~ der Arbeitnehmer auf Beteiligung an der Festlegung und Verbesserung der Arbeitsbedingungen und der Arbeitsumwelt; Art. 23 ~ älterer Menschen auf sozialen Schutz; Art. 24 ~ auf Schutz bei Kündigung; Art. 25 ~ der Arbeitnehmer auf Schutz ihrer Forderungen bei Zahlungsunfähigkeit ihres Arbeitgebers; Art. 26 ~ auf Würde am Arbeitsplatz; Art. 27 ~ der Arbeitnehmer mit Familienpflichten auf Chancengleichheit und Gleichbehandlung; Art. 28 ~ der Arbeitnehmervertreter auf Schutz im Betrieb und Erleichterungen, die ihnen zu gewähren sind; Art. 29 ~ der Arbeitnehmervertreter auf Unterrichtung und Anhörung in den Verfahren bei Massenentlassungen; Art. 30 ~ auf Schutz gegen Armut und soziale Ausgrenzung; Art. 31 ~ auf Wohnung.

in diesem Buch – darauf sei vorab hingewiesen – aber nicht im Vordergrund stehen soll, um den Rahmen nicht zu sprengen.

2. Recht der Europäischen Union

Wenn von Europarecht die Rede ist, ist meistens das Recht der **Europäischen Union** (EU, früher Europäische Gemeinschaften, EG) gemeint. Dieses Recht wird in diesem Buch besonders erläutert.[5] Die EU besteht zurzeit (nach diversen Erweiterungen und dem Austritt Großbritanniens) aus 27 Mitgliedstaaten, sie ist selbst Völkerrechtssubjekt und kann selbst Recht setzen. Dort wird zwischen primärem und sekundärem Unionsrecht unterschieden.

a) Primäres Unionsrecht: Vertragsrecht

Primäres Unionsrecht sind vor allem die Verträge zwischen den Mitgliedstaaten der EU, nämlich der **Vertrag über die Europäische Union** (EUV) und der **Vertrag über die Arbeitsweise der Europäischen Union** (AEUV). Dort finden sich Bestimmungen über die Organe der EU, namentlich die Europäische **Kommission** als Verwaltungsbehörde, das Europäische **Parlament** (EP) als gewählte demokratische Repräsentation aller Unionsbürger, den Europäischen **Gerichtshof** (EuGH), den **(Minister-)**Rat als Vertretung der Mitgliedstaaten, nicht zu verwechseln mit dem Europarat. Wie es der Name sagt, formuliert der AEUV die Arbeitsweise der Union, ihre innere Struktur und dabei Rechtsgrundlagen, d. h. Kompetenzen der EU für die Rechtsetzung sekundären Unionsrechts. Die Verträge wurden in der Vergangenheit mehrfach geändert, hatten auch andere Bezeichnungen (EWGV, EG); die gegenwärtigen Fassungen sind mit dem sog. Lissabon-Vertrag im Jahr 2009 zeitgleich mit der Charta der Grundrechte der EU in Kraft getreten.

5 Aus Platzgründen können wir in diesem Buch die europäischen Arbeitsrechtsvorschriften nicht vollständig dokumentieren. Dies würde den Rahmen sprengen. Stattdessen verweisen wir auf die von Olaf Deinert und Jürgen Treber im Bund-Verlag herausgegebene »Europäische Arbeits- und Sozialordnung«, in der die relevanten Bestimmungen wie in der entsprechenden nationalen Gesetzessammlung dokumentiert und jeweils mit Einleitungen versehen werden.

b) Primäres Unionsrecht: Charta der Grundrechte

Die **Charta der Grundrechte** und die Verträge sind rechtlich gleichrangig (Art. 6 EUV). Die Charta der Grundrechte enthält einen umfangreichen Grundrechtskatalog, der über die Grundrechte des Grundgesetzes hinausgeht. Grundlegende Vorschriften finden sich unter Titel I. Würde des Menschen, II. Freiheiten, III. Gleichheit, IV. Solidarität, V. Bürgerrechte, VI. Justiziable Rechte, VII. Allgemeine Bestimmungen über die Auslegung und Anwendung der Charta. Für das Arbeitsleben von Bedeutung sind neben den detaillierten Gleichheitsrechten in Titel III besonders die sozialen Grundrechte wie die Rechte auf Vereinigungs-/Gewerkschaftsfreiheit (Art. 12), auf Unterrichtung und Anhörung der Arbeitnehmerinnen und Arbeitnehmer (Art. 27), auf Kollektivverhandlungen und Kollektivmaßnahmen einschließlich Streiks (Art. 28), auf Schutz bei ungerechtfertigter Entlassung (Art. 30), auf gerechte und angemessene Arbeitsbedingungen einschließlich Begrenzung der Höchstarbeitszeit, tägliche und wöchentliche Ruhezeiten sowie bezahlten Jahresurlaub (Art. 31).

c) Sekundäres Unionsrecht: Verordnungen und Richtlinien

Sekundäres Unionsrecht sind nach Art. 288 AEUV vor allem **Verordnungen** und **Richtlinien**. Dies sind originär europäische Bestimmungen, die in einem bestimmten Verfahren in der EU selbst beschlossen werden (dazu sogleich) und die - anders als völkerrechtliche Verträge - keiner Ratifizierung durch nationale Parlamente mehr bedürfen. Die Verordnung hat allgemeine Geltung (Abs. 2). Sie ist in allen ihren Teilen verbindlich und gilt unmittelbar in jedem Mitgliedstaat. Die Richtlinie ist für jeden Mitgliedstaat, an den sie gerichtet wird, hinsichtlich des zu erreichenden Ziels verbindlich, überlässt jedoch den innerstaatlichen Stellen die Wahl der Form und der Mittel (Abs. 3). Das hier behandelte EU-Europäische Arbeitsrecht findet sich vor allem in Richtlinien und der zu ihrer Auslegung ergangenen Rechtsprechung des EuGH.

III. Wie entsteht Europarecht?

1. Prinzip der begrenzten Einzelermächtigung

Anders als vielfach behauptet ist Europa kein Moloch, der überall eingreift, wo es ihm beliebt, und Kompetenzen an sich zieht. Vielmehr gilt das **Prinzip der begrenzten Einzelermächtigung**. Die Union ist eben nur zuständig in Bereichen, in denen die Verträge, hier vor allem der AEUV, ihr eine besondere Zuständigkeit geben. Bevor eine Richtlinie zu einem bestimmten Gegenstand verabschiedet werden kann, wird intensiv geprüft, ob hierfür eine ausdrückliche Zuständigkeit im primären Vertragsrecht, etwa im AEUV, gegeben ist. Diese Fragen sind bisweilen umstritten, und es kommt vor, dass Mitgliedstaaten solche Zuständigkeiten vor dem *EuGH* bestreiten, weil sie sich keine europäischen Vorgaben machen lassen wollen.

2. Europäische Sozialpolitik im Rahmen des Art. 153 AEUV

Für Arbeits- und Sozialrecht ist Art. 153 AEUV die allgemeine Grundlage. Hier können das Europäische Parlament und der Rat im ordentlichen Gesetzgebungsverfahren mit Mehrheit Richtlinien beschließen über »Verbesserung der Arbeitsumwelt, Arbeitsbedingungen, Unterrichtung und Anhörung der Arbeitnehmer, berufliche Eingliederung, Chancengleichheit Männer und Frauen, Bekämpfung der sozialen Ausgrenzung«. Ratsbeschlüsse über »soziale Sicherheit, sozialen Schutz, Arbeitnehmerschutz bei Beendigung des Arbeitsvertrags, Vertretung und kollektive Wahrnehmung der Arbeitnehmer- und Arbeitgeberinteressen einschließlich Mitbestimmung« u. a. sind nur einstimmig möglich. Dies ist eine hohe Hürde.

Für Arbeitsentgelt, Koalitionsrecht, Streik- und Aussperrungsrecht schließt Art. 153 Abs. 5 AEUV jede Rechtsetzungskompetenz der Union aus. Wo aber die Union wirksame arbeitsrechtliche Richtlinien erlassen hat, können die Mitgliedstaaten selbstverständlich strengere, d.h. aus Arbeitnehmersicht bessere Regelungen für sich verabschieden. Europäische arbeitsrechtliche Richtlinien bilden also **keinen Deckel nach oben** (Art. 153 Abs. 4 AEUV).

3. Initiative der Kommission – Einigung zwischen Rat und Parlament

Die Initiative für Beschlüsse über neue europäische Verordnungen oder Richtlinien geht grundsätzlich von der Kommission aus. Anschließend müssen sich Rat und Parlament auf einen gemeinsamen Text einigen. Je nach Beratungsgegenstand sind dafür im Rat unterschiedliche Mehrheiten (einfache oder qualifizierte Mehrheit, Einstimmigkeit) erforderlich. Hat die Union auf diesem Wege Verordnungen oder Richtlinien erlassen, ist für deren Wirksamkeit eine nationale Ratifikation i. S. d. Art. 59 Abs. 2 GG nicht mehr erforderlich (Art. 23 GG).
Daneben gibt es noch das Verfahren der **Sozialpartnervereinbarungen** zwischen den repräsentativen europäischen Arbeitgeberverbänden mit dem europäischen Gewerkschaftsbund. Diese Vereinbarungen können (nicht müssen) auf gemeinsamen Antrag der Unterzeichnerparteien durch Beschluss des Rates auf Vorschlag der Kommission bei gleichzeitiger Unterrichtung des Parlaments als Richtlinie übernommen werden (Art. 155 Abs. 2 AEUV).

> **Beispiel:**
> Auf diese Weise sind die RL 97/81/EG über Teilzeitarbeit und die RL 1999/70/EG über befristete Arbeitsverträge zustande gekommen.

Nach Auffassung des EuGH[1] ist allerdings die Kommission selbst bei einem gemeinsamen Antrag von Arbeitgebern und Gewerkschaften nicht verpflichtet, dem Rat einen dahingehenden Vorschlag zu unterbreiten.

1 EuGH 2.9.2021 – C-928/19 P, EPSU, AuR 2021, 428.

IV. Innerstaatliche Wirkung von Europarecht

1. Primäres Unionsrecht – Verträge und Charta der Grundrechte

In Bezug auf die Wirkungsweise von Europarecht zwischen Arbeitgebern und Beschäftigten ist zwischen primärem und sekundärem Europarecht und dort zwischen Verordnungen und Richtlinien zu unterscheiden.
Primäres Europarecht, also Vertragsrecht (EUV und AEUV) und die Charta der Grundrechte haben sog. **horizontale Wirkung**, d. h. sie gelten unmittelbar und zwingend in allen Mitgliedstaaten und nicht nur gegenüber dem Staat, sondern auch zwischen Privatpersonen, so zwischen Arbeitgebern und Beschäftigten.
Für die **Charta der Grundrechte** gilt eine wichtige Ausnahme: Sie gilt in den Mitgliedstaaten ausschließlich bei der Durchführung des Rechts der Union, in anderen Worten im **Anwendungsbereich des Unionsrechts** (Art. 51 GRC). Auf eine Faustformel gebracht: Wo immer Europa arbeitsrechtliche Bestimmungen wie Verordnungen oder Richtlinien erlassen hat, kommt die Charta der Grundrechte zur Anwendung und bildet dann eine zwingende Vorgabe nicht nur für diese europäischen Bestimmungen, sondern auch für nationales Recht. Nachfolgend erläutern wir die Charta deshalb nicht eigenständig, sondern jeweils im Zusammenhang mit spezifischen Vorschriften des europäischen Arbeitsrechts, etwa zu Gleichheitsgrundsätzen, Anhörung und Konsultation der Beschäftigten, zum Kündigungsschutz, zum Recht auf gerechte und angemessene Arbeitsbedingungen einschließlich Arbeitszeit, Ruhezeiten und bezahlten Jahresurlaub.

2. Sekundäres Unionsrecht – Verordnungen und Richtlinien

Verordnungen gelten ebenfalls unmittelbar und zwingend in allen Mitgliedstaaten. Diese sind auch zur Umsetzung europäischer **Richtlinien** verpflichtet (Art. 288 AEUV). Dazu wird ihnen in den Richtlinien regelmäßig eine bestimmte Frist aufgegeben. Mitgliedstaaten, d. h. die **öffentliche Hand** als öffentlicher Arbeitgeber, sind unmittelbar auch an Richtlinien gebunden und können sich gegenüber ihren Arbeitnehmern nicht auf abweichendes nationales Recht berufen. Dahinter steckt der Gedanke, dass Mitgliedstaaten sich nicht hinter ihrem eigenen europarechtswidrigen Verhalten oder ihrer Untätigkeit verstecken dürfen. Diese unmittelbare (horizontale) Wirkung gegenüber öffentlichen Arbeitgebern spielt im öffentlichen Dienst eine besondere Rolle. Personalräte und Beschäftigte im ö.D. können sich also unmittelbar gegenüber ihren Dienstherren auf Richtlinien berufen, selbst wenn der Staat diese nicht ordnungsgemäß umgesetzt hat.

3. Europarechtskonforme Auslegung nationalen Rechts und Staatshaftung

Schließlich ist sämtliches nationales Recht europarechtskonform auszulegen. Bei der Auslegung nationaler Gesetze ist derjenigen Auslegung der Vorzug zu geben, die in Übereinstimmung mit europäischen Vorgaben steht. Der EuGH verlangt hier, dass nationale Gerichte bis an die Grenzen der möglichen Auslegung gehen, um Verstöße gegen vorrangiges Europarecht zu vermeiden.[1] Verstößt allerdings ein nationales Gesetz gegen eine vorrangige europäische Richtlinie, lässt sich das Gesetz also nicht europarechtskonform auslegen, kommt die Richtlinie zwischen bzw. gegen Privatpersonen nicht unmittelbar zur Anwendung. Der EuGH entscheidet in ständiger Rechtsprechung, dass den betroffenen Bürgern in diesem Fall ein Staatshaftungsanspruch gegen den säumigen Mitgliedstaat auf Ersatz

---

1 EuGH 11.7.2024 – C-196/23, Plamaro; 6.11.2018 – C-569/16 und C-570/16, Bauer und Willmeroth, AuR 2019, 233 ff. Ob die richterliche Auslegung so weit gehen kann, dass Weihnachtsmann i. S. d. Gesetzes auch der Osterhase sein kann, ist unter Juristen freilich umstritten.

des durch die Nicht-Umsetzung vorrangigen europäischen Rechts entstandenen Schadens zusteht.[2]

4. Europarecht in betrieblichen Verhandlungen

Betriebsvereinbarungen zwischen Arbeitgeber und Betriebsrat i. S. d. § 77 BetrVG sowie **Dienstvereinbarungen** zwischen Dienststelle und Personalrat i. S. d. § 63 BPersVG sind wirksam, soweit sie sich in ihrem gesetzlichen Zuständigkeitsbereich halten und nicht gegen zwingende gesetzliche Vorschriften verstoßen. Dazu gehört auch Europarecht. So müssen in unserem unter I. genannten Eingangsbeispiel Arbeitgeber und Betriebs-/Personalrat bei der Formulierung einer Betriebs-/Dienstvereinbarung über Arbeitszeiten den europäischen Arbeitszeitbegriff nach Art. 2 der Arbeitszeitrichtlinie 2003/88/EG zugrunde legen, der Bereitschaftsdienste einschließt. Sie müssen auch auf der Einhaltung der Ruhezeiten bestehen, wie sie der EuGH verlangt.

Wie dargelegt, können sich Personalräte gegenüber ihren Dienstherren unmittelbar auf Europarecht berufen – dies sogar, wenn es im nationalen Recht nicht ordnungsgemäß umgesetzt wurde. Nach § 74 Abs. 4 BPersVG müssen sich Beschlüsse von Einigungsstellen im Rahmen der geltenden Rechtsvorschriften halten. Aber auch Betriebsräte sollten dieses Mittel nutzen. Kommt es nämlich nicht zu einer einvernehmlichen Lösung, entscheidet bekanntlich die Einigungsstelle. **Einigungsstellen** haben auch außerhalb des ö.D. die Vorgaben und Grenzen aus europäischen Richtlinien zu beachten. Nach § 76 Abs. 5 BetrVG fassen Einigungsstellen ihre Beschlüsse unter angemessener Berücksichtigung der Belange des Betriebs und der betroffenen Arbeitnehmer nach billigem Ermessen. Der Verstoß gegen Europarecht ist jedoch keine billige Ermessensausübung. Verstößt nationales Privatrecht gegen eine Richtlinie, muss es so schnell wie möglich angepasst werden. Das muss man nicht abwarten.

---

2 EuGH 19.11.1991 – C-6/90, Francovich und Bonifaci; 24.1.2012 – C-282/10, Dominguez, AuR 2012, 86.

V. Deutsche Gesetze, die Europarecht umsetzen und beachten müssen – Übersicht

Europarechtliche Vorschriften	Deutsche Entsprechungen
Europäische Charta der Grundrechte	Grundgesetz (GG)
Anti-Rassismus-Richtlinie 2000/43/EG, Gleichbehandlungs-Rahmenrichtlinie 2000/78/EG, Gleichbehandlung-Männer-und-Frauen-RL 2006/54/EG	Allgemeines Gleichbehandlungsgesetz (AGG)
Datenschutzgrundverordnung (EU) 2016/679	Bundesdatenschutzgesetz (BDSG), § 79a BetrVG, § 69 BPersVG
Geheimnisschutzrichtlinie (EU) 2016/943	Geschäftsgeheimnisgesetz
Whistleblowing-Richtlinie (EU) 2019/1937	Hinweisgeberschutzgesetz (HinSchG)
Arbeitszeitrichtlinie 2003/88/EG	ArbZG, BUrlG
Lenkzeitenrichtlinie 2002/15/EG, Lenkzeiten-VO (EG) 561/2006	§ 21a ArbZG, Fahrpersonalgesetz (FPersG)
Arbeitsschutz-Rahmenrichtlinie 89/391/EWG	Arbeitsschutzgesetz (ArbSchG)
Mutterschutzrichtlinie 92/85 EWG	Mutterschutzgesetz (MuSchG)
Vereinbarkeitsrichtlinie (EU) 2019/1158	Bundeselterngeld- und Elternzeitgesetz (BEEG)
Jugendarbeitsschutzrichtlinie 94/33/EG	Jugendarbeitsschutzgesetz (JArbSchG)
Entsenderichtlinie 1996/71/EG	Arbeitnehmer-Entsendegesetz (AEntG)
Leiharbeitsrichtlinie 2008/104/EG	Arbeitnehmerüberlassungsgesetz (AÜG)
Teilzeitarbeitsrichtlinie 97/81/EG, Befristungsrichtlinie 1999/70/EG	Teilzeit- und Befristungsgesetz (TzBfG)
Betriebsübergangsrichtlinie 2001/23/EG	§ 613a BGB

Deutsche Gesetze, die Europarecht umsetzen und beachten müssen

Europarechtliche Vorschriften	Deutsche Entsprechungen
EBR-Richtlinie 2009/38/EG	Europäische Betriebsräte-Gesetz (EBRG)
Informations- und Konsultations-RL (IuK) 2002/14/EG	Betriebsverfassungsgesetz (BetrVG); Personalvertretungsgesetze (PersVG)
Massenentlassungsrichtlinie 98/59/EG	§§ 17, 18 Kündigungsschutzgesetz (KSchG), §§ 111ff. BetrVG
Insolvenzschutzrichtlinie 2008/94/EG	§§ 165–171 SGB III – Insolvenzgeld, § 14 Betriebsrentengesetz (BetrAVG) – Versorgungsansprüche
Mindestlohnrichtlinie (EU) 2022/2041	Mindestlohngesetz (MiLoG)
Transparenz-(Arbeitsbedingungen)-Richtlinie (EU) 2019/1152	Nachweisgesetz (NachwG), § 111 Gewerbeordnung (GewO), § 12 TzBfG
Entgelttransparenzrichtlinie (EU) 2023/970	Entgelttransparenzgesetz (EntgTranspG)
Lieferkettenrichtlinie (EU) 2024/1760	Lieferkettensorgfaltspflichtengesetz (LkSG)
Plattformarbeitsrichtlinie (EU) 2024/2831	

VI. Wichtige Inhalte und Rechtsprechung zum Europäischen Arbeitsrecht

Da wir eine Handreichung gerade für Betriebs- und Personalräte schaffen wollen, die hilft, mit europäischer Rechtsprechung und europäischen Richtlinien umzugehen, werden im folgenden Kapitel zu den wichtigsten Themenbereichen die Inhalte und Rechtsprechung dargestellt. Es geht dabei darum, einen Überblick über die für die Praxis relevanteste Rechtsprechung zu schaffen und dabei auch einen Fokus auf die Bereiche zu legen, die besonders einschlägig für Betriebs- und Personalräte sind.

1. Transparente und vorhersehbare Arbeitsbedingungen

a) Cinderella im Arbeitsrecht

Als die Vorgängerin der jetzigen Transparenzrichtlinie,[1] die Nachweis-Richtlinie 91/533/EWG, verabschiedet wurde, nannten britische Wissenschaftler sie *Cinderella*-Directive. *Cinderella*, in Deutschland aus Kindheitszeiten noch in Erinnerung als *Aschenputtel*, galt als unscheinbar, aber als sie anfing zu tanzen, waren alle von ihr begeistert. Wo kommt das her, und löst die Richtlinie diesen Anspruch ein?
Die Nachweis- und die Transparenzrichtlinie, in Deutschland umgesetzt durch das Nachweisgesetz, verlangen grundsätzlich den schriftlichen **Nachweis der wesentlichen Arbeitsbedingungen**. Dies sind vor allem Personalien, Arbeitszeit, Funktion, Vergütung, Beginn und Ende des Arbeitsverhältnisses (bei Befristungen), Dauer des Urlaubs, Verfahren bei Kündigungen. Der schriftliche Nachweis gibt den Beschäftigten Rechtssicherheit und begrenzt willkürliche Veränderungsentscheidungen des Arbeitgebers.

---

1 Richtlinie (EU) 2019/1152 v. 20.6.2019 über transparente und vorhersehbare Arbeitsbedingungen in der Europäischen Union.

Beispiele:
- Der Arbeitsvertrag einer geringfügig Beschäftigten mit der alleinigen Bezeichnung als »geringfügig« oder »pauschal« ohne Festlegung von Vergütung, Eingruppierung, Arbeitszeitdauer genügt diesen Erfordernissen nicht und muss nachgebessert werden. Dadurch lässt sich überprüfen, ob Eingruppierung und Gleichbehandlungsgrundsatz gewahrt sind, wogegen bei »Geringfügigen« häufig verstoßen wird.
- Behauptet der Arbeitgeber, man habe sich bei Vertragsabschluss mündlich über eine Überstundenverpflichtung des Beschäftigten geeinigt, muss dies ebenso nachgewiesen werden.[2]

Der Nachweis kann im Arbeitsvertrag oder in einem gesonderten Dokument erfolgen. Seit dem sog. Bürokratieentlastungsgesetz vom 23.10.2024 reicht aber in Deutschland elektronische Textform, was eher zur Verunsicherung und zu Verwirrung führt. Hier sollte man auf Schriftform bestehen. Die Richtlinie verlangt Sanktionen bei Verstößen. Diese müssen wirksam, angemessen und abschreckend sein.

b) Überwachung der Nachweise durch Betriebs-/Personalrat

Die Transparenzpflicht hat auch eine kollektivrechtliche Dimension. Nach § 80 BetrVG / § 62 BPersVG haben Betriebs-/Personalräte die Einhaltung der zugunsten der Arbeitnehmer geltenden Vorschriften, damit auch des NachwG, zu überwachen. Der Arbeitgeber ist damit verpflichtet, dem BR die **ausgefüllten Arbeitsverträge** bzw. die (in der Praxis seltenen) besonderen Niederschriften nach § 2 Abs. 1 Satz 1 NachwG vorzulegen. Hat der BR hierzu keine Informationen, kann er die Vorlage der Verträge aller Arbeitnehmer oder der betreffenden Gruppe fordern. Danach kann eine engere Bestimmung von ihm verlangt werden.[3] Dadurch können Betriebs-/Personalräte zugleich überprüfen, ob die Arbeitsverträge möglicherweise Klauseln enthalten, die gegen gesetzliche Vorschriften oder das Recht der Allgemeinen Geschäftsbedingungen verstoßen.

Beispiele:
- Häufig finden sich Klauseln in Arbeitsverträgen, dass Arbeitnehmer anderen Beschäftigten nicht ihr effektives Gehalt offenbaren dürfen. So etwas verstieß schon immer gegen Art. 5 (Meinungsfreiheit) und Art. 9

---
2 EuGH 8.2.2001 – C-350/99, Lange / Schünemann, AuR 2001, 108.
3 BAG 19.10.1999 – 1 ABR 75/98.

Abs. 3 (Koalitionsfreiheit) des Grundgesetzes.[4] Neuerdings verpflichtet auch Art. 7 Abs. 5 Satz 2 der Entgelttransparenzrichtlinie (EU) 2023/970 die Mitgliedstaaten, Maßnahmen zu ergreifen, um Vertragsbedingungen zu verbieten, durch die die Arbeitnehmer davon abgehalten werden, Informationen über ihr Entgelt offenzulegen.

- Ebenso oft gibt es Klauseln in Arbeitsverträgen, dass Verstöße gegen den Arbeitsvertrag oder eine Betriebsordnung den Arbeitgeber zur sofortigen fristlosen Kündigung berechtigen. Solche Klauseln sind unwirksam. Ob ein Grund für eine außerordentliche Kündigung vorliegt, richtet sich nach § 626 BGB und der dazu ergangenen Rechtsprechung und kann nicht einzelvertraglich festgelegt, insbesondere erweitert werden.

c) Von der Nachweisrichtlinie zur Transparenzrichtlinie

Die Transparenzrichtlinie hat die Unterrichtungspflicht des Arbeitgebers ausgebaut und zugleich einige »Mindestanforderungen an die Arbeitsbedingungen« festgelegt, weswegen sie vielfach auch als »Arbeitsbedingungen-Richtlinie« bezeichnet wird. Im Einzelnen geht es um:

Höchstdauer der Probezeit (Art. 8)
Probezeiten dürfen nicht länger als sechs Monate dauern. Bei befristeten Arbeitsverhältnissen müssen sie im Verhältnis zur erwarteten Dauer und der Art der Tätigkeit stehen, also ggf. kürzer als sechs Monate sein (vgl. § 15 Abs. 3 TzBfG). Nach BAG 5.12.2024 – 2 AZR 275/23 ist die Vereinbarung einer Probezeit, die der Gesamtdauer des befristeten Arbeitsverhältnisses entspricht, in der Regel unverhältnismäßig. Bei einer unverhältnismäßigen Dauer der Probezeit wird diese nicht wirksam vereinbart und damit greift die verkürzte Kündigungsfrist des § 622 Abs. 3 BGB nicht.

Wichtig:
Probezeiten spielen im deutschen Recht eine Rolle bei Kündigungsfristen (§ 622 BGB) und beim Kündigungsschutz (§ 1 KSchG). Betriebs- und Personalräte sind auch bei Kündigungen in der Probezeit anzuhören (§ 102 BetrVG, § 85 BPersVG).

Mehrfachbeschäftigung (Art. 9)
Die Mitgliedstaaten stellen sicher, dass ein Arbeitgeber einem Arbeitnehmer weder verbieten darf, außerhalb des festgelegten Arbeitsplans ein Arbeitsverhältnis mit einem anderen Arbeitgeber aufzunehmen, noch ihn benachteiligen darf, falls er dies tut. Aus objektiven Gründen wie Schutz

4 LAG Mecklenburg-Vorpommern 21.10.2009 – 2 Sa 183/09, AuR 2010, 343.

von Gesundheit, Sicherheit, Geschäftsgeheimnissen, Integrität des öffentlichen Dienstes oder zur Vermeidung von Interessenkonflikten dürfen sie Unvereinbarkeitsbestimmungen anwenden. Deutschland hat hierzu keine besonderen gesetzlichen Bedingungen festgelegt. Die Rechtsprechung verlangt für ein Nebenbeschäftigungsverbot ein »berechtigtes Interesse«.

> **Wichtig:**
> Klar ist, dass auch durch mehrere Arbeitsverhältnisse die Höchstarbeitszeiten nach dem Arbeitszeitgesetz und der Arbeitszeitrichtlinie 2003/88/EG nicht überschritten werden dürfen und die dort garantierten Ruhezeiten einzuhalten sind.

Pflichtfortbildungen (Art. 13)
Hier gab es einen echten Fortschritt, von dem auch deutsche Beschäftigte und ihre betrieblichen Vertreter profitieren. Wo Arbeitgeber aufgrund von Rechtsvorschriften, Kollektiv- oder Tarifverträgen verpflichtet sind, den Beschäftigten berufliche Fortbildung anzubieten, muss diese Fortbildung kostenlos sein und als Arbeitszeit angerechnet werden. Deutschland hat diese Verpflichtung durch § 111 GewO und § 32a SeeArbG umgesetzt.

> **Wichtig:**
> Deshalb ist es sinnvoll, derartige berufliche Fortbildungen in Betriebs-/Dienstvereinbarungen bzw. in Einigungsstellen festzulegen. Sie sind dann Arbeitszeit, für Beschäftigte kostenlos und dürfen auch nicht mit Rückzahlungsklauseln bei Ausscheiden verbunden werden.

d) Vorhersehbare Arbeitszeiten (Art. 10, 11)

Angesichts der in manchen Mitgliedstaaten anzutreffenden extremen arbeitgeberorientierten Arbeitszeitflexibilisierung (sog. 0-Stunden-Verträge) enthält die Richtlinie auf einem sehr niedrigen Niveau Bestimmungen zu variablen Arbeitszeiten. Sie entsprechen weitgehend § 12 TzBfG und haben wie diese Vorschrift wenig Substanz. Hier kann eher auf tarifliche Regelungen verwiesen werden, die diese Arbeitszeitflexibilisierung begrenzen, z. B. durch Mindestarbeitszeiten oder Begrenzung von Nacht-/Wochenendarbeit.

> **Praxistipp:**
> Mitbestimmungsrechtlich sind Betriebs-/Personalräte in einer durchaus starken Position. Die Einführung von Arbeit auf Abruf, nach Anfall, kapazitätsorientierte variable Arbeitszeit (**Kapovaz**) ist **nur mit Zustimmung von**

Betriebs-/Personalräten zulässig und lässt sich somit – ggf. über Einigungsstellen – ausschließen.[5] Arbeitnehmervertreter können hierzu die Initiative ergreifen und Betriebs/Dienstvereinbarungen vorlegen, die Kapovaz nicht zulassen. Dies ist der beste Weg im Umgang mit solchen Personaleinsatzsystemen.

2. Unterrichtung und Anhörung der Arbeitnehmer

a) Grundrecht der Arbeitnehmerinnen und Arbeitnehmer

Nach Art. 27 der Charta der Grundrechte der EU muss für Arbeitnehmerinnen und Arbeitnehmer oder ihre Vertreter auf den geeigneten Ebenen eine rechtzeitige Unterrichtung und Anhörung in den Fällen und unter den Voraussetzungen gewährleistet sein, die nach dem Unionsrecht und den einzelstaatlichen Rechtsvorschriften und Gepflogenheiten vorgesehen sind. Nach Auffassung des EuGH muss dieses Grundrecht, damit es seine volle Wirksamkeit entfaltet, durch Bestimmungen des Unionsrechts oder des nationalen Rechts konkretisiert werden.[6] Dies erfolgt durch die IuK-Richtlinie.

b) Die Informations- und Konsultationsrichtlinie 2002/14/EG (IuK)[7]

Ziel der Richtlinie ist die Festlegung eines allgemeinen Rahmens mit **Mindestvorschriften für das Recht auf Unterrichtung und Anhörung der Arbeitnehmer** von in der Gemeinschaft ansässigen Unternehmen oder Betrieben. Die Richtlinie enthält Begriffsbestimmungen, definiert sodann ihren Anwendungsbereich, Modalitäten der Unterrichtung und Anhörung, Besonderheiten bei vertraulichen Informationen, Schutz der Arbeitnehmervertreter, Durchsetzung der Rechte, Zusammenhang zwischen der Richtlinie und anderen Rechtsvorschriften, insbesondere der

5 BAG 28.9.1988 – 1 ABR 41/87, AP Nr. 29 zu § 87 BetrVG 1972 Arbeitszeit. »Der Betriebsrat hat nach § 87 Abs. 1 Nr. 2 BetrVG über die Frage mitzubestimmen, ob Teilzeitkräfte zu festen Zeiten oder nach Bedarf beschäftigt werden sollen.«

6 EuGH 15.1.2014 – C-176/12, AMS, AuR 2014, 81.

7 Richtlinie 2002/14/EG des Europäischen Parlaments und des Rates v. 11.3.2002 zur Festlegung eines allgemeinen Rahmens für die Unterrichtung und Anhörung der Arbeitnehmer in der Europäischen Gemeinschaft.

Massenentlassungsrichtlinie 98/59/EG und der Betriebsübergangsrichtlinie 2001/23/EG.

c) Anwendungsbereich

Die Richtlinie gilt für jedes **öffentliche oder private Unternehmen, das eine wirtschaftliche Tätigkeit ausübt**, unabhängig davon, ob es einen Erwerbszweck verfolgt oder nicht, und das im Hoheitsgebiet der Mitgliedstaaten ansässig ist (Art. 2a). Sie gilt damit auch für öffentliche Unternehmen einschließlich der Sozialversicherung, nicht aber für die öffentliche Verwaltung und auch nicht für Beamte. Um diese Lücken zu schließen, hatten die europäischen Sozialpartner 2015 einvernehmlich die Vereinbarung »Allgemeiner Rahmen für die Unterrichtung und Anhörung von Beamten und Angestellten der zentralstaatlichen Verwaltungsbehörden« im Wege des Sozialpartnerdialogs nach Art. 155 AEUV getroffen; die Kommission lehnte es aber ab, diese Vereinbarung an den Rat weiterzugeben. Das Verfahren, sie dahingehend zu verpflichten, scheiterte vor dem EuGH.[8] Zu einer Richtlinie kam es nicht. So bleibt dieses Defizit weiter bestehen. Das Bundespersonalvertretungsgesetz (BPersVG) vom 9.6.2021, das grundsätzlich auch öffentliche Verwaltungen und Beamte umfasst, versteht sich (ebenso wie das BetrVG) ausdrücklich als Umsetzung der Richtlinie 2002/14/EG.[9] Nach Art. 3 Abs. 2 können Mitgliedstaaten zum Zeitpunkt des Inkrafttretens dieser Richtlinie bestehende spezifische Bestimmungen für Unternehmen oder Betriebe beibehalten, die unmittelbar und überwiegend politischen, koalitionspolitischen, konfessionellen, karitativen, erzieherischen, wissenschaftlichen oder künstlerischen Bestimmungen oder Zwecken der Berichterstattung oder Meinungsäußerung dienen. Die in Deutschland praktizierte Herausnahme kirchlicher Krankenhäuser, Schulen, Bildungseinrichtungen oder Kindergärten ist damit unvereinbar, da sie nicht unmittelbar und überwiegend diesen Zwecken dienen.

8 EuGH 2.9.2021 – C-928/19 P, EPSU, AuR 2021, 428.

9 Neben dieser RL 2002/14/EG versteht sich der Gesetzentwurf zur Neufassung des BPersVG 2021 als Umsetzung der Betriebsübergangs-Richtlinie 2001/23/EG, der sog. Anti-Rassismus-Richtlinie 2000/43/EG und der Gleichbehandlungs-Rahmen-Richtlinie 2000/78/EG.

d) Berechnung der Schwellenwerte

Die IuK-Richtlinie greift erst bei Überschreitung bestimmter Schwellenwerte. Nach Art. 3 sind dies je nach Entscheidung des Mitgliedstaats mindestens 20 oder 50 Arbeitnehmer im Mitgliedstaat. BetrVG und BPersVG (fünf Wahlberechtigte) liegen deutlich darunter, sind insofern also günstiger. Soweit für die Umsetzung allerdings der Wirtschaftsausschuss (WA) die maßgebliche Arbeitnehmervertretung ist, genügt das deutsche Recht den europäischen Erfordernissen nicht, da der WA mehr als 100 ständig beschäftigte Arbeitnehmer voraussetzt.
Zwar verweist die Richtlinie in Art. 2 d) und e) zu den Begriffen »Arbeitnehmer« und »Arbeitnehmervertreter« auf das einzelstaatliche Arbeitsrecht und die einzelstaatlichen Gepflogenheiten. Jedoch sind nationale Regelungen unzulässig, die bestimmte Gruppen von Arbeitnehmern wie neu Eingestellte, Beschäftigte mit bezuschussten Verträgen oder Führungskräfte (*dirigenti*) – und sei es nur zeitweilig – bei der Berechnung der Beschäftigtenzahl unberücksichtigt lassen.[10] Für Leiharbeiter verlangt Art. 7 der Leiharbeitsrichtlinie 2008/104/EG die Anrechnung beim Verleiher und lässt beim Entleiher die Anrechnung fakultativ zu. Nach § 14 Abs. 2 Satz 3 AÜG sind Leiharbeiter betriebsverfassungsrechtlich grundsätzlich auch im Entleiherbetrieb zu berücksichtigen.

e) Modalitäten der Unterrichtung und Anhörung

Die IuK-Richtlinie spricht in ihrem Titel zwar von Unterrichtung und Anhörung der Arbeitnehmer, definiert aber »Unterrichtung« als Übermittlung von Informationen durch den Arbeitgeber an die Arbeitnehmer*vertreter*, »Anhörung« als Durchführung eines **Meinungsaustausches und eines Dialogs zwischen Arbeitnehmervertretern und Arbeitgeber** (Art. 2 f) und g)). Auch die in Art. 4 definierten Modalitäten sind auf Arbeitnehmer*vertreter*, nicht auf einzelne Arbeitnehmer bezogen.
Die Unterrichtung muss zu einem Zeitpunkt, in einer Weise und in einer inhaltlichen Ausgestaltung erfolgen, die dem Zweck angemessen sind und es insbesondere den Arbeitnehmervertretern ermöglichen, die Informationen angemessen zu prüfen und ggf. die Anhörung vorzubereiten (Art. 4 Abs. 3).
Die Anhörung erfolgt gemäß Art. 4 Abs. 4 zu einem Zeitpunkt, in einer Weise und in einer inhaltlichen Ausgestaltung, die dem Zweck angemes-

10 EuGH 18.1.2007 – C-385/05, CGT, CFDT u.a., zu neu eingestellten jüngeren Arbeitnehmern; 15.1.2014 – C-176/12, AMS, AuR 2014, 81, zu sog. »bezuschussten Verträgen«; 13.2.2014 – C-596/12, Kommission / Italien, zu »*dirigenti*«.

sen sind; auf der je nach behandeltem Thema relevanten Leitungs- und Vertretungsebene; auf der Grundlage der vom Arbeitgeber zu liefernden Informationen und der Stellungnahme, zu der die Arbeitnehmervertreter berechtigt sind; in einer Weise, die es den Arbeitnehmervertretern gestattet, mit dem Arbeitgeber zusammenzukommen und eine mit Gründen versehene Antwort auf Ihre etwaige Stellungnahme zu erhalten; mit dem Ziel, eine Vereinbarung über die Entscheidungen, die Gegenstand der Anhörung sind und die unter die Leitungsbefugnis des Arbeitgebers fallen, zu erreichen.
§§ 80, 90, 92, 92a BetrVG sowie §§ 62ff., 81ff. BPersVG sind im Lichte dieser europäischen Vorgaben richtlinienkonform zu interpretieren.

f) Gegenstände der Unterrichtung und Anhörung

Nach Art. 4 Abs. 2 IuK-RL beziehen sich Unterrichtung und Anhörung auf die jüngste Entwicklung und die wahrscheinliche Weiterentwicklung der Tätigkeit und der wirtschaftlichen Situation des Unternehmens/Betriebs; Beschäftigungssituation, Beschäftigungsstruktur und wahrscheinliche Beschäftigungsentwicklung im Unternehmen/Betrieb sowie zu ggf. geplanten antizipativen Maßnahmen, insbesondere bei Bedrohung für die Beschäftigung; Entscheidungen, die wesentliche Veränderung der Arbeitsorganisation und der Arbeitsverträge mit sich bringen können, einschließlich Betriebsübergang und Massenentlassung. Diese Vorgaben sind im Betriebsverfassungsrecht nicht ausreichend umgesetzt, da die Rechte des Betriebsrats hier jedenfalls nach der Rechtsprechung aufgabenbezogen ausgestaltet sind, während Art. 4 eine umfassende und kontinuierliche Information und Anhörung verlangt.

> **Wichtig:**
> Die Richtlinie nennt auch die Änderung von **Arbeitsverträgen** als Gegenstand der Unterrichtung und Anhörung. In Deutschland haben viele Arbeitnehmervertreter die Erfahrung gemacht, dass sie solche Änderungen erst im Nachhinein erfahren, wenn die Verträge schon unterschrieben sind. Hier besteht Anpassungsbedarf für den Gesetzgeber – vor allem aber für die betriebliche Praxis.

g) Vertrauliche Informationen

Nach Art. 6 IuK-RL können die Mitgliedstaaten den Arbeitnehmervertretern und ihren Sachverständigen die Weitergabe ausdrücklich als vertraulich mitgeteilter Informationen an Arbeitnehmer oder Dritte un-

tersagen. Für diese Vertraulichkeit verlangt die Richtlinie neben der ausdrücklichen Vertraulichkeitserklärung ein »**berechtigtes Interesse** der Unternehmen oder Betriebe«. Wo dies fehlt und Arbeitgeber lediglich das betriebswirtschaftliche Interesse verfolgen, Planungen etwa zu Betriebsänderungen gegenüber den Beschäftigten nicht zu offenbaren, ist die Kommunikation zwischen Arbeitnehmervertretern und Beschäftigten nicht beschränkt.
Dies entspricht der Rechtsprechung zur Verschwiegenheitspflicht des Betriebsrats nach § 79 BetrVG nur bei objektiven Betriebs- und Geschäftsgeheimnissen. So können ein dem Betriebsrat mitgeteilter, geplanter, **interessenausgleichspflichtiger Personalabbau** als solcher **und dessen Umfang nicht** zu **Betriebs- oder Geschäftsgeheimnisse**n erklärt werden.[11] Nach § 11 Abs. 2 BPersVG besteht die Schweigepflicht nicht in Bezug auf Angelegenheiten oder Tatsachen, die offenkundig sind oder ihrer Bedeutung nach keiner Geheimhaltung bedürfen. Dem stehen auch die europäische Geheimnisschutzrichtlinie (EU) 2016/943 vom 8.6.2016 sowie das nationale Geschäftsgeheimnisschutzgesetz vom 18.4.2019 nicht entgegen.[12]

h) Verhältnis zu Massenentlassung und Betriebsübergang

Nach Art. 4 Abs. 2 c) IuK-RL umfassen Unterrichtung und Anhörung nach dieser Richtlinie auch Entscheidungen über Betriebsübergang und Massenentlassung, lassen die spezifischen Informations- und Konsultationsverfahren aus den Richtlinien 98/59/EG und 2001/23/EG unberührt und dürfen nicht als Rechtfertigung für Rückschritte hinter den in den einzelnen Mitgliedstaaten erreichten Stand des allgemeinen Niveaus des Arbeitnehmerschutzes genutzt werden. Dies bedeutet, dass vor allem die hier definierten Modalitäten des intensiven Konsultationsverfahrens auch für Massenentlassung und Betriebsübergang gelten und dass solche Maßnahmen erst getroffen werden dürfen, wenn diese Verfahren abgeschlossen sind (im Einzelnen siehe dort).

---

11 LAG Schleswig-Holstein 20.5.2015 – 3 TaBv 35/14, AuR 2013, 368; HessLAG 20.3.2017 – 16 TaBv 12/17, AuR 2017, 417.

12 Ausführlich dazu DKW-*Buschmann*, § 79 BetrVG, Rn. 6ff. m.w.N.

i) Hochrisiko-KI-Systeme

Besondere Pflichten des Arbeitgebers bei Einsatz von KI-Systemen (Künstliche Intelligenz) ergeben sich aus der sog. KI-Verordnung.[13] Nach Art. 3 Nr. 1 der VO bezeichnet der Ausdruck »KI-System« ein »maschinengestütztes System, das für einen in unterschiedlichem Grade autonomen Betrieb ausgelegt ist und das nach seiner Betriebsaufnahme anpassungsfähig sein kann und das aus den erhaltenen Eingaben für explizite oder implizite Ziele ableitet, wie Ausgaben wie etwa Vorhersagen, Inhalte, Empfehlungen oder Entscheidungen erstellt werden, die physische oder virtuelle Umgebungen beeinflussen können.« Art. 5 definiert **gänzlich verbotene Praktiken** im KI-Bereich, Art. 6 enthält Einstufungsvorschriften für Hochrisiko-KI-Systeme. Nach Art. 26 Abs. 7 der VO »informieren Betreiber, die Arbeitgeber sind, vor der Inbetriebnahme oder Verwendung eines Hochrisiko-KI-Systems am Arbeitsplatz die Arbeitnehmervertreter und die betroffenen Arbeitnehmer darüber, dass sie der Verwendung des Hochrisiko-KI-Systems unterliegen werden.« Nach Art. 3 Abs. 4 der VO ist »Betreiber« eine »natürliche oder juristische Person, Behörde, Einrichtung oder sonstige Stelle, die ein KI-System in eigener Verantwortung verwendet«, hier also der Arbeitgeber.
Ein KI-System gilt immer dann als hochriskant, wenn es ein **Profiling natürlicher Personen** vornimmt. Dazu gehören (in Anhang III der VO im Einzelnen konkretisiert): Biometrie, soweit ihr Einsatz nach einschlägigem Unionsrecht oder nationalem Recht zugelassen ist; kritische Infrastruktur; allgemeine und berufliche Bildung; Beschäftigung, Personalmanagement und Zugang zur Selbstständigkeit; Zugänglichkeit und Inanspruchnahme grundlegender privater und grundlegender öffentlicher Dienste und Leistungen; Strafverfolgung, soweit ihr Einsatz nach einschlägigem Unionsrecht oder nationalem Recht zugelassen ist; Migration, Asyl und Grenzkontrolle, soweit ihr Einsatz nach einschlägigem Unionsrecht oder nationalem Recht zugelassen ist; Rechtspflege und demokratische Prozesse.
Nach Erwägungsgrund 57 sollten »KI-Systeme, die in den Bereichen Beschäftigung, Personalmanagement und Zugang zur Selbstständigkeit eingesetzt werden, insbesondere für die Einstellung und Auswahl von Personen, für Entscheidungen über die Bedingungen des Arbeitsverhältnisses

13 VO (EU) 2024/1689 v. 13.6.2024 zur Festlegung harmonisierter Vorschriften für künstliche Intelligenz und zur Änderung der VO (EG) Nr. 300/2008, (EU) Nr. 167/2013, (EU) Nr. 168/2013, (EU) 2018/858, (EU) 2018/1139 und (EU) 2019/2144 sowie der RL 14/90/EU, (EU) 2016/797 und (EU) 2020/1828 (VO über künstliche Intelligenz).

sowie die Beförderung und die Beendigung von Arbeitsvertragsverhältnissen, für die Zuweisung von Arbeitsaufgaben auf der Grundlage von individuellem Verhalten, persönlichen Eigenschaften oder Merkmalen sowie für die Überwachung oder Bewertung von Personen in Arbeitsvertragsverhältnissen [...] als hochriskant eingestuft werden, da diese Systeme die künftigen Karriereaussichten und die Lebensgrundlagen dieser Personen und die Arbeitnehmerrechte spürbar beeinflussen können.« Und nach ErwG 92 muss »sichergestellt werden, dass Arbeitnehmer und ihre Vertreter über die geplante Einführung von Hochrisiko-KI-Systemen am Arbeitsplatz unterrichtet werden, wenn die Bedingungen für diese Pflichten zur Unterrichtung oder zur Unterrichtung und Anhörung gemäß anderen Rechtsinstrumenten nicht erfüllt sind. Darüber hinaus ist dieses Recht, unterrichtet zu werden, ein Nebenrecht und für das Ziel des Schutzes der Grundrechte, das dieser VO zugrunde liegt, erforderlich. Daher sollte in dieser VO eine entsprechende Unterrichtungsanforderung festgelegt werden, ohne bestehende Arbeitnehmerrechte zu beeinträchtigen«.

Nach Art. 86 haben »Personen, die von einer Entscheidung betroffen sind, die der Betreiber auf der Grundlage der Ausgaben eines [...] Hochrisiko-KI-Systems [...] getroffen hat und die rechtliche Auswirkungen hat oder sie in ähnlicher Art erheblich auf eine Weise beeinträchtigt, die ihrer Ansicht nach ihre Gesundheit, ihre Sicherheit oder ihre Grundrechte beeinträchtigt, [...] das Recht, vom Betreiber eine **klare und aussagekräftige Erläuterung** zur Rolle des KI-Systems im Entscheidungsprozess und zu den wichtigsten Elementen der getroffenen Entscheidung zu erhalten«.

KI wird im Betriebsverfassungsgesetz dreimal erwähnt: Nach § 80 Abs. 3 BetrVG gilt die Hinzuziehung eines Sachverständigen als erforderlich, wenn der BR zur Durchführung seiner Aufgaben die Einführung oder Anwendung von KI beurteilen muss; nach § 90 Abs. 1 Nr. 3 hat der Arbeitgeber den BR über die Planung von Arbeitsverfahren und Arbeitsabläufen einschließlich des Einsatzes von KI rechtzeitig unter Vorlage der erforderlichen Unterlagen zu unterrichten; nach § 95 Abs. 2a sind Auswahlrichtlinien auch dann mitbestimmungspflichtig, wenn bei ihrer Aufstellung KI zum Einsatz kommt. Bei der Anwendung dieser Vorschriften sind die Definitionen aus der europäischen KI-VO zugrunde zu legen.

j) Durchsetzung und Sanktionen

Für den Fall der Nichteinhaltung der Richtlinie 2002/14/EG verlangt deren Art. 8 geeignete Verwaltungs- und Gerichtsverfahren, mit denen Arbeitnehmervertreter ihre Rechte aus dieser Richtlinie durchsetzen

können. Für ihre Informationsansprüche sind diese Rechtswege vorhanden (§ 2a ArbGG; § 108 BPersVG). Der EuGH verlangt, dass Sanktionen wirksam, angemessen und abschreckend sind. Nach richtiger Auffassung sind auch Unterlassungsverfügungen geboten, wenn ein Arbeitgeber das Konsultationsverfahren nicht ordnungsgemäß durchführt (str.). In einem Verfahren um Massenentlassungen hat das LAG Hamm[14] wie auch andere LAG[15] die Zulässigkeit der **einstweiligen Verfügung** auf Antrag eines Betriebsrats gegen den Arbeitgeber **auf Unterlassung** der Durchführung der Betriebsänderung bis zum Abschluss der Verhandlungen über einen Interessenausgleich anerkannt und dies u.a. mit Art. 8 der RL 2002/14/EG begründet, der auch bei Massenentlassungen anzuwenden ist.
Bei Verstößen gegen Pflichten der Betreiber von KI-Systemen aus der KI-VO kommt noch eine besonders fühlbare Sanktion hinzu: Art. 99 KI-VO verpflichtet die Mitgliedstaaten zum Erlass von Vorschriften für Sanktionen und anderen Durchsetzungsmaßnahmen und zu allen Maßnahmen, die für deren ordnungsgemäße und wirksame Durchsetzung notwendig sind. Die Sanktionen müssen wirksam, verhältnismäßig und abschreckend sein. Bei Verstoß gegen Art. 26 KI-VO (Information über Hochrisiko-KI Systeme) werden **Geldbußen** von bis zu 15 000 000 Euro oder – im Falle von Unternehmen – von bis zu 3 % des gesamten weltweiten Jahresumsatzes des vorangegangenen Geschäftsjahres verhängt, je nachdem, welcher Betrag höher ist.

k) Schutz der Arbeitnehmervertreter

Nach Art. 7 IuK-RL tragen die Mitgliedstaaten dafür Sorge, dass die Arbeitnehmervertreter bei der Ausübung ihrer Funktion ausreichenden Schutz und ausreichende Sicherheit genießen, die es ihnen ermöglichen, die ihnen übertragenen Aufgaben in angemessener Weise wahrzunehmen. Dies ist die allgemeine Schutzvorschrift; daneben bestehen besondere Schutzvorschriften in Einzelrichtlinien, die wir unter VII. dokumentieren und darstellen. Im Wesentlichen begründet die Vorschrift ein **Benachteiligungsverbot** sowie ein **Ausstattungsgebot**, d.h. der Arbeitgeber muss der Arbeitnehmervertretung die Mittel zur Verfügung stellen, die sie für ihre Aufgaben benötigt. Bemerkenswert, dass sowohl die europäischen Vorschriften als auch die sogleich zitierten Vorschriften der

---

14 LAG Hamm 30.7.2007 – 10 TaBVGa 17/07, AuR 2008,117; dazu Zabel, AuR 2008, 173.

15 Umfangreiche Nachweise zu Rspr. und Literatur bei DKW-*Däubler*, §§ 112, 112a BetrVG, Rn. 53.

IAO und der ESC nur ein Benachteiligungsverbot kennen, dagegen kein Begünstigungsverbot wie etwa § 78 BetrVG. In einem dänischen Fall hat der EuGH Art. 7 der Richtlinie dahingehend ausgelegt, dass er nicht verlangt, Arbeitnehmervertretern einen verstärkten Kündigungsschutz zu gewähren. Jedoch hat jede zur Umsetzung dieser Richtlinie, sei es durch Gesetz oder durch Tarifvertrag, vorgesehene Maßnahme den in diesem Art. 7 vorgesehenen Mindestschutz zu wahren.[16]

Zudem ist das von Deutschland ratifizierte **IAO-Übereinkommen Nr. 135** über Schutz und Erleichterungen für Arbeitnehmervertreter im Betrieb vom 23.6.1971 zu berücksichtigen. Nach dessen Art. 1 sind Arbeitnehmervertreter im Betrieb gegen jede Benachteiligung, einschließlich Kündigung, die auf Grund ihrer Stellung oder Betätigung als Arbeitnehmervertreter oder auf Grund ihrer Zugehörigkeit zu einer Gewerkschaft oder ihrer gewerkschaftlichen Betätigung erfolgt, wirksam zu schützen, sofern sie im Einklang mit bestehenden Gesetzen oder Gesamtarbeitsverträgen oder anderen gemeinsam vereinbarten Regelungen handeln. Nach Art. 2 Abs. 1 sind ihnen Erleichterungen zu gewähren, die geeignet sind, ihnen die rasche und wirksame Durchführung ihrer Aufgaben zu ermöglichen.

Nach Teil I Nr. 28 der **Revidierten Europäischen Sozialcharta (RESC)** haben Arbeitnehmervertreter im Betrieb das Recht auf Schutz gegen Benachteiligungen; sie müssen geeignete Erleichterungen erhalten, um ihre Aufgaben wahrzunehmen. Dementsprechend statuiert Teil II Art. 28 RESC »das Recht der Arbeitnehmervertreter auf Schutz im Betrieb und Erleichterungen, die ihnen zu gewähren sind« mit folgendem Inhalt:

Um die wirksame Ausübung des Rechts der Arbeitnehmervertreter zu gewährleisten, ihre Aufgaben wahrzunehmen, verpflichten sich die Vertragsparteien sicherzustellen, dass

a) die Arbeitnehmervertreter im Betrieb gegen Benachteiligungen, einschließlich der Kündigung, die auf Grund ihrer Eigenschaft oder Betätigung als Arbeitnehmervertreter im Betrieb erfolgen, wirksam geschützt werden;

b) den Arbeitnehmervertretern im Betrieb Erleichterungen gewährt werden, die geeignet sind, ihnen die rasche und wirksame Wahrnehmung ihrer Aufgaben zu ermöglichen, wobei das in dem betreffenden Land zu beachtende System der Arbeitsbeziehungen sowie die Erfordernisse, Größe und Leistungsfähigkeit des jeweiligen Betriebs berücksichtigt werden.

16 EuGH 11.2.2010 – C-405/08; Holst, AuR 2010, 273.

3. Massenentlassungen

a) Grundrecht auf Schutz bei ungerechtfertigter Entlassung

Was viele nicht wissen, aber man unbedingt wissen sollte: Nach Art. 30 der Europäischen **Charta der Grundrechte** »hat jede Arbeitnehmerin und jeder Arbeitnehmer nach dem Unionsrecht und den einzelstaatlichen Rechtsvorschriften und Gepflogenheiten Anspruch auf **Schutz vor ungerechtfertigter Entlassung**«. Das klingt vielversprechend, überwiegend aber erst für die Zukunft. Europa könnte zwar nach Art. 153 AEUV eine allgemeine Kündigungsschutzrichtlinie verabschieden, hat dies bisher aber noch nicht getan. So gibt es nur selektive europäische Kündigungsschutzbestimmungen in Einzelrichtlinien, etwa als Maßregelungsverbote bei der Wahrnehmung europäischer Rechte auch für Beschäftigtenvertreter (siehe auch Kapitel VII). Diese Vorschriften sind im Lichte des Grundrechts auszulegen. Abgesehen davon regelt jeder Mitgliedstaat seinen nationalen Kündigungsschutz selbst.[17]

b) Die Massenentlassungsrichtlinie 98/59/EG[18]

Die Massenentlassungsrichtlinie 98/59/EG (MERL) enthält keine materiell-rechtlichen Bestimmungen, unter welchen Voraussetzungen Entlassungen zulässig sind und wie sie begründet werden müssen – sie regelt aber das **Verfahren**, das Arbeitgeber dabei einhalten müssen. Ziel ist es, verfahrensmäßig gleiche Mindestbedingungen in Europa herzustellen. Dadurch soll vermieden werden, dass ein multinationaler Konzern mit Niederlassungen in mehreren Mitgliedstaaten sich bei der Entscheidung über Massenentlassungen das Land heraussucht, in dem diese am leichtesten zu bewerkstelligen sind.

Wichtig:
Über dieses Verfahren ergibt sich ein zweifacher Schutz. Zum einen verlangt Art. 2 der Richtlinie rechtzeitig vor Durchführung von Entlassungen die **Unterrichtung und Konsultation** mit der Arbeitnehmervertretung. Art. 3 verlangt die **Anzeige** an die zuständige (Arbeits-)Behörde. Damit ver-

17 Sehr vernünftige Regelungen gibt es in Art. 24 der Europäischen Sozialcharta, auf den auch die Erläuterungen zu Art. 30 EU-GRC Bezug nehmen, und in dem IAO-Übereinkommen Nr. 158 über Kündigungsschutz. Leider hat Deutschland beide Bestimmungen nicht ratifiziert.

18 Richtlinie 98/59/EG v. 20.7.1998 zur Angleichung der Rechtsvorschriften der Mitgliedstaaten über Massenentlassungen.

bindet sich die Hoffnung, dass Kündigungen in diesem Verfahren vermieden oder begrenzt werden. Art. 6 verlangt Durchsetzungsmöglichkeiten für Arbeitnehmer und/oder ihre Vertreter. Diese vorgeschriebenen Verfahren sind keine bloßen Ordnungsvorschriften, sondern haben – bei Nichtbeachtung – Konsequenzen, u. U. die Unwirksamkeit von Kündigungen. Die deutschen entsprechenden Vorschriften sind §§ 17, 18 KSchG; dazu noch §§ 111 ff. BetrVG über Betriebsänderungen (zu denen Massenentlassungen regelmäßig zählen) mit Interessenausgleich und Sozialplan (dazu auch § 79 Abs. 1 Nr. 5 BPersVG), für die dann auch Einigungsstellen zuständig sind.

c) Definition der Massenentlassung

Unter dem Begriff »Entlassung« i. S. d. Richtlinie ist bereits die **Kündigungserklärung** des Arbeitgebers und nicht erst die Beendigung des Arbeitsverhältnisses mit Ablauf der Kündigungsfrist zu verstehen.[19] Dementsprechend sind die Fristen in Art. 1 Abs. 1 MERL zu berechnen.

Wichtig:
Der Arbeitgeber muss sowohl das Konsultations – als auch das Anzeigeverfahren vor Ausspruch von Kündigungen vornehmen und beenden. »Die Konsultationspflicht entsteht zu einem Zeitpunkt, ab dem der Arbeitgeber im Rahmen eines Restrukturierungsplans eine Verringerung der Arbeitsplätze ins Auge fasst oder plant, deren Zahl die in Art. 1 RL festgelegten Schwellenwerte für den Abbau von Arbeitsplätzen überschreiten kann, und nicht erst zu dem Zeitpunkt, in dem der Arbeitgeber die Gewissheit erlangt, dass er tatsächlich eine Zahl von Arbeitnehmern entlasten muss, die diese Schwellenwerte überschreitet.«[20]

d) Berechnung der Massenentlassung

Die MERL greift ebenso wie die IuK-Richtlinie 2002/14/EG erst bei Überschreitung bestimmter **Schwellenwerte**. Wie jene steht auch sie nationalen Regelungen entgegen, die bestimmte Gruppen von Arbeitnehmern wie neu Eingestellte, Beschäftigte mit bezuschussten Verträgen oder Führungskräfte (*dirigenti*) – und sei es zeitweilig – bei der Berechnung der Beschäftigtenzahl unberücksichtigt lassen.[21] Der Einfachheit halber

---

19 EuGH 27. 1. 2005 – C-188/03, Junk, AuR 2005, 154.

20 EuGH 22. 2. 2024 – C-589/22, Resorts Mallorca Hotels.

21 EuGH 18. 1. 2007 – C-385/05, CGT, CFDT u. a., zu neu eingestellten jüngeren Arbeitnehmern; 15. 1. 2014 – C-176/12, AMS, AuR 2014, 81, zu sog. »bezuschussten Verträgen«; 13. 2. 2014 – C-596/12, Kommission / Italien, zu »*dirigenti*«.

werden die europäischen (Art. 1 MERL) und die deutschen Schwellenwerte der Massenentlassung (§ 17 KSchG) hier gegenübergestellt:

Art. 1 (1) a) Richtlinie 98/59/EG	**§ 17 KSchG Anzeigepflicht**
Massenentlassungen« sind Entlassungen, die ein Arbeitgeber aus einem oder mehreren Gründen, die nicht in der Person der Arbeitnehmer liegen, vornimmt und bei denen – nach Wahl der Mitgliedstaaten – die Zahl der Entlassungen i) entweder innerhalb eines Zeitraums von 30 Tagen	(1) Der Arbeitgeber ist verpflichtet, der Agentur für Arbeit Anzeige zu erstatten, bevor er
– mindestens 10 in Betrieben mit i. d. R. mehr als 20 und weniger als 100 Arbeitnehmern,	1. in Betrieben mit i. d. R. mehr als 20 und weniger als 60 Arbeitnehmern mehr als 5 Arbeitnehmer,
– mindestens 10 v. H. der Arbeitnehmer in Betrieben mit in i. d. R. mindestens 100 und weniger als 300 Arbeitnehmern,	2. in Betrieben mit i. d. R. mindestens 60 und weniger als 500 Arbeitnehmern 10 vom Hundert der im Betrieb regelmäßig beschäftigten Arbeitnehmer oder aber mehr als 25 Arbeitnehmer,
– mindestens 30 in Betrieben mit i. d. R. mindestens 300 Arbeitnehmern,	3. in Betrieben mit i. d. R. mindestens 500 Arbeitnehmern mindestens 30 Arbeitnehmer
ii) oder innerhalb eines Zeitraums von 90 Tagen mindestens 20, und zwar unabhängig davon, wie viele Arbeitnehmer i. d. R. in dem betreffenden Betrieb beschäftigt sind, beträgt; … Für die Berechnung der Zahl der Entlassungen gem. Abs. 1a werden diesen Entlassungen Beendigungen des Arbeitsvertrags gleichgestellt, die auf Veranlassung des Arbeitgebers … erfolgen, sofern die Zahl der Entlassungen mindestens 5 beträgt. …	innerhalb von 30 Kalendertagen entlässt. Den Entlassungen stehen andere Beendigungen des Arbeitsverhältnisses gleich, die vom Arbeitgeber veranlasst werden. …

Vergleicht man beide Staffeln, ist die deutsche Regelung aus Arbeitnehmersicht an dieser Stelle (an anderer nicht) günstiger, also zulässig (Art. 5 MERL). Nach § 17 Abs. 5 Nr. 3 KSchG gelten leitende Angestellte nicht als Arbeitnehmer im Sinne der Vorschrift. Das verstößt gegen die Richtlinie, die diese Ausnahme nicht kennt.

e) Information und Konsultation

Die in Art. 2 MERL statuierte Pflicht des Arbeitgebers, die Arbeitnehmervertreter rechtzeitig zu konsultieren, wenn er Massenentlassungen beabsichtigt, ist der Kernbereich der Richtlinie. Zu den schriftlich mitzuteilenden zweckdienlichen Auskünften gehören die Gründe der geplanten Entlassung, Zahl und Kategorien der i. d. R. beschäftigten und der zu entlassenden Arbeitnehmer, vorgesehene Kriterien für deren Auswahl, Zeitraum, in dem die Entlassungen vorgenommen werden sollen, vorgesehene Methode für die Berechnung etwaiger Abfindungen. Dies gilt auch im Insolvenzfall.[22] Nach der EuGH-Rechtsprechung kommt dieses Recht auf Information und Konsultation den **Arbeitnehmervertretern** und nicht einzelnen Arbeitnehmern zu.[23] Art. 2 Abs. 3 MERL gewähre ihnen einen kollektiven und keinen individuellen Schutz.[24] Haben sie keine Arbeitnehmervertreter benannt und sind sie (wie in Deutschland) dazu nicht verpflichtet, verlangen Art. 1 Abs. 1 Unterabs. 1 lit. b, Art. 2 Abs. 3 und Art. 6 MERL auch keine individuelle Konsultation der betroffenen Arbeitnehmer.[25] Wiederum zeigt sich: Für Beschäftigte ist es nachteilig, keinen Betriebs- oder Personalrat zu haben.

Wichtig:
Konsultation ist mehr als Information. Art. 2 gg) der Informations- und Konsultationsrichtlinie (IuK) 2002/14/EG (siehe dort)[26] definiert »Anhörung« als »Durchführung eines **Meinungsaustauschs und eines Dialogs** zwischen Arbeitnehmervertretern und Arbeitgeber«. Art. 4 IuK-RL bestimmt weitere Modalitäten der Unterrichtung und Anhörung der Arbeitnehmervertreter in einer Weise, die es diesen gestattet, mit dem Arbeitgeber zusammenzukommen und eine mit Gründen versehene Antwort auf Ihre etwaige Stellungnahme zu erhalten. Es handelt sich zwar nicht um Mitbestimmung,

22 EuGH 3.3.2011 – C-235/10 bis C-239/10.
23 EuGH 16.7.2009 – C-12/08, Mono Car Styling, Rn. 38.
24 EuGH 13.7.2023 – C-134/22, G GmbH, Rn. 37.
25 EuGH 5.10.2023 – C-496/22.
26 Die RL 2002/14/EG ist nach ihren Art. 4 c) und 9 auch für das Massenentlassungsverfahren einschlägig.

die Arbeitnehmervertretung muss aber die Möglichkeit haben, sich eingehend mit den Plänen des Arbeitgebers auseinanderzusetzen, weiteren Informationsbedarf anzumelden und ihrerseits Gegenvorschläge zu unterbreiten. Der Arbeitgeber muss genauso intensiv darauf eingehen und darf nicht bloße Scheinverhandlungen führen. Teilweise wird in der Literatur für dieses Konsultationsverfahren eine Zwei-Wochen-Frist vorgeschlagen. Eine solche Frist kennt aber die Richtlinie nicht. Vielmehr können bei komplexen Umstrukturierungen längere Verhandlungen erforderlich sein.[27] Zur Klärung hatte das ArbG Berlin im Wege eines Vorlagebeschlusses[28] den EuGH befragt, ob das Konsultationsverfahren i. S. d. Art. 2 IuK-RL schon dann abgeschlossen ist, wenn die unmittelbaren Verhandlungen zwischen Arbeitgeber und Arbeitnehmervertretern gescheitert sind, oder erst die Verhandlungen vor der **Einigungsstelle** abgeschlossen sein müssen. Die Sache wurde nicht entschieden, die Vorlage zurückgenommen, nachdem die Parteien sich im Ausgangsverfahren verglichen hatten.

f) Schriftliche Anzeige an die zuständige (Arbeits-)Behörde

Nach Art. 3 MERL hat der Arbeitgeber der zuständigen Behörde alle beabsichtigen Massenentlassungen schriftlich anzuzeigen. Die Anzeige muss alle zweckdienlichen Angaben über die beabsichtigte Massenentlassung und die Konsultationen der Arbeitnehmervertreter gemäß Art. 2 enthalten, insbesondere Gründe der Entlassung, Zahl der i. d. R. beschäftigten und der zu entlassenden Arbeitnehmer, Zeitraum, in dem die Entlassungen vorgenommen werden sollen. Der Arbeitgeber hat den Arbeitnehmervertretern eine Abschrift dieser Anzeige und umgekehrt der zuständigen Behörde eine Abschrift der schriftlichen Mitteilung an die Arbeitnehmervertreter zu übermitteln.

g) Rechtsfolgen von Fehlern im Massenentlassungsverfahren

Nach Art. 6 MERL müssen den Arbeitnehmervertretern und/oder den Arbeitnehmern administrative und/oder gerichtliche Verfahren zur Durchsetzung der Verpflichtungen gemäß dieser Richtlinie zur Verfügung stehen. Unstreitig führen Fehler im Konsultationsverfahren zur Unwirksamkeit der Kündigung. Im Grundsatz gilt dies auch für Fehler im Anzeigeverfahren. Diese sollten im Wege der Kündigungsschutzklage nach dem KSchG geltend gemacht werden.

27 Weber, AuR 2008, 370 m. w. N.

28 ArbG Berlin, EuGH-Vorlage v. 21. 2. 2006 – 79 Ca 22399/05.

Nach richtiger Auffassung steht in diesem Fall auch der Arbeitnehmervertretung ein **Unterlassungsanspruch** zu. Dies wurde jedoch bisher vom EuGH noch nicht entschieden und wird in Deutschland von Arbeitgebern bestritten. In einem Verfahren um Massenentlassungen hat das LAG Hamm[29] wie auch andere Landesarbeitsgerichte die Zulässigkeit der einstweiligen Verfügung auf Antrag eines Betriebsrats gegen den Arbeitgeber auf Unterlassung der Durchführung der Betriebsänderung bis zum Abschluss der Verhandlungen über einen Interessenausgleich anerkannt und dies u.a. mit Art. 8 IuK-RL begründet, der einerseits für Arbeitnehmervertreter geeignete Verwaltungs- und Gerichtsverfahren zur Durchsetzung ihrer Rechte, andererseits Sanktionen gegen Arbeitgeber im Falle von Verstößen gegen die Richtlinie fordert. Nach § 112 BetrVG kann die Einigungsstelle sowohl für Verhandlungen über den Interessenausgleich als auch über den Sozialplan angerufen werden. Über den Sozialplan entscheidet sie abschließend, notfalls durch mehrheitlichen Spruch (§ 112 BetrVG, § 79 Abs. 1 Nr. 5 BPersVG).

4. Europäische Betriebsräte

a) Rechtsgrundlagen

Warum gibt es Europäische Betriebsräte? Da an nationale Mitbestimmungsrechte nur inländische Betriebs- und Unternehmensleitungen gebunden sind, besteht bei grenzüberschreitend tätigen Unternehmen die Notwendigkeit, Regelungen für Europäische Betriebsräte zu treffen. Solche Bestrebungen gab es bereits seit 1960, jedoch gibt es die europäische Betriebsräterichtlinie erst seit 1994.[30] In Deutschland wurde die Richtlinie durch das Europäische Betriebsräte-Gesetz (EBRG) vom 28.10.1996 in nationales Recht umgesetzt und im Jahr 2011 aufgrund der EBR-Richtlinie 2009/38/EG (EBR-RL) vom 6.5.2009[31] geändert.

---

29 LAG Hamm 30.7.2007 – 10 TaBVGa 17/07, AuR 2008, 117; dazu Zabel, AuR 2008, 173.

30 Richtlinie 94/45/EG des Rates v. 22.9.1994 über die Einsetzung eines Europäischen Betriebsrats oder die Schaffung eines Verfahrens zur Unterrichtung und Anhörung der Arbeitnehmer in gemeinschaftsweit operierenden Unternehmen und Unternehmensgruppen.

31 Richtlinie 2009/38/EG des Europäischen Parlaments und des Rates v. 6.5.2009 über die Einsetzung eines Europäischen Betriebsrats oder die Schaffung eines Verfahrens zur Unterrichtung und Anhörung der Arbeitnehmer in gemeinschaftsweit operierenden Unternehmen und Unternehmensgruppen.

b) Schutz der Arbeitnehmervertreter

Art. 10 EBR-RL enthält Bestimmungen zum Schutz der Arbeitnehmervertreter. Nach Art. 10 Abs. 1 EBR-RL müssen die Mitglieder des Europäischen Betriebsrats über die Mittel verfügen, die erforderlich sind, um die Rechte auszuüben, die sich aus der Richtlinie ergeben, um kollektiv die Interessen der Arbeitnehmer zu vertreten. Dies beinhaltet alles, was zur Ausübung der Rechte notwendig ist (neben finanziellen auch sächliche und personelle Mittel).[32] Art. 10 Abs. 2 EBR-RL gewährleistet den Informationsfluss zwischen EBR und den örtlichen Arbeitnehmervertretern (Betriebs-/Personalrat). Danach sollen die örtlichen Arbeitnehmervertreter über Inhalt und Ergebnisse der Unterrichtung und Anhörung informiert werden. Ihnen gegenüber besteht dann auch keine Geheimhaltungspflicht (§ 35 Abs. 2 Satz 4 EBRG). Mitglieder eines Europäischen Betriebsrats genießen nach Art. 10 Abs. 3 EBR-RL den gleichen Schutz wie Betriebsratsmitglieder. Dazu gehört vor allem der besondere **Kündigungs-, Entgelt- und Tätigkeitsschutz sowie der Schutz vor Benachteiligung und Behinderung**. Weiterhin müssen die Mitglieder des EBR in dem Maße, wie dies zur Wahrnehmung ihrer Vertretungsaufgaben in einem internationalen Umfeld erforderlich ist, Schulungen erhalten, ohne dabei Lohn- bzw. Gehaltseinbußen zu erleiden (Art. 10 Abs. 4 EBR-RL). Die Umsetzung dessen ist in § 39 EBRG erfolgt. Demnach sind die durch die Bildung und Tätigkeit des EBR entstehenden Kosten durch das Unternehmen zu tragen.
Im Gegensatz zum BetrVG/BPersVG sind aber viele Aspekte wie Größe des Europäischen Betriebsrats, Anzahl und Ablauf der Sitzungen Verhandlungssache und müssen in einer **Vereinbarung** festgehalten werden. Dabei bleiben bestehende nationale Strukturen durch die EBR-RL unberührt. Der Europäische Betriebsrat wird ergänzend eingerichtet[33] und dient dazu, in grenzüberschreitenden Unternehmen auf europäischer Ebene die Interessen der Arbeitnehmer zu vertreten.

> **Wichtig:**
> Das EBRG ist richtlinienkonform zu interpretieren, da es die EBR-RL umsetzt. Wenn der Wortlaut nicht eindeutig ist, wäre somit eine Vorlage an den EuGH möglich, bei letztinstanzlichen Gerichten zwingend. Von Bedeutung ist dabei, dass Art. 27 GRC zu beachten ist, wonach eine rechtzeitige Unterrichtung und Anhörung der Arbeitnehmer oder ihrer Vertreter gewähr-

32 EUArbRK-*Oetker*, RL 2009/38/EG Art. 10 Rn. 5.
33 Siehe dazu auch DKW-*Däubler*, Anhang B EBRG, Vorbemerkung (EBRG), Rn. 11.

leistet sein müssen, die nach dem Unionsrecht und den einzelstaatlichen Rechtsvorschriften und Gepflogenheiten vorgesehen sind.

c) Ziel und Voraussetzungen des EBRG

Das EBRG verfolgt in Übereinstimmung mit der EBR-RL das Ziel der Stärkung des Rechts auf grenzübergreifende Unterrichtung und Anhörung der Arbeitnehmer in gemeinschaftsweit tätigen Unternehmen und Unternehmensgruppen (§ 1 Abs. 1 EBRG).[34] Dazu werden »Europäische Betriebsräte oder Verfahren zur Unterrichtung und Anhörung der Arbeitnehmer vereinbart«. In der Praxis ist aus Arbeitnehmersicht die Gründung eines EBR vorzuziehen, da bei der Vereinbarung von Verfahren zur Unterrichtung und Anhörung gerade kein EBR gegründet wird und deshalb keine Arbeitnehmervertreter aus verschiedenen Ländern ihre Meinung austauschen können. Kommt es nicht zu einer Vereinbarung, wird ein EBR kraft Gesetzes errichtet. Diese Möglichkeit sollte man bei der Verhandlung immer im Auge behalten und sich seine Rechtspositionen nicht »runterverhandeln« lassen.
Voraussetzung ist, dass ein Unternehmen mindestens 1000 Arbeitnehmer in den Mitgliedstaaten und davon jeweils mindestens 150 Arbeitnehmer in mindestens zwei Mitgliedstaaten beschäftigt (§ 3 Abs. 1 EBRG). Zur Bildung des Europäischen Betriebsrats ist der umfassende Auskunftsanspruch aus § 5 EBRG von Bedeutung, damit die Arbeitnehmervertreter Kenntnis von der Gesamtzahl der Beschäftigten erhalten. Dabei ist ein besonderes Verhandlungsgremium zu gründen, das die Aufgabe hat, mit der zentralen Leitung eine Vereinbarung über eine grenzübergreifende Unterrichtung und Anhörung der Arbeitnehmer abzuschließen (§ 8 Abs. 1 EBRG). Zur Bildung des besonderen Verhandlungsgremiums ist eine Antragstellung erforderlich, die von zwei Unternehmen, die in verschiedenen Mitgliedstaaten liegen, unterzeichnet ist (§ 9 EBRG). Damit diesbezüglich mit anderen europäischen Gewerkschaften ein Austausch erfolgt, ist die Kontaktaufnahme mit dem Europäischen Gewerkschaftsbund zu empfehlen.

34 Vgl. Art. 1 Abs. 1 RL 2009/38/EG.

d) Mitwirkungsrechte des Europäischen Betriebsrats

Nach § 29 EBRG findet eine jährliche Unterrichtung und Anhörung über die Geschäftslage statt, und nach § 30 EBRG wird der EBR über außergewöhnliche Umstände wie zum Beispiel Betriebsschließungen informiert.

Anders als der Betriebsrat nach dem BetrVG hat der EBR keine echten Mitbestimmungsrechte, sondern lediglich Unterrichtungs- und Anhörungsrechte. Jedoch weicht der Begriff »Anhörung« vom deutschen Verständnis ab und meint in Umsetzung des Art. 2 Abs. 1 lit. g RL 2009/38/EG den »Meinungsaustausch und die Errichtung eines Dialogs« (§ 1 Abs. 5 EBRG). Die Anhörung ist daher weitergehend, sodass der Begriff »**Beratungsrecht**« passender wäre.[35] Die Unterrichtung hat dabei zu einem Zeitpunkt zu erfolgen, der es den Arbeitnehmervertretern ermöglicht, innerhalb einer angemessenen Frist Stellung zu nehmen. Somit ist dem EBR ein großer zeitlicher Puffer einzuräumen.[36]

Wichtig:
In der Praxis wird die vorherige Anhörung und Unterrichtung häufig ignoriert.[37] Dabei ist Art. 11 Abs. 2 EBR-RL von Bedeutung, wonach jeder Mitgliedstaat für den Fall der Nichteinhaltung der Richtlinie geeignete Maßnahmen vorsehen muss, damit die sich aus der Richtlinie ergebenden Verpflichtungen auch tatsächlich durchgesetzt werden. Daraus kann nur gefolgert werden, dass bei Verstößen gegen die Unterrichtungs- und Anhörungsrechte ein Unterlassungsanspruch des Europäischen Betriebsrats[38] folgt.

Werden Europäische Betriebsräte nicht vor einer Maßnahme angehört und unterrichtet, können sie den sofortigen Stopp bzw. die Rückgängigmachung durch einstweilige Verfügung verlangen. So haben in anderen Mitgliedstaaten mehrfach Gerichte einen Unterlassungsanspruch bejaht wie z.B., als die Firma Thomson ihre DVD-Produktion von Luxemburg nach Großbritannien verlagern wollte oder als das Oberste Gericht von Asturien am 14.2.2014 eine von der US-Konzernmutter verfügte Be-

35 Siehe DKW-*Däubler*, Anhang B EBRG, § 1 Rn. 11.

36 Vgl. DKW-*Däubler*, Anhang B EBRG, § 1 Rn. 9f.; Fitting, Übersicht EBRG Rn. 12.

37 Siehe dazu Studie von Jeremy Waddington: European Works Councils and Industrial Relations: A Transnational Industrial Relations Institution in the Making, 2010.

38 Vgl. DKW-*Deinert*, Anhang B EBRG, § 29 Rn. 2 m.w.N.

triebsstillegung der Firma Tenneco in Spanien stoppte.[39] Hervorzuheben ist auch der Fall Renault, als eine Betriebsschließung mangels vorheriger Konsultation des EBR vom Appellationsgericht in Versailles untersagt wurde.[40]

Zwar hat sich in Deutschland ein solcher **Unterlassungsanspruch** in der Rechtsprechung noch nicht durchgesetzt;[41] jedoch gibt es noch keine letztinstanzliche Entscheidung. Das Europäische Parlament fordert ein Recht des Europäischen Betriebsrats, mittels einstweiliger Verfügung die Umsetzung von Entscheidungen der Unternehmensleitung vorübergehend auszusetzen, bis das Verfahren zur Unterrichtung und Anhörung des EBR auf eine Weise stattgefunden hat, die eine begründete Antwort der Geschäftsleitung ermöglicht.[42] Auch der Kommissionsvorschlag zur Änderung der Richtlinie sieht eine verpflichtende Antwort auf Stellungnahmen des Europäischen Betriebsrats[43] und damit eine Grundlage für einen Unterlassungsanspruch vor.

Praxistipp:
Da die Frage bzgl. eines Unterlassungsanspruchs in Deutschland höchstrichterlich noch nicht geklärt und auch noch keine Vorlage an den EuGH erfolgt ist, sollte ein solcher Anspruch in der Vereinbarung zur Errichtung eines EBR aufgenommen werden.[44]

Weiterhin kommen Bußgelder nach § 45 EBRG in Betracht. Es kann mit bis zu 15 000 Euro geahndet werden, wenn der Europäische Betriebsrat nicht ordnungsgemäß unterrichtet wird.

---

39 DKW-*Däubler*, Anhang B EBRG, Vorbem. Rn. 23 m. w. N.; bei Preis/Sagan-*Müller-Bonanni/Witschen*, § 19 Rn. 19.124 finden sich weitere Beispiele.

40 Cour d'Appell de Versailles 7. 5. 1997 – Urteilsnr. 308, Reg-Nr. 2780/97, AuR 1997, 299, Anm. Rudolph.

41 LAG Baden-Württemberg 12. 10. 2015 – 9 TaBV 2/15, Rn. 67; LAG Köln 8. 9. 2011 – 13 Ta 267/11, Rn. 27.

42 Nr. 18 der legislativen Entschließung des Europäischen Parlaments v. 2. 2. 2023, P9_TA (2023)0028 (abrufbar unter *https://www.europarl.europa.eu/doceo/document/TA-9-2023-0028_DE.html#title1*).

43 Zum Zeitpunkt der Bearbeitung lag nur die englische Sprachfassung vor, COM/2024/14 final (abrufbar unter *https://ec.europa.eu/social/main.jsp?langId=en&catId=89&furtherNews=yes&newsId=10732*).

44 Siehe DKW-*Däubler*, Anhang B EBRG, Vorbem. Rn. 24.

5. Arbeitsschutzrecht

a) Allgemeine Grundsätze der Sicherheit und des Gesundheitsschutzes

Nach **Art. 31 Abs. 1 GRC** hat jede Arbeitnehmerin und jeder Arbeitnehmer das Recht auf gesunde, sichere und würdige Arbeitsbedingungen. Arbeitsschutz gehört zu den Grundprinzipien/Kernarbeitsnormen (Übereinkommen 155 und 187) der Internationalen Arbeitsorganisation, IAO. Der Schutz von Sicherheit und Gesundheit der Arbeitnehmer, sog. technischer Arbeitsschutz, ist ein schon frühes, zentrales Feld sozialpolitischer, europäischer Rechtsetzung. Im Vordergrund steht die allgemeine **Arbeitsschutzrichtlinie 89/391/EWG**[45] (ArbSch-RL), eine Rahmenrichtlinie, die durch zahlreiche weitere technische und soziale Arbeitsschutzrichtlinien (z. B. über persönliche Schutzausrüstungen, Bildschirmarbeit, Baustellen, Chemikalien, Wirkstoffe, Lärmschutz u. a.) ergänzt und konkretisiert wird.[46] Einige dieser Richtlinien wie die Arbeitszeitrichtlinie 2003/88/EG (dazu sogleich) nehmen auf die Arbeitsschutzrichtlinie Bezug und erklären ihre Bestimmungen auch dort für anwendbar.

Zentrale Vorschrift ist Art. 5 ArbSch-RL. Danach muss der Arbeitgeber für Sicherheit und Gesundheitsschutz der Arbeitnehmer sorgen. Dafür trägt er die Kosten allein. In diesem Sinne verpflichtet ihn Art. 6 zur Ergreifung der erforderlichen Maßnahmen einschließlich der Maßnahmen zur Verhütung berufsbedingter Gefahren, zur Information und Unterweisung sowie der Bereitstellung einer geeigneten Organisation und der erforderlichen Mittel. Art. 6 Abs. 2 definiert die Grundsätze der Gefahrenverhütung. Danach sind Risiken zu vermeiden, nicht vermeidbare Risiken abzuschätzen, Gefahren an der Quelle zu bekämpfen, der Faktor »Mensch« zu berücksichtigen, der Stand der Technik einzubeziehen, Gefahrenmomente auszuschalten oder zu verringern, kollektiver Gefahrenschutz dem individuellen vorzuziehen und schließlich geeignete Anweisungen an die Arbeitnehmer zu erteilen. Art. 6 Abs. 3 nennt ausdrücklich die Verpflichtung zur Beurteilung von Gefahren für Sicherheit und Gesundheit der Arbeitnehmer, u. a. bei der Auswahl von Arbeitsmitteln, chemischen Stoffen oder Zubereitungen bei der Gestaltung der Arbeitsplätze (Gefährdungsbeurteilung).

---

45 Richtlinie 89/391/EWG v. 12.6.1989 über die Durchführung von Maßnahmen zur Verbesserung der Sicherheit und des Schutzes der Arbeitnehmer bei der Arbeit.

46 Übersicht bei DKW-*Buschmann*, § 89 BetrVG, Rn. 15ff.

b) Anhörung und Beteiligung der Arbeitnehmer und ihrer Vertreter

Nach Art. 10 ArbSch-RL trifft der Arbeitgeber die geeigneten Maßnahmen, damit die Arbeitnehmer bzw. deren Vertreter im Unternehmen bzw. Betrieb alle erforderlichen Informationen erhalten über die Gefahren für Sicherheit und Gesundheit sowie Schutzmaßnahmen und Maßnahmen zur Gefahrenverhütung. Nach Art. 11 ArbSch-RL sind die Arbeitnehmer bzw. ihre Vertreter bei all diesen Fragen anzuhören. Dies wird im Einzelnen konkretisiert.

> **Wichtig:**
> Nach Art. 11 Abs. 6 ArbSch-RL haben Arbeitnehmer bzw. ihre Vertreter das Recht, sich an die für die Sicherheit und den Gesundheitsschutz am Arbeitsplatz zuständige Behörde zu wenden, wenn sie der Auffassung sind, dass die vom Arbeitgeber getroffenen Maßnahmen und bereitgestellten Mittel nicht ausreichen, um die Sicherheit und den Gesundheitsschutz am Arbeitsplatz sicherzustellen. Die Vertreter der Arbeitnehmer müssen die Möglichkeit haben, bei Besuchen und Kontrollen der zuständigen Behörde ihre Bemerkungen vorzubringen. Damit wird klargestellt, dass Betriebs-/Personalräte **direkt mit den zuständigen Arbeitsschutzbehörden (Gewerbeaufsicht, Amt für Arbeitsschutz) zusammenarbeiten** und diese über Missstände informieren können. Eine frühere verunglückte Entscheidung des BAG hatte dies aus Datenschutzgründen zu begrenzen versucht. Jedoch hat der EuGH klargestellt, dass Datenschutz einer Information an die Arbeitsschutzbehörde über die konkreten Arbeitszeiten von Beschäftigten nicht entgegensteht, vorausgesetzt, diese Verpflichtung ist dafür notwendig, dass diese Behörde ihre Überwachungsaufgaben hinsichtlich der Anwendung der Regelungen über die Arbeitsbedingungen, insbesondere in Bezug auf die Arbeitszeiten, wahrnehmen kann.[47]

c) Nationale Umsetzung

Die nationale Umsetzung erfolgt im Wesentlichen durch das Arbeitsschutzgesetz (ArbSchG). So statuiert § 3 ArbSchG die Verpflichtung des Arbeitgebers, die erforderlichen Maßnahmen des Arbeitsschutzes unter Berücksichtigung der Umstände zu treffen, die Sicherheit und Gesundheit der Beschäftigten bei der Arbeit beeinflussen.

47 EuGH 30.5.2013 – C-342/12, Worten, AuR 2013, 370.

> **Wichtig:**
> Auf diese Vorschrift stützte das BAG seine wichtige Entscheidung, nach der Arbeitgeber verpflichtet sind, ein System der **Arbeitszeiterfassung** einzuführen, deren Einzelheiten dann der Mitbestimmung nach § 87 Abs. 1 Nr. 7 BetrVG / § 80 Nrn. 16, 21 BPersVG[48] unterliegen (im Einzelnen unter 6. Arbeitszeitrecht, f) Arbeitszeiterfassung). Zur Information und Anhörung der Beschäftigten vgl. §§ 81, 82 BetrVG, zur Beteiligung des BR/PR beim Arbeits- und Umweltschutz, auch zur direkten Kommunikation mit Arbeitsschutzbehörden, § 89 BetrVG, § 68 BPersVG).

6. Arbeitszeitrecht als besonderes Arbeitsschutzrecht

a) Rechtsgrundlagen

Das geltende Arbeitszeitrecht ist weitgehend europäisch geprägt. Konkret: Wenn Betriebs-/Personalräte mit Arbeitgebern über betriebliche Arbeitszeiten verhandeln, schauen sie zuerst in die europäischen Rechtsgrundlagen und die Rechtsprechung des EuGH und erst danach in das Arbeitszeitgesetz und die Rechtsprechung des BAG bzw. BVerwG. Das hängt damit zusammen, dass Europa das Arbeitszeitrecht zu einem Schwerpunkt seiner Rechtsetzung gemacht hat. Zu seiner Auslegung ist umfangreiche Rechtsprechung des EuGH ergangen mit konkreten Rechtsfolgen für die Arbeitszeitgestaltung in Betrieben und Dienststellen. Dabei versteht Europa Arbeitszeitrecht als besondere Ausprägung von Arbeitsschutz und Arbeitssicherheit der Beschäftigten, was bedeutet, dass es **grundsätzlich zwingend** ist und nicht zum Spielball finanziell bestimmter Aushandlungsprozesse gemacht werden darf.

> **Vergleich:**
> Man hat nicht Anspruch darauf, vor einer roten Ampel stehen zu bleiben, man ist dazu verpflichtet. Wie im Straßenverkehr bedeutet Arbeitszeitschutz auch Schutz vor sich selbst, hier vor Überbeanspruchung der eigenen Arbeitskraft durch überlange oder in sonstiger Weise gesundheitsgefährdende Arbeitszeiten, Nichteinhaltung von Ruhezeiten, Nachtarbeit usw.

Während im Grundgesetz Arbeitszeitschutz nur mittelbar über den Schutz von Leben und Gesundheit (Art. 2 GG) gewährleistet wird, genießt

48 Klimpe-Auerbach/Nawrot, PersR 3/2023, 11 ff.

er nach **Art. 31 Abs. 2 GRC** Grundrechtscharakter, konkret auf »Begrenzung der Höchstarbeitszeit, tägliche und wöchentliche Ruhezeiten sowie bezahlten Jahresurlaub«. Wer dies verteidigt, verteidigt Grundrechte.
Die allgemeine **Arbeitszeitrichtlinie 2003/88/EG**[49] (ArbZ-RL) trifft Einzelregelungen, etwa zum Arbeitszeitbegriff, zu Höchstarbeits-, Ruhe- und Ausgleichszeiten, Nachtarbeit und Ausnahmemöglichkeiten. Dazu kommen **sektorale Richtlinien** für Kraftfahrer, Eisenbahnverkehr, Binnenschifffahrt, Luftverkehr, Seearbeitsrecht u. a.
Gegensätzliche Interessen im Arbeitszeitrecht gibt es weltweit, nicht nur in Deutschland und Europa. Deswegen hat die **Internationale Arbeitsorganisation (IAO)** zahlreiche Übereinkommen zum Arbeitszeitrecht verabschiedet, auf die die Arbeitszeitrichtlinie 2003/88/EG verweist. Nur am Rande: Auch der **UN-Pakt über wirtschaftliche, soziale und kulturelle Rechte** (IPWSKR) und die **Europäische Sozialcharta** des Europarats (ESC) heben den Arbeitszeitschutz hervor. So verpflichtet Art. 2 ESC die Vertragsparteien, »für eine angemessene tägliche und wöchentliche Arbeitszeit zu sorgen und die Arbeitswoche schrittweise zu verkürzen, soweit die Produktivitätssteigerung und andere mitwirkende Faktoren dies gestatten«.[50] Arbeitszeitverkürzung, nicht Arbeitszeitverlängerung ist das Gebot der Stunde.

b) Arbeitszeitbegriff

Nach Art. 2 Abs. 1 ArbZ-RL ist Arbeitszeit »jede Zeitspanne, während der ein Arbeitnehmer gemäß den einzelstaatlichen Rechtsvorschriften und/oder Gepflogenheiten arbeitet, dem Arbeitgeber zur Verfügung steht und seine Tätigkeit ausübt oder Aufgaben wahrnimmt«. Maßgeblich ist das **»zur Verfügung stehen«**. Dies ist auch der Fall, wenn z. B. Ärzte in einem Krankenhaus Bereitschaftsdienst leisten, d. h. sich am Arbeitsplatz oder in dessen unmittelbarer Nähe aufhalten, um sofort tätig zu werden; sie können zwar – nachts – schlafen, müssen aber im Notfall sofort ihre Tätigkeit

---

49 Richtlinie 2003/88/EG v. 4.11.2003 über bestimmte Aspekte der Arbeitszeitgestaltung.

50 Ausführliche Kommentierung des Arbeitszeitrechts des UN-Sozialpakts, der IAO, der (revidierten) Europäischen Sozialcharta, der Europäischen Union und des ArbZG bei Buschmann/Ulber (Hrsg.), Arbeitszeitrecht, 2019 (2. Aufl. in Vorbereitung). Zu völker- und europarechtsnotwendigen Korrekturen im Arbeitszeitrecht s. Buschmann, Jahrbuch des Arbeitsrechts, 2025, S. 19ff. Allgemein zur Unionskonformität des deutschen Arbeitsrechts s. Sagan/Zeilmann, Soziales Recht 2025, S. 2ff.

aufnehmen. Das ist Arbeitszeit[51] – so sehen es auch der UN-Sozialpakt, das IAO-Recht und die Europäische Sozialcharta. Das gilt nicht nur für Ärzte, sondern für alle Bereiche, in denen Beschäftigte Bereitschaftsdienst leisten, z. B. Kranken- und Altenpfleger, Notfallsanitäter, Feuerwehrleute, Sicherheitsfachkräfte, Computerspezialisten und Wachleute.[52] Auch Betriebs-/ Personalratsarbeit ist Arbeitszeit i. S. d. Arbeitsschutzrechts. Die deutschen Gerichte haben diese Arbeit jedenfalls wie Arbeitszeit behandelt.[53] Nach Art. 2 ArbZ-RL ist der Arbeitszeitbegriff erfüllt, wenn Beschäftigte Aufgaben wahrnehmen. Das sind auch die Aufgaben der Arbeitnehmervertreter.

Zur Erinnerung:
Die konservative deutsche Regierung Kohl hatte 1994 versucht, Bereitschaftsdienst aus dem Arbeitszeitbegriff herauszurechnen und auf diese Weise längere Arbeitszeiten zuzulassen. Dieser Ansatz scheiterte. Deutschland musste das europäische Recht übernehmen. Anschließend versuchten europäische Arbeitgeberverbände, in Sozialpartnerverhandlungen nach Art. 155 AEUV den europäischen Arbeitszeitbegriff so zu verändern, dass inaktive Zeiten des Bereitschaftsdienstes nicht zur Arbeitszeit gerechnet würden. Dies haben die europäischen Gewerkschaften verhindert. Nur reine Rufbereitschaft, in der die Beschäftigten nicht verpflichtet sind, den Arbeitsplatz innerhalb von wenigen Minuten zu erreichen bzw. die Arbeit innerhalb von wenigen Minuten aufzunehmen, gilt nicht als Arbeitszeit.

c) Höchstarbeitszeiten

Art. 6 ArbZ-RL setzt die Obergrenze der durchschnittlichen wöchentlichen Arbeitszeit pro Siebentageszeitraum von **48 Stunden einschließlich Überstunden**. Anders als das ArbZG begrenzt Europa nicht die Tages – sondern die Wochenarbeitszeit. Eine mittelbare Begrenzung der Tagesarbeitszeit ergibt sich aus der Garantie täglicher und wöchentlicher Ruhezeiten und Ruhepausen gemäß Art. 3 - 5 RL.

---

51 Auflösung unseres ersten Beispiels aus der Praxis.

52 Im Falle einer vollzeitig eingesetzten, aber als geringfügig deklarierten Wärterin von Kaufhaustoiletten, deren Arbeitgeber nur die effektive Reinigungszeit, nicht aber das Wachen und Bereithalten am Toiletteneingang als Arbeitszeit angerechnet und bezahlt hatte, erkannte der BGH in Strafsachen durch Urteil v. 12. 9. 2012 – 5 StR 363/12, AuR 2013, 88, auf Vorenthalten und Veruntreuen von Arbeitsentgelt i. S. d. § 266a StGB. Schließlich beinhaltet jede (teilweise) Nichtzahlung des geschuldeten Lohns eine Nichtzahlung der darauf geschuldeten Sozialversicherungsbeiträge und ist als solche strafbar.

53 BAG 18. 1. 2017 - 7 AZR 224/15, AuR 2017, 90; 21. 3. 2017 - 7 ABR 17/15, AuR 2017, 362; ausführlich Buschmann/Ulber, § 2 ArbZG, Rn. 58 ff.

In ihrem detaillierten Bericht über die Anwendung der Richtlinie in den Mitgliedstaaten[54] betont die Kommission den **Zusammenhang zwischen langen Arbeitszeiten und negativen Auswirkungen** wie erhöhte Unfallraten, Fehler, sinkende Produktivität, Schwierigkeiten bei der Vereinbarkeit von beruflichen und familiären Verpflichtungen, Stress und Müdigkeit, kurz- und langfristige gesundheitliche Einwirkungen. Nach der Rechtsprechung des EuGH[55] handelt es sich bei den Höchstarbeits- und Ruhezeiten um **besonders wichtige Regeln des Sozialrechts der EU**, die jedem Arbeitnehmer zugutekommen müssen, die nicht zu Ungunsten der Arbeitnehmerrechte restriktiv ausgelegt werden dürfen, deren Einhaltung wirtschaftlichen Erwägungen nicht untergeordnet werden darf und von denen nur im Rahmen der in der Richtlinie selbst vorgesehenen Ausnahmeregelungen abgewichen werden darf. Ein Arbeitnehmer, der eine durchschnittliche wöchentliche Arbeitszeit abgeleistet hat, die die wöchentliche Höchstarbeitszeit überschreitet, kann sich auf Unionsrecht berufen, um von den Behörden des Mitgliedstaats Ersatz des Schadens zu erlangen, der ihm durch den Verstoß gegen diese Bestimmung entstanden ist.[56]

Nach Art. 16 lit. b) ArbZ-RL können die Mitgliedstaaten für die Einhaltung der Höchstarbeitszeit einen **Bezugszeitraum von bis zu vier Monaten** vorsehen. Zeiten des Jahresurlaubs sowie Krankheitszeiten bleiben bei der Berechnung des Durchschnitts unberücksichtigt oder sind neutral. Dabei muss die durchschnittliche wöchentliche Höchstarbeitszeit von 48 Stunden während jedes auf zwei aufeinanderfolgende feste Bezugszeiträume verteilten Viermonatszeitraums eingehalten werden.[57] Damit wird einer geschickten Aneinanderreihung von Bezugszeiträumen mit einmal längeren, einmal kürzeren Arbeitszeiten ein Riegel vorgeschoben. In Deutschland soll diese europäische Vorgabe durch § 3 ArbZG umgesetzt werden. Die in Kombination von sechs Werktagen mit acht Stunden am Tag rechnerisch zulässige maximale 48-Stunden-Woche entspricht der Richtlinie. Dagegen erlaubt die deutsche Vorschrift einen Bezugs-

54 Detailed report on the implementation by Member States of Directive 2003/88/EC – Accompanying document to the REPORT FROM THE COMMISSION TO THE EUROPEAN PARLIAMENT, THE COUNCIL AND THE EUROPEAN ECONOMIC AND SOCIAL COMMITTEE (COM(2010) 802 final), AuR 2011, 105ff.

55 EuGH 14.10.2010 – C-243/09, Fuß I, Rn. 33, 47, AuR 2010, 531; 9.3.2021 – C-344/19, Radiotelevizija Slovenija; 9.3.2021 – C-580/19; 11.11.2021 – C-214/20, alle AuR 2022, 266ff.

56 EuGH 25.11.2010 – C-429/09, Fuß II, AuR 2010, 531.

57 EuGH 11.4.2019 – C-254/18, Syndicat des cadres de la sécurité intérieure, AuR 2019, 293; 2020, 34.

zeitraum von sechs Monaten. Sie verstößt damit gegen die Richtlinie, die nur vier Monate zulässt. Zudem verstoßen die **zu langen Ausgleichszeiträume nach § 3 Satz 2 ArbZG** auch gegen Art. 2 § 1 ESC. In den Deutschland direkt betreffenden *conclusions* rügt der Europäische Ausschuss für Soziale Rechte zudem die in zahlreichen Tarifverträgen enthaltenen längeren Ausgleichszeiträume als Verstoß gegen Art. 2 ESC. In diesem Zusammenhang ist es wichtig, dass Art. 16 lit. b) ArbZ-RL gegenüber staatlichen Arbeitgebern unmittelbar anwendbar ist, sodass diesen gegenüber der Ausgleichszeitraum von vier Monaten maßgeblich ist. Zu den weiteren Rechtsfolgen eines Verstoßes gegen die Richtlinie s. o. IV.

Praxistipp:
Sollte die Frage der Bezugszeiträume in einem arbeitsgerichtlichen Rechtsstreit relevant werden, könnte angeregt werden, dass das Arbeitsgericht dem EuGH folgende Frage vorlegt: »Ist Art. 16 lit. b) der RL 2003/88/EG derart auszulegen, dass ihm eine nationale Rechtsvorschrift wie § 3 ArbZG entgegensteht, wenn diese den Inhalt hat, dass die durchschnittliche Arbeitszeit pro Siebentageszeitraum von 48 Stunden nicht innerhalb von vier, sondern erst innerhalb von sechs Kalendermonaten oder 24 Wochen nicht überschritten werden darf?«.

d) Ruhezeiten und Pausen

Die Arbeitszeitrichtlinie verlangt die Einhaltung täglicher (Art. 3: elf zusammenhängende Stunden) und wöchentlicher (Art. 5: 24 Stunden zuzüglich der täglichen Ruhezeit von elf Stunden) Mindestruhezeiten. Bei einer täglichen Arbeitszeit von mehr als 6 Stunden muss jedem Arbeitnehmer eine Ruhepause gewährt werden (Art. 4). Die Richtlinie geht von einer strikten Zweiteilung zwischen Arbeit und Ruhezeit ohne Zwischenstufen im Sinne eines entweder – oder aus.[58]

Wichtig:
Ruhezeit ist gekennzeichnet durch völlige Freiheit von arbeitgeberseitiger Einflussnahme. Der Arbeitnehmer unterliegt keiner Verpflichtung, die ihn daran hindern kann, frei und ohne Unterbrechung seinen eigenen Interessen nachzugehen, um die Auswirkungen der Arbeit auf seine Sicherheit und Gesundheit zu neutralisieren.

58 EuGH 10.9.2015 – C-266/14, ccoo, Rn. 25 und 26, AuR 2015, 377; 17.3.2021 – C-585/19, Rn. 43, AuR 2021, 234; 11.11.2021 – C-214/20, Dublin City Council, Rn. 28, AuR 2021, 41.

Beispiel:
Unzulässig sind in der Ruhezeit (ebenso im Urlaub) auch kurzfristige Unterbrechungen wie dienstliche Telefonanrufe, SMS oder Mails.

Wo (nach Art. 17ff. ArbZ-RL, dazu unter g)) ausnahmsweise Kürzungen der täglichen Ruhezeit durch Bereitschaftsdienste möglich werden, die zur regelmäßigen Arbeitszeit hinzukommen, müssen den betroffenen Arbeitnehmern gleichwertige Ausgleichsruhezeiten im unmittelbaren Anschluss an die entsprechenden Arbeitsperioden gewährt werden; darüber hinaus darf eine solche Kürzung der täglichen Ruhezeit in keinem Fall zu einer Überschreitung der in Art. 6 ArbZ-RL festgesetzten Höchstdauer der wöchentlichen Arbeitszeit führen.[59]

e) Bereitschaftszeiten bei Kraftfahrern

Eine eng begrenzte Ausnahme von dem Grundprinzip der strikten Zweiteilung zwischen Arbeit und Ruhezeit gilt für Fahrer oder Beifahrer bei Straßenverkehrstätigkeiten. Nach § 21a Abs. 3 Nr. 1 ArbZG soll die Zeit, während der sich ein Arbeitnehmer am Arbeitsplatz bereithalten muss, um seine Tätigkeit aufzunehmen, keine Arbeitszeit sein. Diese Herausnahme aus dem Arbeitszeitbegriff verstößt gegen Art. 3 b) der **Richtlinie 2002/15/EG** zur Regelung der Arbeitszeit von Personen, die Fahrtätigkeiten im Bereich des **Straßentransports** ausüben. Diese Vorschrift kennt zwar auch Bereitschaftszeiten, die nicht zur Arbeitszeit gerechnet werden, beschränkt diese aber ausdrücklich auf »Zeiten, in denen das Fahrpersonal nicht verpflichtet ist, an seinem Arbeitsplatz zu bleiben, in denen es sich jedoch in Bereitschaft halten muss, um etwaigen Anweisungen zur Aufnahme oder Wiederaufnahme der Fahrttätigkeit oder zur Ausführung anderer Arbeiten Folge zu leisten. Diese Zeiten und ihre voraussichtliche Dauer müssen dem Fahrpersonal im Voraus bekannt sein«. Dies bedeutet im Umkehrschluss: Bereitschaftszeiten im Fahrzeug sowie alle Bereitschaftszeiten, deren Lage und voraussichtliche Dauer dem Personal nicht im Voraus bekannt sind, gelten nicht als Ruhezeit, sondern als Arbeitszeit.

f) Verteilung der Arbeitszeit, Nachtarbeit

Nach Art. 13 ArbZ-RL muss die Arbeitszeitgestaltung dem Menschen angepasst sein, insbesondere im Hinblick auf die Verringerung der ein-

59 EuGH 9.9.2003 – C-151/02, Jaeger, Rn. 103; 23.12.2015 – C-180/14, Rn. 52, AuR 2016, 162.

tönigen Arbeit und des maschinenbestimmten **Arbeitsrhythmus**, nach Maßgabe der Art der Tätigkeit und der Erfordernisse der Sicherheit und des Gesundheitsschutzes, insbesondere was die Pausen während der Arbeitszeit betrifft. Hier werden arbeitsphysiologische Anforderungen formuliert, die bei der betrieblichen Arbeitszeitgestaltung zu berücksichtigen sind. Nach der EuGH-Rechtsprechung dürfen Arbeitgeber keine so langen oder so häufigen Bereitschaftszeiten einführen, dass sie eine Gefahr für die Sicherheit oder Gesundheit der Arbeitnehmer darstellen, unabhängig davon, ob diese Zeiten als Arbeits- oder Ruhezeiten i. S. v. Art. 2 Nrn. 1, 2 ArbZ-RL einzustufen sind.[60]

ErwG 6ff. ArbZ-RL betonen, dass menschliche Organismen während der Nacht besonders empfindlich auf Umweltstörungen und auf bestimmte belastende Formen der Arbeitsorganisation reagieren, dass lange Nachtarbeitszeiträume für die Gesundheit der Arbeitnehmer nachteilig sind und ihre Sicherheit bei der Arbeit beeinträchtigen können. Infolgedessen ist die **Dauer der Nachtarbeit, auch in Bezug auf Mehrarbeit, einzuschränken**. Hinsichtlich der Arbeitszeitgestaltung – auch in Bezug auf Nachtarbeit – ist den Grundsätzen der IAO Rechnung zu tragen. Auch die IAO-Übereinkommen haben das Ziel, Nachtarbeit zu beschränken.

Die EuGH-Rechtsprechung dazu ist spärlich und widersprüchlich: Einerseits müssen die Mitgliedstaaten sicherstellen, »dass Nachtarbeitern ... Schutzmaßnahmen in Bezug auf Arbeitszeit, Arbeitsentgelt, Ausgleichszahlungen oder ähnliche Vergünstigungen gewährt werden, die es ermöglichen, die namentlich besondere Belastung auszugleichen, die diese Art von Arbeit mit sich bringt«.[61] Somit können auch finanzielle Leistungen wie Nachtschichtzulagen die Belastungen durch Nachtarbeit ausgleichen oder durch Verteuerung begrenzen. Dagegen meinte eine andere Kammer des EuGH,[62] ein Tarifvertrag, der für regelmäßige Nachtarbeit einen niedrigeren Belastungsausgleich vorsah als für unregelmäßige, führe nicht die ArbZ-RL i. S. v. Art. 51 Abs. 1 GRC durch und sei dann nicht am Maßstab des Gleichheitsgrundsatzes des Art. 20 GRC zu überprüfen. Im ArbZG ergibt sich, abgesehen von besonderen Beschäftigtengruppen, eine Begrenzung von Nachtarbeit (durch Verteuerung) allein aus § 6 Abs. 5 (besonderer Belastungsausgleich). Diese Vorschrift steht unter Tarifvorbehalt. Wenn der EuGH im Coca-Cola-Beschluss die darauf basie-

60 EuGH 9.3.2021 – C-344/19, Rn. 65; C-580/19, Rn. 60; 11.11.2021 – C-214/20, Rn. 47, alle AuR 2022, 266ff.

61 EuGH 24.2.2022 – C-262/20, Rn. 51, ZESAR 2022, 342ff., dazu Klein/Kuhs, Anm. ebenda.

62 EuGH 7.7.2022 – C-257/21 und C-258/21, Coca Cola, ZESAR 2023, 75.

renden Tarifverträge nicht als Durchführung der Richtlinie versteht, gilt Gleiches für den gesetzlichen Belastungsausgleich nach § 6 Abs. 5 ArbZG. Damit hat Deutschland den im Urteil v. 25. 2. 2022 geforderten Schutz nicht durchgeführt, d. h. nicht ausreichend umgesetzt.

g) Arbeitszeiterfassung

Nach dem EuGH-Urteil comisiones obreras / Deutsche Bank SAE[63] verpflichten Art. 3, 5 und 6 ArbZ-RL im Licht von Art. 31 Abs. 2 GRC sowie Art. 4 Abs. 1, 11 Abs. 3 und 16 Abs. 3 der (Arbeitsschutzrahmen-)RL 89/391/EWG die EU-Mitgliedstaaten zur Einrichtung eines Systems, mit dem die von jedem Arbeitnehmer geleistete tägliche Arbeitszeit gemessen werden kann. Hier betont der EuGH den besonderen Arbeitnehmerschutz. Erst Arbeitszeiterfassung gewährleistet, dass Arbeitszeitgrenzen und Ruhezeiten auch eingehalten werden und nicht auf dem Papier stehen.[64] In unionsrechtskonformer Auslegung leitet der 1. Senat des BAG[65] aus der allgemeinen Arbeitsschutzvorschrift des § 3 ArbSchG zutreffend die Verpflichtung der Arbeitgeber zur Einführung eines Systems ab, mit dem die von Arbeitnehmern geleistete Arbeitszeit erfasst werden kann. Diese gesetzliche Verpflichtung ist nicht abhängig von einer Initiative des Betriebs-/Personalrats, auch kollektivrechtlich unverzichtbar und schließt als vorrangige gesetzliche Regelung betriebliche Mitbestimmung über das »ob« aus. Konkret: Die Mitbestimmung kann nicht das Ergebnis haben, dass die Arbeitszeiterfassung unterbleibt.

Praxistipp:
Die Ausfüllung dieser Verpflichtung erfolgt mitbestimmt nach § 87 Abs. 1 Nr. 7 BetrVG / § 80 Abs. 1 Nrn. 16, 21 BPersVG. Über die Art und Weise der Erfassung, z. B. elektronisch oder analog, steht dem BR ein Initiativrecht zu, das er über die Einigungsstelle durchsetzen kann.[66] Hierfür ist keine besondere gesetzliche Regelung erforderlich. Unabhängig davon ist Arbeitszeiterfassung – auch bei sog. Vertrauensarbeitszeit – schon deshalb erforder-

63 EuGH (Gr. Kammer) 14. 5. 2019 – C-55/18, comisiones obreras (ccoo) / Dt. Bank, AuR 2019, 418; dem folgend EuGH 19. 12. 2024 – C-531/23 [Loredas], wonach selbst Arbeitgeber von Hausangestellten ein System einrichten müssen, mit dem deren tägliche Arbeitszeit gemessen werden kann.

64 Bezug auf EuGH 14. 5. 2019, ccoo, a. a. O.

65 BAG 13. 9. 2022 – 1 ABR 22/21, AuR 2022, 490.

66 LAG München 22. 5. 2023 – 4 TaBV 24/23, AuR 2024, 76; zum PR Klimpe-Auerbach/Nawrot, PersR 3/2023, 11 ff.

lich, um die Informationsansprüche des BR/PR über die geschuldeten und die tatsächlichen Arbeitszeiten zu erfüllen.[67]

h) Ausnahmen und Opt-out

Art. 17 ArbZ-RL gibt den Mitgliedstaaten begrenzte Möglichkeiten für abweichende Regelungen, entweder im Wege von Rechtsvorschriften oder von Tarifverträgen. Diese können hier nicht im Einzelnen dargestellt werden. Da es sich bei der Höchstarbeitszeit und den täglichen und wöchentlichen Ruhezeiten um ein Grundrecht (Art. 31 GRC) handelt, sind Beschränkungen nur im Rahmen des Art. 52 Abs. 1 GRC zulässig: »Jede Einschränkung der Ausübung der in dieser Charta anerkannten Rechte und Freiheiten muss gesetzlich vorgesehen sein und den Wesensgehalt dieser Rechte und Freiheiten achten. Unter Wahrung des Grundsatzes der Verhältnismäßigkeit dürfen Einschränkungen nur vorgenommen werden, wenn sie erforderlich sind und den von der Union anerkannten, dem Gemeinwohl dienenden Zielsetzungen oder den Erfordernissen des Schutzes der Rechte und Freiheiten anderer tatsächlich entsprechen.« Der EuGH unterstreicht diesen Ausnahmecharakter. Danach »[müssen] die in der RL 2003/88 vorgesehenen Abweichungen … als Ausnahmen von der Unionsregelung über die Arbeitszeitgestaltung so ausgelegt werden, dass ihr Anwendungsbereich auf das zur Wahrung der Interessen, deren Schutz sie ermöglichen, unbedingt Erforderliche begrenzt wird«.[68] Die fakultativen Abweichungen nach Art. 17 gelten in den Mitgliedstaaten nicht automatisch, sondern erst, wenn sie diese richtlinienkonform formal umgesetzt haben.[69]

Am problematischsten ist das sog. **Opt-out** nach Art. 22 ArbZ-RL. Diese seinerzeit von Großbritannien durchgesetzte Vorschrift erlaubt die Nichtanwendung der Höchstarbeitszeit des Art. 6 unter bestimmten Voraussetzungen, nämlich Wahrung der allgemeinen Grundsätze der Sicherheit und des Gesundheitsschutzes der Arbeitnehmer, persönliche Bereiterklä-

---

67 BAG 6.5.2003, AuR 2004, 70 (Krabbe-Rachut) zur »Vertrauensarbeitszeit«; dem folgend: LAG Niedersachsen 8.11.2004 – 5 Ta BV 36/04; LAG Köln 6.9.2010 – 5 Ta BV 14/10, AuR 2011, 266; LAG München 11.7.2022 – 4 TaBV 9/22, AiB 1/2023, 34.

68 EuGH 17.3.2021 – C-585/19, Academia de Studii, Rn. 61, AuR 2021, 234; 21.2.2018 – C-518/15, Matzak, Rn. 38, AuR 2018, 301; 21.10.2010 – C-227/09, Accardo, Rn. 58; 14.10.2010 – C-428/09, Union syndicale Solidaires Isère, AuR 2010, 531; 9.9.2003 – C-151/02, Jaeger, Rn. 89.

69 EuGH 21.10.2010 – C-227/09, Accardo, Rn. 51; 14.10.2010 – C-243/09, Fuß I, Rn. 38, AuR 2010, 531; 9.11.2017 – C-306/16, Marques da Rosa, Rn. 35, 53, AuR 2017, 515.

rung dazu, absolute Freiwilligkeit, Maßregelungsverbot für die Arbeitnehmer, die dazu nicht bereit sind, Listenführung und Unterrichtung der zuständigen Behörden über die betroffenen Arbeitnehmer. Deutschland nutzt diese Option zur Arbeitszeitverlängerung ohne Ausgleich im Wesentlichen durch § 7 Abs. 2a ArbZG, »wenn in die Arbeitszeit regelmäßig und in erheblichem Umfang Arbeitsbereitschaft oder Bereitschaftsdienst fällt und durch besondere Regelungen sichergestellt wird, dass die Gesundheit der Arbeitnehmer nicht gefährdet wird«. Voraussetzung ist eine Regelung in einem Tarifvertrag oder aufgrund eines Tarifvertrags in einer Betriebs- oder Dienstvereinbarung. Derartige Regelungen gibt es z. B. im Krankenhausbereich oder bei Werksfeuerwehren.

Wichtig:
Von besonderer Bedeutung ist, dass diese Regelungen gegen die Arbeitnehmervertretung auch in einer Einigungsstelle nicht erzwingbar sind.[70] Sie können also nur freiwillig getroffen werden. Dies will genau überlegt sein, zumal die Überschreitung der Höchstarbeitszeit einen wesentlichen Eingriff in das Grundrecht des Art. 31 GRC darstellt. In der juristischen Literatur wird deshalb zu Recht die Vereinbarkeit des § 7 Abs. 2a ArbZG mit Europarecht in Zweifel gezogen.

Praxistipp:
Betriebliche Verhandlungen über Abweichungen von den Höchstarbeitszeiten der Richtlinie bzw. des Gesetzes lassen sich nicht ohne gewerkschaftlichen Beistand führen! Letztlich kann die Frage der Vereinbarkeit des Opt-out mit dem Grundrecht nur durch den EuGH geklärt werden. Sollte es in einem arbeitsgerichtlichen Verfahren darauf ankommen, ist jedes ArbG/LAG berechtigt, das BAG sogar verpflichtet, dem EuGH diese Frage vorzulegen.

i) Sektorale Arbeitszeitrichtlinien

Für bestimmte Bereiche und Branchen bestehen Verordnungen und Richtlinien mit spezifischen Arbeitszeitbestimmungen, die teilweise durch Sozialpartner-Vereinbarungen zustande gekommen sind, die der Rat dann übernommen hat. Die wichtigsten sind:

- Mutterschutz-RL 92/85/EWG v. 19. 10. 1992,
- Jugendarbeitsschutz-RL 94/33/EG v. 22. 6. 1994,

70 LAG Hamburg 17. 12. 2008 – 5 TaBV 8/08, AuR 2010, 339; Buschmann/Ulber, § 7 ArbZG Rn. 26; HaKo-*Growe*, § 7 ArbZG, Rn. 6.

- Teilzeit-RL 97/81/EG v. 15.12.1997,
- RL 2009/13/EG v. 16.2.2009 zur Durchführung der Sozialpartnervereinbarung über das Seearbeitsübereinkommen 2006,
- RL 2000/79/EG v. 27.11.2000 über die Arbeitszeitorganisation für das fliegende Personal der Zivilluftfahrt,
- VO 561/2006 v. 15.3.2006 über die Harmonisierung bestimmter Sozialvorschriften im Straßenverkehr,
- RL 2002/15/EG v. 11.3.2002 zur Regelung der Arbeitszeiten von Personen, die Fahrtätigkeiten im Bereich des Straßenverkehrs ausüben,
- RL 2005/47/EG v. 18.7.2005 über bestimmte Aspekte der Einsatzbedingungen des fahrenden Personals im interoperablen grenzüberschreitenden Verkehr im Eisenbahnsektor,
- RL 2014/112/EU v. 19.12.2014 zur Umsetzung der Sozialpartnervereinbarung über die Arbeitszeiten in der Binnenschifffahrt v. 15.12.2012,
- RL (EU)2019/1152 v. 20.6.2019 über transparente und vorhersehbare Arbeitsbedingungen in der EU.

7. Allgemeines Gleichbehandlungsrecht

a) Einleitung

Das Gleichbehandlungsrecht zielt darauf ab, Diskriminierung zu verhindern und Chancengleichheit zu fördern. Gerade im Europarecht spielen Gleichbehandlungsgebote und Diskriminierungsverbote eine große Rolle. Die Rechtsgrundlage für Antidiskriminierungsmaßnahmen der Union bildet Art. 19 AEUV (früher Art. 13 EG). Zudem finden sich in Art. 20–26 GRC Regelungen über das Gleichheitsrecht; zentrale Norm ist Art. 21 GRC.[71] Art. 21 GRC nennt (nicht abschließend) 17 (verpönte) Merkmale, aufgrund derer Diskriminierungen verboten sind. Art. 23 GRC regelt die Gleichheit von Männern und Frauen, Art. 24–26 GRC

71 Art. 21 GRC: »Nichtdiskriminierung (1) Diskriminierungen insbesondere wegen des Geschlechts, der Rasse, der Hautfarbe, der ethnischen oder sozialen Herkunft, der genetischen Merkmale, der Sprache, der Religion oder der Weltanschauung, der politischen oder sonstigen Anschauung, der Zugehörigkeit zu einer nationalen Minderheit, des Vermögens, der Geburt, einer Behinderung, des Alters oder der sexuellen Ausrichtung sind verboten. (2) Unbeschadet besonderer Bestimmungen der Verträge ist in ihrem Anwendungsbereich jede Diskriminierung aus Gründen der Staatsangehörigkeit verboten.«

die Rechte von Kindern und älteren Menschen sowie die Integration von Menschen mit Behinderung. Die Vorschriften der GRC sind im Anwendungsbereich des Unionsrechts unmittelbar mit horizontaler Wirkung anzuwenden.[72]
Kern des Gleichbehandlungsrechts ist die **Allgemeine Gleichbehandlungsrichtlinie** (RL 2000/78/EG),[73] die einen Rahmen für Gleichbehandlung in Beschäftigung und Beruf schafft und das Grundprinzip der Nichtdiskriminierung konkretisiert (grundrechtlich in Art. 21 GRC verankert).[74] Diese Richtlinie verbietet Diskriminierung aufgrund von Religion oder Weltanschauung, Behinderung, Alter oder sexueller Orientierung. Sie verpflichtet die Mitgliedstaaten, geeignete Maßnahmen zu ergreifen, um Diskriminierung zu verhindern und die Gleichstellung zu fördern. Das Allgemeine Gleichbehandlungsgesetz (AGG) setzt 4 europäische Richtlinien um: die Gleichbehandlungsrichtlinie (2000/78/EG), die Antirassismus-RL (2000/43/EG),[75] die Gender-RL (2006/54/EG)[76] und die Gender-RL Zivilrecht (2004/113/EG).[77]

Merke:
Nach § 2 Abs. 4 AGG sollen für Kündigungen ausschließlich die Bestimmungen zum allgemeinen und besonderen Kündigungsschutz gelten. Können Kündigungen dann überhaupt im Hinblick auf das Gleichbehandlungsrecht überprüft werden? Ja! Ein Ausschluss von Kündigungen aus dem Anwendungsbereich des Gleichbehandlungsrechts wäre europarechtswidrig und zudem ein Widerspruch zu § 2 Abs. 1 Nr. 2 AGG, der die Entlassungsbedingungen ausdrücklich einbezieht. Deshalb musste das BAG die Vorschrift im Urteil vom 6.11.2008 – 2 AZR 523/07 dahingehend auslegen, dass das europäische Gleichbehandlungsrecht im Rahmen der Prüfung der Sozialwidrigkeit der Kündigungen zu beachten ist. Wenn das KSchG keine

---

72 Vgl. Ausführungen zu IV.1.

73 Richtlinie 2000/78/EG v. 27.11.2000 zur Festlegung eines allgemeinen Rahmens für die Verwirklichung der Gleichbehandlung in Beschäftigung und Beruf (Gleichbehandlungsrahmenrichtlinie).

74 EuGH 22.11.2005 – C-144/04, Mangold, Rn. 75, AuR 2006, 167; 19.1.2010 – C-555/07, Kücükdeveci, Rn. 29, AuR 2010, 86.

75 Richtlinie 2000/43/EG v. 29.6.2000 zur Anwendung des Gleichbehandlungsgrundsatzes ohne Unterschied der Rasse oder der ethnischen Herkunft.

76 Richtlinie 2006/54/EG v. 5.7.2006 zur Verwirklichung des Grundsatzes der Chancengleichheit und Gleichbehandlung von Männern und Frauen in Arbeits- und Beschäftigungsfragen.

77 Richtlinie 2004/113/EG v. 13.12.2004 zur Verwirklichung des Grundsatzes der Gleichbehandlung von Männern und Frauen beim Zugang zu und bei der Versorgung mit Gütern und Dienstleistungen.

> Anwendung findet, steht § 2 Abs. 4 AGG einer Heranziehung des AGG auch nicht entgegen (BAG 19.12.2013 – 6 AZR 190/12).
> Im Übrigen hat der Betriebsrat die Möglichkeit nach § 17 Abs. 2 AGG gegen diskriminierende Kündigungen vorzugehen.

Die Rechtsfolge einer unionsrechtswidrigen Diskriminierung ist die »**Anpassung nach oben**«. Der EuGH hat bereits mehrfach ausgeführt, dass bei Verstößen gegen **europäische Diskriminierungsverbote** den Angehörigen der benachteiligten Gruppe dieselben Vorteile zu gewähren sind wie der privilegierten Gruppe.
Daran ändert auch die Entscheidung des BVerfG vom 11.12.2024 (1 BvR 1109/21, 1 BvR 1422/23) zum Gleichheitsgrundsatz bei Nachtzuschlägen nichts. Nach Auffassung des BVerfG müssen bei einer willkürlichen Ungleichbehandlung zunächst die Tarifvertragsparteien die Möglichkeit zur Korrektur haben, bevor die Gerichte korrigieren.

> **Wichtig:**
> Bei den Nachtschichtfällen war nur deutsches Recht einschlägig. Es muss deshalb zwischen unionsrechtlich determiniertem Recht und nationalem Recht unterschieden werden: Bei Diskriminierungsverboten, die Unionsrecht umsetzen, bleibt es bei der Rechtsprechung des EuGH und damit bei der »Anpassung nach oben«. Die Erwägungen des BVerfG sind nicht auf einzelgesetzlich normierte Diskriminierungsverbote, die Unionsrecht umsetzen (z.B. § 4 Abs. 1 und 2 TzBfG, § 7 AGG), zu übertragen.

Im Folgenden wird die Rechtslage zu den relevantesten Diskriminierungsmerkmalen dargestellt.

b) Diskriminierung wegen des Alters

Altersdiskriminierung kommt im Beschäftigungsverhältnis in den verschiedensten Konstellationen in Betracht, z.B. bei Anbahnung und Begründung von Arbeitsverhältnissen, Höchstaltersgrenzen, Abfindungen und Rentenbezug. Dabei dienen die jeweiligen Regelungen nicht nur dem Schutz älterer, sondern auch jüngerer Beschäftigter. Gemäß Art. 2 der Gleichbehandlungsrichtlinie 2000/78/EG darf es keine unmittelbare oder mittelbare Diskriminierung wegen des Alters geben.

aa) Unzulässige Altersbefristung

Beispiel:
Wo von Altersdiskriminierung und Europarecht die Rede ist, darf die **Rechtssache Mangold**[78] nicht unerwähnt bleiben. Ein Rechtsanwalt schloss mit dem damals 56-jährigen Arbeitnehmer M einen sachgrundlos befristeten Arbeitsvertrag unter Bezugnahme auf die in § 14 Abs. 3 Satz 4 TzBfG a. F. geschaffene Möglichkeit, Arbeitnehmer ab 52 Jahren sachgrundlos auch über zwei Jahre hinaus uneingeschränkt zu befristen. Zur Erinnerung: Vergleichbare jüngere Arbeitnehmer stünden nach zwei Jahren in einem unbefristeten Beschäftigungsverhältnis. M ist der Auffassung, dass § 14 Abs. 3 Satz 4 TzBfG unvereinbar mit der Gleichbehandlungsrichtlinie (RL 2000/78/EG) sei.

Dabei stellten sich mehrere Probleme:
- Zunächst musste der EuGH klären, welche Auswirkungen es hatte, dass die Frist zur Umsetzung der Richtlinie 2000/78 zum Zeitpunkt des Abschlusses des Vertrages noch nicht abgelaufen war. Der EuGH betonte hier die **Vorwirkung der Richtlinie**, sodass es auf die Umsetzungsfrist nicht ankam.[79] Danach dürfen Mitgliedstaaten während der Frist für die Umsetzung einer Richtlinie keine Vorschriften erlassen, die geeignet sind, die Erreichung des in dieser Richtlinie vorgeschriebenen Zieles ernstlich in Frage zu stellen. Dieser Grundsatz gilt auch für andere neu beschlossene Richtlinien (man denke nur an die Plattform- oder die Lieferkettenrichtlinie), die manchen Politikern nicht ins Konzept passen.
- Ein rechtsdogmatisch noch größeres Problem: Arbeitnehmer M machte im Verhältnis zwischen zwei Privaten den Verstoß gegen eine Richtlinie geltend. Richtlinien haben grundsätzlich keine horizontale Drittwirkung unter Privatpersonen (vgl. IV 2). Ein Verstoß allein gegen die Richtlinie begründete noch nicht die Unwirksamkeit des § 14 Abs. 3 Satz 4 TzBfG. Jedoch identifizierte der EuGH das Verbot der Diskriminierung wegen des Alters als **»allgemeinen Grundsatz des Gemeinschaftsrechts«**.[80] Dieser »allgemeine Grundsatz« ist Bestandteil des primären Gemeinschaftsrechts und hat die gleichen Wirkungen wie heute der AEUV oder auch die GRC. Dagegen verstoßendes nationales Recht ist dann unwirksam.

78 EuGH 22.11.2005 – C-144/04, Mangold, AuR 2006, 167.
79 EuGH 22.11.2005 – C-144/04, Mangold, Rn. 66ff.
80 EuGH 22.11.2005 – C-144/04, Mangold, Rn. 75.

- Art. 6 Abs. 1 RL 2000/78/EG[81] enthält einen speziellen Rechtfertigungstatbestand bzgl. Altersdiskriminierungen. Als mögliche Rechtfertigung sieht er sozialpolitische Ziele wie etwa aus den Bereichen Beschäftigungspolitik, Arbeitsmarkt und berufliche Bildung. Die starre, nur an ein bestimmtes Lebensalter anknüpfende Befristungsmöglichkeit älterer Arbeitnehmer ging indes über das hinaus, was zur Erreichung des verfolgten Ziels angemessen und erforderlich ist.[82] Somit konnte der EuGH die nationale Vorschrift als europarechtswidrig für unwirksam erklären.
- Im Nachgang der Mangold-Entscheidung erkannte auch das BAG, dass § 14 Abs. 3 Satz 4 TzBfG a. F. gegen Gemeinschaftsrecht verstößt und von nationalen Gerichten nicht anzuwenden ist.[83] Auch nach Auffassung des BVerfG im Honeywell-Beschluss stellt die Mangold-Entscheidung des EuGH keine verfassungsrechtlich zu beanstandende Kompetenzüberschreitung dar.[84]

Die deutsche Umsetzung der Gleichbehandlungsrichtlinie in § 10 Satz 1 und 2 AGG entspricht weitgehend Art. 6 Abs. 1 RL 2000/78/EG, § 14 Abs. 3 Satz 4 TzBfG n. F. dagegen nicht (im einzelnen VI. 9 c).

bb) Altersdiskriminierung im Interessenausgleich

Zur Auflösung des Eingangsbeispiels I.2. (Altersgruppenbildung in Namenslisten): Im Eingangsbeispiel kann in jeder Gruppe der Grenzwert als Mindestpunktzahl, ab der jemand nicht gekündigt wird, unterschiedlich sein, sodass Altersgruppen zu einer unterschiedlichen Behandlung führen. Noch 2008 hatte das BAG zu § 1 Abs. 3 Satz 2 KSchG[85] die

---

81 Art. 6 Abs. 1 RL 2000/78/EG: »Ungeachtet des Art. 2 Abs. 2 können die Mitgliedstaaten vorsehen, dass Ungleichbehandlungen wegen des Alters keine Diskriminierung darstellen, sofern sie objektiv und angemessen sind und im Rahmen des nationalen Rechts durch ein legitimes Ziel, worunter insbesondere rechtmäßige Ziele aus den Bereichen Beschäftigungspolitik, Arbeitsmarkt und berufliche Bildung zu verstehen sind, gerechtfertigt sind und die Mittel zur Erreichung dieses Ziels angemessen und erforderlich sind.«

82 EuGH 22.11.2005 – C-144/04, Mangold, Rn. 65, AuR 2006, 167.

83 BAG 26.4.2006 – 7 AZR 500/04, Rn. 10, AuR 2006, 166.

84 BVerfG 6.7.2010 – 2 BvR 2661/06.

85 § 1 Abs. 3 KSchG: »Ist einem Arbeitnehmer aus dringenden betrieblichen Erfordernissen im Sinne des Abs. 2 gekündigt worden, so ist die Kündigung trotzdem sozial ungerechtfertigt, wenn der Arbeitgeber bei der Auswahl des Arbeitnehmers die Dauer der Betriebszugehörigkeit, das Lebensalter, die Unterhaltspflichten und die Schwerbehinderung des Arbeitnehmers nicht oder nicht ausreichend berücksichtigt hat; auf Verlangen des Arbeitnehmers hat der Arbeitgeber dem Arbeitnehmer die Gründe anzugeben, die zu der getroffenen sozialen Auswahl geführt haben. In die soziale Auswahl nach Satz 1 sind Arbeitnehmer nicht ein-

Altersgruppenbildung als nach § 10 Satz 1, 2 AGG durch legitime Zwecke gerechtfertigt angesehen. Davon sei auszugehen, wenn die Altersgruppenbildung aufgrund einer Betriebsänderung erfolgt. Der legitime Zweck bestehe in der Erhaltung der Altersstruktur.[86] Art. 6 RL 2000/78/EG setzt zur Rechtfertigung einer Ungleichbehandlung wegen des Alters indes legitime Ziele, insbesondere aus den Bereichen Beschäftigungspolitik, Arbeitsmarkt und berufliche Bildung voraus. Kann dann die Erhaltung der Altersstruktur, also ein reines Arbeitgeberinteresse, ein legitimer Zweck sein?

Dagegen sprechen gewichtige Argumente: Ältere Arbeitnehmer sind besonders schutzbedürftig und haben es auf dem Arbeitsmarkt schwerer. Der EuGH hat im Age Concern-Urteil entschieden, dass Ausnahmen vom Verbot von Altersdiskriminierungen nur durch sozialpolitische Ziele wie solche aus den Bereichen Beschäftigungspolitik, Arbeitsmarkt oder berufliche Bildung gerechtfertigt sein können. Diese stehen im Allgemeininteresse und unterscheiden sich von rein individuellen Beweggründen.[87] Zwar hat der EuGH im Zusammenhang mit Altersgrenzen die Schaffung einer ausgewogenen Altersstruktur als legitimes Ziel anerkannt, aber eben nur in Bezug auf das Ausscheiden von Pensionären und Rentnern (siehe dd)). Dieser Gedanke ist auf Altersgruppen im Interessenausgleich nicht übertragbar. Für die Altersstruktur hat das Ausscheiden von Pensionären und Rentnern eine andere Qualität als das Ausscheiden älterer Beschäftigter vor Erreichung des Rentenalters. Diese sind eben nicht pensions- oder rentenberechtigt, d. h. deutlich weniger geschützt. Da die Altersgruppenbildung vordringlich im Interesse des Arbeitgebers liegt, hatte das ArbG Siegburg dem EuGH eine Frage zur Zulässigkeit von Altersgruppen bei der Sozialauswahl vorgelegt.[88] Leider

---

zubeziehen, deren Weiterbeschäftigung, insbesondere wegen ihrer Kenntnisse, Fähigkeiten und Leistungen oder **zur Sicherung einer ausgewogenen Personalstruktur des Betriebes, im berechtigten betrieblichen Interesse** [Hervorhebung durch die Verfasser] liegt. Der Arbeitnehmer hat die Tatsachen zu beweisen, die die Kündigung als sozial ungerechtfertigt im Sinne des Satzes 1 erscheinen lassen.«

86 BAG 6.11.2008 – 2 AZR 523/07, Rn. 50ff.

87 EuGH 5.3.2009 – C-388/07, Age Concern England, Rn. 46.

88 ArbG Siegburg 27.1.2010 – 2 Ca 2144/09, Vorlagefrage: »Ist Art. 6 der Richtlinie 2000/78/EG des Rates vom 27. November 2000 dahin auszulegen, dass er einer nationalen Rechtsvorschrift entgegensteht, die es erlaubt, bei der Auswahl der aus betrieblichen Gründen zu kündigenden Mitarbeiter zur Sicherung einer ausgewogenen Altersstruktur Altersgruppen zu bilden und die Auswahl unter den vergleichbaren Mitarbeitern dergestalt zu vollziehen, dass das Verhältnis der Zahl der aus der jeweiligen Altersgruppe auszuwählenden Mitarbeiter zur Zahl

kam es zu keinem EuGH-Urteil, da der Arbeitgeber zwei Tage nach der mündlichen Verhandlung in Luxemburg den entlassenen Kläger wieder einstellte und das Arbeitsgericht die Vorlage sodann wieder zurücknahm. Aus den kritischen Fragen der Richter in der mündlichen Verhandlung konnte nur der Schluss gezogen werden, dass der EuGH die Altersgruppenbildung als Altersdiskriminierung versteht.[89]

Fazit:
Europarecht steht einer Altersgruppenbildung bei der Sozialauswahl entgegen.

Praxistipp:
Leider gab es seit der Vorlage des ArbG Siegburg keine neuen Vorlagen an den EuGH bzgl. der Altersgruppenbildung bei der Sozialauswahl. Sollten daher in der Praxis Altersgruppen arbeitgeberseitig gefordert oder Kündigungen darauf gestützt werden, empfiehlt es sich dringend, ein solches Verfahren vor die Arbeitsgerichte zu bringen. Es besteht ein großes Interesse, dem EuGH diesbezüglich eine erneute Vorlage vorzulegen, da sehr gute Erfolgsaussichten bestehen. Unabhängig davon bestehen grundsätzliche Bedenken gegen Namenslisten im Interessenausgleich, da dadurch die Rechtspositionen betroffener Kolleginnen und Kollegen in Kündigungsschutzverfahren erheblich verschlechtert werden, wenn dringende betriebliche Erfordernisse gesetzlich vermutet werden und die soziale Auswahl nur auf grobe Fehlerhaftigkeit überprüft wird (§ 1 Abs. 5 KSchG). Im Gegensatz dazu schließt Art. 10 RL 2000/78/EG eine Verlagerung der Beweislast auf Personen, die gerichtlich das Vorliegen einer Diskriminierung glaubhaft machen, aus. Dies entspricht Art. 47 GRC (Recht auf einen wirksamen Rechtsbehelf und ein unparteiisches Gericht).

cc) Einstellungshöchstaltersgrenzen

Gerade im öffentlichen Dienst gibt es traditionell **Einstellungshöchstaltersgrenzen.**

Beispiel:
Der 31-jährige Arbeitnehmer W bewarb sich um eine Einstellung in den mittleren feuerwehrtechnischen Dienst. Die Stadt F lehnte die Einstellung

---

der insgesamt zu kündigenden vergleichbaren Mitarbeiter dem Verhältnis der Zahl der in der jeweiligen Altersgruppe beschäftigten Mitarbeiter zur Zahl aller vergleichbaren Mitarbeiter des Betriebes entspricht?«.

89 Das EuGH-Verfahren Balaban wurde vom Gewerkschaftlichen Centrum für Revision und Europäisches Recht der DGB Rechtsschutz GmbH geführt.

mit Verweis auf eine Landes-Verordnung ab, die eine Einstellungshöchstaltersgrenze von 30 Jahren vorsieht. Arbeitnehmer W verlangte daraufhin von der Stadt Schadensersatz nach § 21 AGG. Das VerwG Frankfurt/Main legte dem EuGH die Frage der Vereinbarkeit einer solchen Einstellungshöchstaltersgrenze mit RL 2000/78/EG vor.

Der EuGH nahm auf Art. 4 RL 2000/78/EG Bezug: Nach dessen Abs. 1 können Mitgliedstaaten vorsehen, dass eine Ungleichbehandlung keine Diskriminierung darstellt, wenn das betreffende Merkmal eine wesentliche und entscheidende berufliche Anforderung darstellt, sofern es sich um einen rechtmäßigen Zweck und eine angemessene Anforderung handelt. Gemäß ErwG 18 der RL 2000/78/EG sei die Einsatzbereitschaft von Streitkräften, Polizei, Haftanstalten oder Notfalldiensten als rechtmäßiges Ziel anzusehen. Zu den Notfalldiensten gehört auch die Funktionsfähigkeit der Berufsfeuerwehr.[90] Ein rechtmäßiger Zweck i. S. d. Art. 4 Abs. 1 RL 2000/78/EG ist daher gegeben. Der EuGH hob die Anforderungen an die besonders ausgeprägte körperliche Eignung im mittleren feuerwehrtechnischen Dienst hervor und bezog sich auf von der deutschen Regierung vorgelegte wissenschaftliche Daten, wonach die körperliche Eignung ab einem Alter von 45–50 Jahren abnimmt.[91] Somit wurde die Einstellungshöchstaltersgrenze als mit der RL 2000/78/EG vereinbar bestätigt.

Der EuGH hat auch eine Einstellungshöchstaltersgrenze bei der baskischen Polizei von 35 Jahren anerkannt.[92] Anders hat er eine Grenze von 30 Jahren für asturische, örtliche Gemeindepolizisten nicht für mit Art. 4 Abs. 1 RL 2000/78/EG vereinbar gehalten, da nicht ausreichend zum Erfordernis der Altersgrenze vorgetragen wurde.[93] Hinsichtlich der Altershöchstgrenze für die Zulassung zum Notar sah der EuGH in einer italienischen Sache die Grenze von 50 Jahren aufgrund des Höchstalters von 75 Jahren als nicht angemessen an.[94] In einer jüngeren Entscheidung billigte er hingegen für die erstmalige Bestellung zum Anwaltsnotar eine Höchstaltersgrenze von 60 Jahren.[95] Somit kommt es immer auf Einzelfallumstände an.

90 EuGH 12. 1. 2010 – C-229/08, Wolf, Rn. 37 ff., AuR 2010, 130.
91 EuGH 12. 1. 2010 – C-229/08, Wolf, Rn. 41 ff.
92 EuGH 15. 11. 2016 – C-258/15, Salaberria Sorondo, AuR 2017, 125.
93 EuGH 13. 11. 2014 – C-416/13, Vital Pérez, AuR 2015, 110.
94 EuGH 3. 6. 2021 – C-914/19, Ministerio della Giustizia (Notaires).
95 EuGH 17. 10. 2024 – C-408/23, Anwaltsnotarin.

dd) Altersgrenzen – auflösende Bedingungen

Ungleichbehandlungen kommen auch bei **Altersgrenzen** in Betracht, mit deren Erreichung Arbeitsverhältnisse automatisch enden sollen. Der EuGH erkennt auf das Rentenalter bezogene Altersgrenzen in Tarif- oder Arbeitsverträgen grundsätzlich an: So billigte er eine Altersgrenze von 68 Jahren bei Professoren[96] sowie von 65 Jahren bei Staatsanwälten.[97] Unter Bezug auf Age Concern argumentierte er, Maßnahmen zur Schaffung einer ausgewogene Altersstruktur seien zwar legitim, müssten aber angemessen und erforderlich sein und dürften das in der RL 2000/78 aufgestellte Verbot der Diskriminierung wegen des Alters nicht aushöhlen. Maßgeblich erschien ihm, dass Staatsanwälte grundsätzlich mit 65 Jahren mit einem ungekürzten Ruhegehalt in Höhe von ca. 72 % ihres letzten Gehalts in den Ruhestand versetzt werden, dass sie auf Antrag weitere drei Jahre bis zur Vollendung des 68. Lebensjahrs arbeiten könnten, wenn dies im dienstlichen Interesse liege, und dass sie danach ohne Altersbeschränkung eine andere Berufstätigkeit, wie die eines Rechtsberaters, ausüben könnten.

Nach Auffassung des EuGH in der Rechtssache Rosenbladt steht eine Altersgrenze auch dann Unionrecht nicht entgegen, wenn die gesetzliche Altersversorgung ersichtlich nicht zur Alterssicherung reicht.[98] Dabei meinte er, dass »einer Person, die ein Alter erreicht hat, in dem sie ihre Rente beantragen kann, die Fortführung einer Berufstätigkeit nicht untersagt« sei.[99] Der EuGH setzte sich aber nicht mit den geringen Chancen älterer Arbeitnehmer auseinander, auf dem Arbeitsmarkt tatsächlich eine vergleichbare Tätigkeit weiter auszuüben.[100] Besonders problematisch erscheint in diesem Zusammenhang die Rechtsprechung des BAG, nach der die Wiedereinstellung eines Bewerbers, dessen Arbeitsverhältnis aufgrund einer tarifvertraglichen Altersgrenze beendet wurde, wegen seines Alters abgelehnt werden könne, falls ein jüngerer qualifizierter Bewerber zur Verfügung steht.[101] Dies entspreche dem mit der Altersgrenze verfolgten Ziel der ausgewogenen Beschäftigungsverteilung zwischen den Generationen.

Nicht so großzügig sah der EuGH eine tarifliche Altersgrenze von 60 Jahren bei Flugpiloten an, da die nationale und die internationale Regelung

---

96 EuGH 18.11.2010 – C-250/09, 268/09, Georgiev.
97 EuGH 21.7.2011 – C-159/10, C 160/10, Fuchs/Köhler, AuR 2011, 365.
98 EuGH 12.10.2010 – C-45/09, Rosenbladt, AuR 2010, 488, 526.
99 EuGH 12.10.2010 – C-45/09, Rosenbladt, Rn. 74.
100 Kritisch auch Adam, AuR 4/2014, 140.
101 BAG 25.4.2024 – 8 AZR 140/23.

die Höchstgrenze auf 65 Jahre festlegt.[102] Die Tarifbestimmung stehe Unionsrecht entgegen. Hingegen sei die Grenze von 65 Jahren nach der VO 1178/2011 zulässig.[103] Der EuGH erklärte die Schaffung und Aufrechterhaltung eines einheitlichen, hohen Sicherheitsniveaus der Zivilluftfahrt in Europa als eine dem Gemeinwohl (Art. 52 Abs. 1 Satz 2 GRC)[104] dienende Zielsetzung.[105]
Die fehlende Möglichkeit der Bundesrichter, im Gegensatz zu Bundesbeamten und Landesrichtern den Eintritt in den Ruhestand hinauszuschieben, stellt keine Diskriminierung dar, da die Ungleichbehandlung nicht auf dem Alter, sondern auf dem jeweils ausgeübten Amt beruht.[106]
Zulässig und sinnvoll sind auch die tariflichen Sonderkündigungsschutzbestimmungen für ältere Arbeitnehmer, die ab Erreichung eines tariflich definierten Lebensalters und entsprechender Beschäftigungszeit nicht mehr ordentlich gekündigt werden dürfen.

ee) Altersdifferenzierende Beschäftigungsbedingungen

Altersdifferenzierende Vergütungs- und Urlaubsregelungen stellen eine Ungleichbehandlung nach Art. 2 RL 2000/78/EG dar. Dazu gehören auch Altersstaffeln in Tarifverträgen.[107] Diese haben die Tarifparteien inzwischen weitgehend korrigiert. Zudem kann eine Altersdiskriminierung auch eine Jugenddiskriminierung sein:

> **Beispiel:**
> Arbeitnehmerin K ist 1978 geboren und seit 1996, also seit ihrem 18. Lebensjahr bei Arbeitgeber B beschäftigt. Nach § 622 Abs. 2 Satz 2 BGB a.F. wurden bei der Berechnung von Kündigungsfristen Beschäftigungszeiten vor dem 25. Lebensjahr nicht berücksichtigt. 2006 erklärte Arbeitgeber B die Kündigung und berechnete die Frist unter Zugrundelegung einer Beschäftigungsdauer von nur drei Jahren, obwohl Arbeitnehmerin K seit

---

102 EuGH 13.9.2011 – C-447/09, Prigge, AuR 2011, 418.
103 EuGH 5.7.2017 – C-190/16, Fries, AuR 2017, 364.
104 Art. 52 Abs. 1 GRC: »Jede Einschränkung der Ausübung der in dieser Charta anerkannten Rechte und Freiheiten muss gesetzlich vorgesehen sein und den Wesensgehalt dieser Rechte und Freiheiten achten. Unter Wahrung des Grundsatzes der Verhältnismäßigkeit dürfen Einschränkungen nur vorgenommen werden, wenn sie erforderlich sind und den von der Union anerkannten dem Gemeinwohl dienenden Zielsetzungen oder den Erfordernissen des Schutzes der Rechte und Freiheiten anderer tatsächlich entsprechen.«
105 EuGH 5.7.2017 – C-190/16, Fries, Rn. 43.
106 EuGH 17.10.2024 – C-349/23, Zetschek.
107 EuGH 8.9.2011 – C-297/10, C-298/10, Hennings/Mai, AuR 2011, 457.

> 10 Jahren bei ihm beschäftigt war. Frau K stützte sich darauf, dass § 622 BGB unmittelbar gegen Europarecht verstößt.

Der EuGH erkannte, dass Personen, die die gleiche Betriebszugehörigkeitsdauer aufweisen, unterschiedlich behandelt werden, je nachdem, in welchem Alter sie in den Betrieb eingetreten sind.[108] Auch in diesem Rechtsstreit war die GRC noch nicht in Kraft. Der EuGH stellte fest, dass das Diskriminierungsverbot wegen des Alters durch die Gleichbehandlungsrichtlinie 2000/78/EG konkretisiert wird.[109] Folge: Unanwendbarkeit von § 622 Abs. 2 Satz 2 BGB a. F., da die Regelung gegen primäres Europarecht verstieß.[110] Der deutsche Gesetzgeber ließ sich bis 2019 Zeit, um diese Norm endlich zu streichen. Ein Blick ins Europarecht ist gelegentlich hilfreich, um die Wirksamkeit nationaler Normen beurteilen zu können (zur ähnlichen Problematik im Urlaubsrecht vgl. VI. 11 c).
Auch bei **Abfindungen** kann es zu einer Altersdiskriminierung kommen: Der EuGH differenziert bei einem Ausschluss rentennaher Arbeitnehmer danach, ob diese Arbeitnehmer rentenberechtigt sind, aber weiterarbeiten möchten und eine niedrige (vorzeitige) Rente in Anspruch nehmen müssten. Ergebnis: unzulässige Altersdiskriminierung.[111] Als zulässig erachtet er eine Regelung für Arbeitnehmer mit Anspruch auf Regelaltersrente.[112] Darauf ist in Verhandlungen über betriebliche Sozialpläne besonders zu achten.

> **Wichtig:**
> § 17 Abs. 2 AGG[113] gibt dem Betriebsrat und der im Betrieb vertretenen Gewerkschaft das Recht, bei groben Verstößen gegen dieses Gesetz, z. B. diskriminierenden Beschäftigungsbedingungen, dagegen vorzugehen, um

---

108 EuGH 19.1.2010 – C-555/07, Kücükdeveci, Rn. 29, AuR 2010, 86.
109 Ebd.
110 EuGH 19.1.2010 – C-555/07, Kücükdeveci.
111 EuGH 12.10.2010 – C-499/08, Andersen, AuR 2010, 489.
112 EuGH 26.2.2015 – C-515/13, Ingeniørforeningen i Danmark, Landin, AuR 2016, 212.
113 § 17 AGG: »Abs. 1: Tarifvertragsparteien, Arbeitgeber, Beschäftigte und deren Vertretungen sind aufgefordert, im Rahmen ihrer Aufgaben und Handlungsmöglichkeiten an der Verwirklichung des in § 1 genannten Ziels mitzuwirken. Abs. 2: In Betrieben, in denen die Voraussetzungen des § 1 Abs. 1 Satz 1 des Betriebsverfassungsgesetzes vorliegen, können bei einem groben Verstoß des Arbeitgebers gegen Vorschriften aus diesem Abschnitt der Betriebsrat oder eine im Betrieb vertretene Gewerkschaft unter der Voraussetzung des § 23 Abs. 3 Satz 1 des Betriebsverfassungsgesetzes die dort genannten Rechte gerichtlich geltend machen; § 23 Abs. 3 Satz 2 bis 5 des Betriebsverfassungsgesetzes gilt entsprechend. Mit

die Gleichbehandlung aller Bewerber sicherzustellen und Diskriminierungen zu verhindern. Dieses Verfahren betrifft nicht nur Altersdiskriminierung. Es beinhaltet zur Verwirklichung der Ziele des § 1 AGG[114] die Möglichkeit, dem Arbeitgeber aufzugeben, eine Handlung zu unterlassen, die Vornahme einer Handlung zu dulden oder eine Handlung vorzunehmen.[115] Es bezieht sich explizit nur auf Betriebsräte und Gewerkschaften, sodass Personalräte diese besondere Verfahrensmöglichkeit nicht haben.

Es kommt insbesondere die **Unterlassung altersdiskriminierender Stellenausschreibungen** in Betracht,[116] denn der Betriebsrat muss vor jeder Stellenausschreibung prüfen, ob diese diskriminierend ist. Stellenausschreibungen mit dem Hinweis auf ein »junges dynamisches Team« bewirken z.B. eine unmittelbare Diskriminierung wegen des Alters.[117] Altersdiskriminierend sind auch Anforderungen wie »1. Berufsjahr«[118] oder »Berufsanfänger«,[119] da regelmäßig ältere Arbeitnehmer eine größere Berufserfahrung haben.
Auch bei Kündigungen aufgrund von Altersgruppenbildungen in Namenslisten (siehe Auflösung des Eingangsbeispiels I. 2) kommt aufgrund des entgegenstehenden Europarechts ein Antrag gegen die Vollziehung der Kündigung sowie auf Rücknahme in Betracht.[120] Die Möglichkeiten, die mit § 17 Abs. 2 AGG bestehen, dürfen deshalb nicht unterschätzt werden.

c) Diskriminierung wegen des Geschlechts

Primärrechtlich ist der Grundsatz des »gleichen Entgelts für Männer und Frauen bei gleicher oder gleichwertiger Arbeit« in Art. 157 AEUV verankert. Diesem Prinzip verleiht der EuGH horizontale Direktwirkung zwischen zwei Privaten.[121] Das bedeutet, dass eine Person diese Vorschrift

---

dem Antrag dürfen nicht Ansprüche des Benachteiligten geltend gemacht werden.«

114 § 1 AGG: »Ziel des Gesetzes ist, Benachteiligungen aus Gründen der Rasse oder wegen der ethnischen Herkunft, des Geschlechts, der Religion oder Weltanschauung, einer Behinderung, des Alters oder der sexuellen Identität zu verhindern oder zu beseitigen.«

115 Ausführlich zu § 17 Abs. 2 AGG: Däubler/Beck-*Buschmann*, § 17 AGG.

116 Weitere Beispiele finden sich im DKW-*Dornberger/Buschmann*, § 23 Rn. 220f.

117 BAG 11.8.2016 – 8 AZR 406/14, AuR 2017, 173.

118 BAG 18.8.2009 – 1 ABR 47/08, AuR 2010, 223.

119 BAG 24.1.2013 – 8 AZR 429/11, AuR 2013, 103.

120 Vgl. DKW-*Dornberger/Buschmann*, § 23 Rn. 225f.

121 EuGH 8.4.1976 – C-43/75, Defrenne II.

gegenüber einer anderen Person geltend machen kann. Auch kollektive Tarifverträge sind von dem Diskriminierungsverbot umfasst.[122] Nach Art. 23 GRC ist die Gleichheit von Frauen und Männern in allen Bereichen, einschließlich der Beschäftigung, der Arbeit und des Arbeitsentgelts, sicherzustellen. Es handelt sich um einen elementaren Grundsatz des Unionsrechts.[123]

Auch wenn es in Deutschland seit 2017 ein Entgelttransparenzgesetz gibt, ist die Entgeltdiskriminierung von Frauen dadurch nicht beseitigt worden.[124] Eine Änderung könnte die **Entgelttransparenzrichtlinie** (EU) 2023/970[125] bringen, die auf größere Transparenz und verstärkte Durchsetzungsmechanismen setzt.[126] So verpflichtet Art. 7 Abs. 5 Satz 2 dieser Richtlinie die Mitgliedstaaten, Maßnahmen zu ergreifen, um Vertragsbedingungen zu verbieten, durch die die Arbeitnehmer davon abgehalten werden, Informationen über ihr Entgelt offenzulegen. Davon profitieren auch männliche Beschäftigte. Eine Umsetzung muss bis Juni 2026 erfolgen. Von Bedeutung ist Art. 7 Abs. 2 RL (EU) 2023/970: Danach haben Arbeitnehmer die Möglichkeit, über ihre Arbeitnehmervertreter (also Betriebs- und Personalräte) **Auskünfte über ihr Entgelt** einzuholen. Wenn diese Auskünfte unvollständig oder unzutreffend sind, können Arbeitnehmervertreter zusätzliche und angemessene Klarstellungen verlangen und eine begründete Antwort erhalten. Auch bei Berichtspflichten sind Betriebs- und Personalräte die zentralen Akteure, da ihnen nach Art. 9 Abs. 10 RL (EU) 2023/970 Informations- und Überwachungsrechte eingeräumt werden.[127] Daher ist es wichtig, dass Arbeitnehmervertreter einen Schutz vor einer ungünstigeren Behandlung nach Art. 25 RL (EU) 2023/970 haben, wenn sie eine andere Person bzgl. der Entgeltgleichheit unterstützen.

Als sekundäres Unionsrecht ist ebenfalls die **Gleichbehandlungsrichtlinie** 2006/54/EG[128] zu nennen. Auch diese regelt in Art. 24 einen besonderen Schutz der Arbeitnehmer und Arbeitnehmervertreter vor

---

122 EuGH 8.4.1976 – C-43/75, Defrenne II, Rn. 38f.

123 Preis/Sagan-*Grünberger/Husemann*, § 5, Rn. 5.69.

124 Zur mittelbaren Frauendiskriminierung bei Teilzeit siehe VI. 8. b).

125 RL (EU) 2023/970 v. 10.5.2023 zur Stärkung der Anwendung des Grundsatzes des gleichen Entgelts für Männer und Frauen bei gleicher oder gleichwertiger Arbeit durch Entgelttransparenz und Durchsetzungsmechanismen.

126 Ausführlich Winter, NZA 2024, 8.

127 Siehe dazu Hensel, Mitbestimmung 2024, 40.

128 RL 2006/54/EG v. 5.7.2006 zur Verwirklichung des Grundsatzes der Chancengleichheit und Gleichbehandlung von Männern und Frauen in Arbeits- und Beschäftigungsfragen.

Benachteiligungen durch den Arbeitgeber, die als Reaktion auf eine Beschwerde oder auf die Einleitung eines Verfahrens zur Durchsetzung des Gleichbehandlungsgrundsatzes erfolgen. Die Umsetzung von Art. 24 RL 2006/54/EG ist in § 16 AGG erfolgt. Nach § 16 Abs. 1 Satz 3 AGG zählen Arbeitnehmervertreter zu den unterstützenden Personen.

Beispiel:
Frau V war als Leiterin eines Bekleidungsgeschäfts beschäftigt. Sie führte im Juni 2015 mit Frau S ein Bewerbungsgespräch für eine Stelle als Verkäuferin, die ab August 2015 zu besetzen war. Bei diesem Gespräch teilte Frau S mit, dass sie im dritten Monat schwanger sei. Frau V hielt Frau S für geeignet und teilte dies ihrem Arbeitgeber mit. Der Arbeitgeber indes lehnte eine Einstellung wegen der Schwangerschaft ab. Frau V teilte ihrem Arbeitgeber mit, dass es gesetzlich verboten sei, eine Einstellung wegen Schwangerschaft abzulehnen. Der Arbeitgeber blieb bei seiner Entscheidung. Frau V teilte Frau S mit, dass ihre Bewerbung wegen ihrer Schwangerschaft nicht erfolgreich gewesen sei. Hiergegen reichte die abgelehnte Bewerberin Beschwerde ein. Im Oktober hielt der Arbeitgeber Frau V vor, dass sie der Grund für die Beschwerde sei und beendete das Arbeitsverhältnis mit ihr im April.

Im Ausgangsverfahren steht fest, dass Frau S tatsächlich unmittelbar aufgrund ihres Geschlechts diskriminiert worden ist, weshalb das vorlegende Gericht ihr Schadensersatz zugesprochen hat. Die Frage ist nun, ob auch Frau V einen Anspruch auf Entschädigung hat. Nach belgischem Recht ist ein Zeuge nur dann vor Vergeltungsmaßnahmen geschützt, wenn eine Zeugenaussage in einem unterzeichneten und datierten Dokument über die Begebenheiten vorgelegt werden kann. Frau V konnte aber kein Dokument über ihre Zeugenaussage vorlegen.
Der EuGH kam zum Ergebnis, dass Art. 24 RL 2006/54/EG einer Regelung entgegensteht, die einem Arbeitnehmer, der eine diskriminierte Person unterstützt, nur dann Schutz gewährt, wenn er als Zeuge aufgetreten ist und bestimmte Formerfordernisse erfüllen muss.[129] Denn Art. 24 RL 2006/54/EG müsse zur Verwirklichung des Ziels der Gleichbehandlung von Männern und Frauen weit ausgelegt werden und stelle eine spezielle Ausprägung des Grundsatzes des effektiven gerichtlichen Rechtsschutzes dar.[130]

---

129 EuGH 20.6.2019 – C-404/18, Hakelbracht, Rn. 37, AuR 2020, 31 mit Anm. Bussmann-Welsch.

130 EuGH 20.6.2019 – C-404/18, Hakelbracht, Rn. 27, 32.

Zu nennen ist zudem die Mutterschutz-RL 92/85/EG,[131] die der Verbesserung der Sicherheit und des Gesundheitsschutzes von schwangeren und stillenden Arbeitnehmerinnen dient. Das MuSchG setzt die Mutterschutz-RL 92/85/EG in Deutschland um. Nach § 17 MuSchG ist die Kündigung einer schwangeren Frau unzulässig.

Beispiel:
Arbeitnehmerin T erfuhr erst nach Ablauf der Kündigungsfrist von ihrer Schwangerschaft. Nach deutschem Recht muss drei Wochen nach Zugang der Kündigung Klage erhoben werden (§ 4 KSchG). Eine nachträgliche Zulassung ist möglich, wenn eine Frau nach Kenntniserlangung der Schwangerschaft innerhalb von zwei Wochen einen Antrag auf nachträgliche Zulassung stellt (§ 5 Abs. 3 Satz 1 KSchG). Arbeitnehmerin T hat aber keinen Antrag auf eine nachträgliche Zulassung gestellt. Das ArbG Mainz legte dem EuGH die Frage vor, ob §§ 4 und 5 KSchG mit der Mutterschutz-RL 92/85/EG vereinbar seien.

Der EuGH entschied, dass die **Zwei-Wochen-Frist des § 5 Abs. 3 Satz 1 KSchG zu kurz** sei, da das Fristenregime nach deutschem Recht ein unnötiges Hindernis für die Ausübung der Rechte aus der Mutterschutz-RL 92/85/EG darstelle.[132] Er betonte die Bedeutung des effektiven Rechtsschutzes und verwies angesichts der zu kurzen Frist auf die unzureichende Möglichkeit, sich angemessen beraten zu lassen und die notwendigen rechtlichen Schritte einzuleiten.[133] Diese Entscheidung stärkt den Kündigungsschutz von schwangeren Arbeitnehmerinnen.

Wichtig:
Was folgt aus der Entscheidung konkret für die Arbeitnehmerin T? Kann sie sich direkt auf die Entscheidung berufen? Wir sagen: Ja![134] Da Art. 12 RL 92/85/EG[135] das Recht auf einen wirksamen Rechtsbehelf konkretisiert,

---

131 RL 92/85/EWG v. 19. 10. 1992 über die Durchführung von Maßnahmen zur Verbesserung der Sicherheit und des Gesundheitsschutzes von schwangeren Arbeitnehmerinnen, Wöchnerinnen und stillenden Arbeitnehmerinnen am Arbeitsplatz (zehnte Einzelrichtlinie im Sinne des Art. 16 Abs. 1 der Richtlinie 89/391/EWG).

132 EuGH 27. 6. 2024 – C-284/23, Haus Jacobus; dem folgend BAG 3. 4. 2025 – 2 AZR 156/24.

133 EuGH 27. 6. 2024 – C-284/23, Haus Jacobus, Rn. 48 f.

134 So auch Klengel/Seeland/Sutterer-Kipping, NZA 2024, 1698.

135 Art. 12 RL 92/85/EG: »Die Mitgliedstaaten erlassen die innerstaatlichen Vorschriften, die notwendig sind, damit jede Arbeitnehmerin, die sich durch die Nichterfüllung der Verpflichtungen aus dieser Richtlinie für beschwert hält, ihre

liegt ebenfalls ein Verstoß gegen Art. 47 GRC vor.[136] Folge: Auch bei Rechtsstreitigkeiten zwischen Privaten besteht die Möglichkeit, sich auf die Unanwendbarkeit nationalen Rechts zu stützen.

Exkurs:
Mütter werden durch die Mutterschutzrichtlinie geschützt. Aber was gilt bzgl. Vätern? Nach Art. 4 der Vereinbarkeitsrichtlinie 2019/1158/EU[137] haben Väter einen Anspruch auf zehn Tage bezahlten **Vaterschaftsurlaub** anlässlich der Geburt des Kindes. Eine Umsetzung in Deutschland ist bislang nicht erfolgt. Nach Auffassung der Bundesregierung werde der Anspruch durch Elterngeld und Elternzeit abgedeckt. Dagegen spricht aber, dass der Vaterschaftsurlaub in den ersten zehn Tagen nach der Geburt einen anderen Zweck verfolgt als Elternzeit und Elterngeld. Auch die Europäische Kommission sieht dies anders und hat schon ein Vertragsverletzungsverfahren gegen Deutschland eingeleitet. Können Väter nun einen Anspruch auf Vaterschaftsurlaub geltend machen? Beschäftigte in der Privatwirtschaft können sich nicht unmittelbar auf die Richtlinie berufen. Es kommen aber Schadensersatzansprüche in Betracht,[138] die vor Zivilgerichten eingeklagt werden müssten. Etwas anderes gilt für Beschäftigte im öffentlichen Dienst: Da die Vereinbarkeitsrichtlinie hinreichend bestimmt ist und keiner weiteren Umsetzung bedarf, gilt sie im öffentlichen Dienst unmittelbar.[139] Folge: Väter, die im öffentlichen Dienst beschäftigt sind, können sich daher auf die Richtlinie berufen. Die Gewerkschaften unterstützten bereits mehrere Klagen von Vätern. Es bleibt spannend![140]

d) Diskriminierung aus Gründen der Religion oder Weltanschauung

Sowohl der EuGH als auch der EGMR haben sich wiederholt mit Fragen zur Diskriminierung aus Gründen der Religion oder Weltanschauung beschäftigt. Nach Art. 9 EMRK hat jede Person das Recht auf Religionsfreiheit. Auch die RL 2000/78/EG bezweckt die Bekämpfung der Diskriminierung wegen der Religion.

Rechte gerichtlich und/oder entsprechend den innerstaatlichen Rechtsvorschriften und/oder Gebräuchen durch Befassung anderer zuständiger Stellen geltend machen kann.«

136 Vgl. VI. 9. b).

137 RL 2019/1158 v. 20.6.2019 zur Vereinbarkeit von Beruf und Privatleben für Eltern und pflegende Angehörige und zur Aufhebung der Richtlinie 2010/18/EU des Rates.

138 Siehe EuGH 18.1.2022 – C-261/20, Rn. 26.

139 Siehe dazu unsere Ausführungen in IV. 2.

140 Ausführlich dazu Daniels, AuR 2024, 335.

aa) Tragen religiöser Zeichen

In vielen Fällen besteht insbesondere Streit über das Tragen religiös determinierter Kleidung.

> **Beispiel:**
> Nach einem französischen Gesetz ist das öffentliche Tragen von Kleidung, die das Gesicht vollständig verhüllt **(Burka),** untersagt. Eine betroffene Person wehrte sich dagegen und rief den EGMR an. Dieser verneinte eine Verletzung der Religionsfreiheit nach Art. 9 EMRK und bestätigte somit das Burkaverbot.[141]

In einem weiteren Fall aus Frankreich ging es um die Nichtverlängerung des Dienstvertrags einer Sozialarbeiterin im öffentlichen Dienst (hier: in einem Krankenhaus) wegen des Tragens eines solchen Kopftuchs. Der EGMR sah den Eingriff in Art. 9 EMRK mit Verweis auf das wesentliche französische Verfassungsprinzip der Neutralität und der Trennung von Staat und Kirche (Laizität) als gerechtfertigt an.[142]
Der EuGH hat sich ebenfalls in vielen Fällen mit dem Tragen des Kopftuchs befasst.

> **Beispiel:**
> Ein privates Unternehmen, das für Kunden aus dem öffentlichen und privaten Sektor u. a. Rezeptions- und Empfangsdienste erbringt, stellte folgende interne Regel auf: »Es ist den Arbeitnehmern verboten, am Arbeitsplatz sichtbare Zeichen ihrer politischen, philosophischen oder religiösen Überzeugungen zu tragen und/oder jeglichen Ritus, der sich daraus ergibt, zum Ausdruck zu bringen.« Arbeitnehmerin A wurde aufgrund ihrer festen Absicht, als Muslima am Arbeitsplatz das islamische Kopftuch zu tragen, entlassen.

Der EuGH verneinte eine unmittelbare Diskriminierung, da nicht nur das Tragen eines Kopftuchs verboten worden war. Denn es würden alle Arbeitnehmer des Unternehmens gleich (schlecht) behandelt, indem ihnen allgemein und undifferenziert u. a. vorgeschrieben wird, sich neutral zu kleiden.[143] Allerdings könnte eine **mittelbare Diskriminierung** vorliegen,

---

141 EGMR 1.7.2014 – 43835/11, S.A.S./Frankreich, AuR 2016, 170.
142 EGMR 26.11.2015 – 64846/11, Ebrahimian/Frankreich, AuR 2016, 170.
143 EuGH 14.3.2017 – C-157/15, Achbita/G4S Secure Solutions, Rn. 30, AuR 2017, 217; zum Einfluss der EuGH-Entscheidungen Achbita und Bougnaoui auf das deutsche Arbeitsrecht: Brors, AuR 2018, 112.

wenn sich erweist, dass die dem Anschein nach neutrale Verpflichtung Personen mit einer bestimmten Religion in besonderer Weise benachteiligt.[144] Eine solche mittelbare Diskriminierung ist unter folgenden Voraussetzungen gerechtfertigt:[145]

1. **Vorliegen eines rechtmäßigen Ziels**: Hierbei ist zu berücksichtigen, dass der Wille, im Verhältnis zu den Kunden eine Politik der Neutralität zum Ausdruck zu bringen, als rechtmäßig anzusehen ist.
2. **Angemessenheit einer internen Regel**: Eine Neutralitätsregelung ist geeignet, sofern diese Politik tatsächlich in kohärenter und systematischer Weise verfolgt wird.
3. **Erforderlichkeit eines Verbots**: Es ist zu prüfen, ob sich das Verbot auf das unbedingt Erforderliche beschränkt. Die Erforderlichkeit ist zu bejahen, wenn sich das Verbot nur an die mit Kunden in Kontakt tretenden Arbeitnehmer richtet.

Im vorliegenden Fall komme es insbesondere darauf an, ob es möglich gewesen wäre, Arbeitnehmerin A einen Arbeitsplatz ohne Sichtkontakt mit Kunden anzubieten, statt sie zu entlassen, so der EuGH.[146]

Diese Rechtsprechung hat der EuGH in anderen Rechtssachen noch weiter ausdifferenziert und folgende Grundsätze aufgestellt:

1. Eine wesentliche und entscheidende berufliche Anforderung i. S. d. Art. 4 RL 2000/78/EG[147] liegt nicht vor, wenn eine Arbeitnehmerin nur wegen einer Kundenbeschwerde aufgrund ihres Kopftuchs entlassen wird.[148] Argumentation: Der Wille des Arbeitgebers, besonderen Kundenwünschen zu entsprechen, rechtfertigt keine Diskriminierung.[149]
2. Wenn das Verbot sich auf das Tragen auffälliger großflächiger Zeichen beschränkt, stellt eine interne Neutralitätsregel eine unmittel-

144 EuGH 14.3.2017 – C-157/15, Achbita/G4S Secure Solutions, Rn. 34.

145 EuGH 14.3.2017 – C-157/15, Achbita/G4S Secure Solutions, Rn. 36ff.

146 EuGH 14.3.2017 – C-157/15, Achbita/G4S Secure Solutions, Rn. 43.

147 Art. 4 Abs. 1 RL 2000/78/EG: »Ungeachtet des Artikels 2 Absätze 1 und 2 können die Mitgliedstaaten vorsehen, dass eine Ungleichbehandlung wegen eines Merkmals, das im Zusammenhang mit einem der in Artikel 1 genannten Diskriminierungsgründe steht, keine Diskriminierung darstellt, wenn das betreffende Merkmal aufgrund der Art einer bestimmten beruflichen Tätigkeit oder der Bedingungen ihrer Ausübung eine wesentliche und entscheidende berufliche Anforderung darstellt, sofern es sich um einen rechtmäßigen Zweck und eine angemessene Anforderung handelt.«

148 EuGH 14.3.2017 – C-188/15, Bougnaoui und ADDH, AuR 2017, 170 mit Anm. Buschmann.

149 EuGH 14.3.2017 – C-188/15, Bougnaoui und ADDH, Rn. 38–41.

bare Diskriminierung wegen der Religion dar.[150] Denn das Tragen solcher Zeichen ist untrennbar mit mehreren bestimmten Religionen verbunden.

3. Der Arbeitgeber hat nachzuweisen, dass die Neutralitätsregel einem wirklichen Bedürfnis des Arbeitgebers entspricht: Dabei sind die berechtigten Erwartungen der Kunden oder Nutzer und die nachteiligen Konsequenzen ohne eine Neutralitätsregel zu berücksichtigen.[151]

Doch wie ist es im öffentlichen Dienst? Ist es der öffentlichen Verwaltung erlaubt, dem gesamten Personal unabhängig davon, ob ein direkter Kontakt im Publikumsverkehr besteht, das Tragen von Zeichen bestimmter Überzeugungen zu verbieten?

> **Beispiel:**
> Arbeitnehmerin D arbeitet in der Gemeinde und ist dort als Büroleiterin tätig. Sie kommt nicht in Kontakt mit Personen, die die öffentlichen Dienstleistungen in Anspruch nehmen. Arbeitnehmerin D beantragte, am Arbeitsplatz ein Kopftuch tragen zu dürfen. Dieser Antrag wurde abgelehnt. Der Gemeinderat führte eine Verpflichtung zur »exklusiven Neutralität« am Arbeitsplatz ein. Danach war es allen Arbeitnehmern der Gemeinde verboten, am Arbeitsplatz irgendein sichtbares Zeichen zu tragen, das ihre u.a. religiösen oder weltanschaulichen Überzeugungen erkennen lässt, und zwar unabhängig davon, ob sie Publikumskontakt haben.

Der EuGH betont zunächst, dass die RL 2000/78/EG für alle Personen in öffentlichen und privaten Bereichen gilt.[152] Er kam zum Schluss, dass jedem Mitgliedstaat ein Wertungsspielraum bei der Ausgestaltung der Neutralität des öffentlichen Dienstes zuerkannt wird. Eine Politik der »exklusiven Neutralität«, die eine öffentliche Verwaltung durchsetzen will, könne durch ein rechtmäßiges Ziel als sachlich gerechtfertigt angesehen werden, ohne dass ein wirkliches Bedürfnis besteht.[153] Hierbei sei aber Voraussetzung, dass das Ziel der »**exklusiven Neutralität**« tatsächlich in kohärenter und systematischer Weise verfolgt werde.[154]

---

150 EuGH 15.7.2021 – C-804/18, C-341/19, WABE und MH Müller Handel, Rn. 78, AuR 2022, 75 mit Anm. Seeland.
151 EuGH 15.7.2021 – C-804/18, C-341/19, WABE und MH Müller Handel, Rn. 70.
152 EuGH 28.11.2023 – C-148/22, Commune d'Ans, Rn. 23.
153 EuGH 28.11.2023 – C-148/22, Commune d'Ans, Rn. 33.
154 EuGH 28.11.2023 – C-148/22, Commune d'Ans, Rn. 37.

Exkurs:
Das BVerfG befasste sich ebenfalls mit dem Kopftuchverbot: Es entschied, dass ein pauschales Kopftuchverbot für **Lehrkräfte** in öffentlichen Schulen nicht mit der Verfassung vereinbar sei.[155] Hingegen urteilte es bei einer **Justizreferendarin** anders und sah das Kopftuchverbot als verfassungsgemäß an, wenn sie den Staat repräsentiert (z. B. bei der staatsanwaltlichen Sitzungsvertretung).[156] Das BVerfG argumentiert insbesondere mit der weltanschaulich-religiösen Neutralität des Staates, der Funktionsfähigkeit der Rechtspflege sowie mit der negativen Religionsfreiheit Dritter. Unlängst erhob eine Schöffin Verfassungsbeschwerde gegen das Kopftuchverbot. Das BVerfG muss nun klären, ob das Neutralitätsgebot auch für Schöffen gilt.

bb) Selbstbestimmungsrecht des kirchlichen Arbeitgebers

Es kommt immer wieder zu Fällen, in denen sich die Frage des Selbstbestimmungsrechts des kirchlichen Arbeitgebers stellt. Nach § 9 Abs. 1 Alt. 1 AGG ist eine unterschiedliche Behandlung unter Beachtung des Selbstverständnisses der jeweiligen Religionsgemeinschaft im Hinblick auf ihr Selbstbestimmungsrecht möglich. Kann somit ein kirchlicher Arbeitgeber verbindlich selbst bestimmen, ob eine bestimmte Religion eines Bewerbers eine berufliche Anforderung darstellt?

Beispiel:
Ein evangelisches Werk schrieb eine befristete Referentenstelle aus. Nach der Stellenausschreibung war die Mitgliedschaft in einer evangelischen Kirche Voraussetzung. Arbeitnehmerin E, die keiner Konfession angehört, bewarb sich, wurde aber nicht zum Vorstellungsgespräch eingeladen. In der Annahme, ihre Bewerbung sei aufgrund ihrer Konfessionslosigkeit abgelehnt worden, machte sie eine Entschädigung nach § 15 Abs. 2 AGG[157] geltend.

Der EuGH stellte fest, dass sich der kirchliche Arbeitgeber nicht pauschal auf sein Selbstbestimmungsecht berufen könne, sondern die berufliche Anforderung nach dem Ethos »**wesentlich, rechtmäßig und gerechtfertigt**« sein müsse.[158] Es hänge insbesondere von der Art der Tätigkeit

---

155 BVerfG 27. 1. 2015 – 1 BvR 471/10.

156 BVerfG 14. 1. 2020 – 2 BvR 1333/17.

157 § 15 Abs. 2: »Wegen eines Schadens, der nicht Vermögensschaden ist, kann der oder die Beschäftigte eine angemessene Entschädigung in Geld verlangen. Die Entschädigung darf bei einer Nichteinstellung drei Monatsgehälter nicht übersteigen, wenn der oder die Beschäftigte auch bei benachteiligungsfreier Auswahl nicht eingestellt worden wäre.«

158 EuGH 17. 4. 2018 – C-414/16, Egenberger, Rn. 64 f., AuR 2018, 310.

und den Umständen ihrer Ausübung ab, ob eine berufliche Anforderung aufgestellt werden könne (Art. 4 Abs. 2 RL 2000/78/EG).[159]
Dabei ging der EuGH aber noch weiter und betonte, dass das Verbot jeder Art von Diskriminierung wegen der Religion ein allgemeiner Grundsatz des Unionsrechts sei (wir erinnern uns an Mangold, vgl. VI. 7. b) aa)). Art. 21 Abs. 1 GRC verleihe »schon für sich allein dem Einzelnen ein Recht, das er in einem Rechtsstreit, der einen vom Unionsrecht erfassten Bereich betrifft, als solches geltend machen kann«.[160] Folge eines Verstoßes gegen Art. 21 GRC ist die Unanwendbarkeit der nationalen Regelung. Das BAG gab der Arbeitnehmerin E Recht und sprach ihr eine Entschädigung i. H. v. zwei Gehältern zu.[161] Es erkannte, dass § 9 Abs. 1 Alt. 1 AGG mit Unionsrecht nicht vereinbar und somit nicht anzuwenden ist. Zudem handle es sich nicht um eine der Art der fraglichen Tätigkeit oder den Umständen ihrer Ausübung wesentliche, rechtmäßige und gerechtfertigte berufliche Anforderung. Es bestünde keine Gefahr der Beeinträchtigung des Ethos des kirchlichen Arbeitgebers.[162] Eine Rechtfertigung der Ungleichbehandlung liegt mithin nicht vor.

Fazit:
Das Selbstbestimmungsrecht der Kirchen gilt nicht uneingeschränkt und unterliegt einer Überprüfung. Die Diakonie erhob im Jahr 2019 Verfassungsbeschwerde. Es bleibt daher abzuwarten, wie das BVerfG den Fall entscheiden wird. Wird sich das BVerfG gegen den EuGH stellen?

Merke:
Art. 21 GRC kann als subjektives Recht des Einzelnen im nationalen Recht geltend gemacht werden. Die 17 Diskriminierungsverbote des Art. 21 GRC haben dieselben Wirkungen wie die Grundfreiheiten.[163]

In einem weiteren Aufsehen erregenden Fall befasste sich der EuGH mit der Kündigung eines **Chefarztes** in einem katholischen Krankenhaus wegen einer **zweiten Eheschließung** nach Scheidung.

---

159 EuGH 17.4.2018 – C-414/16, Egenberger, Rn. 64f.; der EGMR stellt darauf ab, ob die Tätigkeit »verkündungsnah« ist, EGMR 23.9.2010 – 1620/03, Schüth.
160 EuGH 17.4.2018 – C-414/16, Egenberger, Rn. 76; siehe dazu auch die Ausführungen von Heuschmid, AuR 2018, 265 und Sagan/Zeilmann, Soziales Recht 2025, 2, 6.
161 BAG 25.10.2018 – 8 AZR 501/14, AuR 2018, 596.
162 BAG 25.10.2018 – 8 AZR 501/14, Rn. 98.
163 Vgl. Stein, AuR 2019, 157.

Beispiel:
Worum ging es? Chefarzt C ist katholischer Konfession und arbeitet in einem katholischen Krankenhaus. Seine erste Frau trennte sich im Jahr 2005 von ihm und die Ehe wurde im Jahr 2008 geschieden. Nach der Scheidung heiratete er seine neue Ehefrau. Das katholische Krankenhaus kündigte das Arbeitsverhältnis, als es von der erneuten Heirat Kenntnis erlangte. Argumentation: Die Scheidung werde nicht anerkannt; die Wiederheirat sei Bigamie; sie widerspreche dem Ethos der katholischen Kirche, nämlich dem heiligen und unauflöslichen Charakter der kirchlichen Eheschließung. Das BAG verneinte einen schweren Loyalitätsverstoß und stellte die Unwirksamkeit der Kündigung fest.[164] Nachdem das katholische Krankenhaus Verfassungsbeschwerde erhoben hatte und das BVerfG das Urteil unter Verweis auf die nur eingeschränkte gerichtliche Überprüfung von Loyalitätsobliegenheiten in kirchlichen Arbeitsverhältnissen aufhob,[165] legte das BAG das Verfahren dem EuGH vor.

Der EuGH erkannte zutreffend, dass die Kündigung eine Diskriminierung wegen der Religion darstellt.[166] Dem Gerichtshof erscheine zweifelhaft, ob das von der katholischen Ehe statuierte Eheverständnis für die ärztliche Tätigkeit des Chefarztes wirklich eine wesentliche berufliche Anforderung darstelle.[167] Zumal das katholische Krankenhaus vergleichbare Stellen auch mit Chefärzten besetze, die konfessionslos sind und somit nicht denselben Anforderungen unterworfen waren.[168] Das BAG wandte die vom EuGH aufgestellten Kriterien vorliegend an und sah die Kündigung des Chefarztes als unwirksam an.[169] Argumentation: Katholische Arbeitgeber dürfen Beschäftigte in leitender Stellung je nach deren Konfession oder Konfessionslosigkeit nicht unterschiedlich behandeln.

Beachte:
In einem weiteren Verfahren hat der 2. Senat des BAG jüngst dem EuGH die Frage vorgelegt, ob ein kirchlicher Arbeitgeber einem Arbeitnehmer nur wegen des **Kirchenaustritts** kündigen kann, obwohl der Arbeitgeber auch Mitarbeiter beschäftigt, die von vornherein der Kirche nicht angehören.[170] Das BAG macht in der Vorlage deutlich, dass aus seiner Sicht ein Kirchen-

164 BAG 8.9.2011 – 2 AZR 543/10.
165 BVerfG 22.10.2014 – 2 BvR 661/12.
166 EuGH 11.9.2018 – C-68/17, AuR 2018, 494.
167 EuGH 11.9.2018 – C-68/17, Rn. 57f.
168 EuGH 11.9.2018 – C-68/17, Rn. 59.
169 BAG 20.2.2019 – 2 AZR 746/14.
170 BAG 1.2.2024 – 2 AZR 196/22 (A).

austritt eine Kündigung nicht rechtfertigen könne.[171] Es bleibt abzuwarten, wie der EuGH entscheidet.

e) Diskriminierung wegen einer Behinderung

Die wesentlichen rechtlichen Grundlagen zur Bekämpfung der Diskriminierung aufgrund einer Behinderung in Europa sind in mehreren wichtigen Rechtsakten verankert. Zu nennen ist zunächst die **UN-Behindertenrechtskonvention (BRK)**,[172] die aus dem Jahr 2006 stammt und Bundesrecht darstellt. Die EU hat sie ebenfalls ratifiziert und als integralen Bestandteil des Europarechts übernommen.[173]

Wichtig:
Da die EU die BRK für bindend erkannt hat, ist die BRK nicht nur UN-Recht. Das bedeutet, dass sämtliches EU-Recht auch im Lichte der BRK und nach Maßgabe der Bestimmungen der BRK zu interpretieren ist.

Nach Art. 1 Abs. 2 BRK[174] werden nicht nur Schwerbehinderte, sondern **Behinderte insgesamt** erfasst, die ein Teilhabedefizit haben. Der Gedanke, der der BRK zugrunde liegt, ist **Inklusion**. Art. 5 BRK[175] enthält nicht nur ein Verbot der Diskriminierung, sondern eine **aktive Verpflichtung**

---

171 BAG 1.2.2024 – 2 AZR 196/22 (A), Rn. 36.

172 Übereinkommen über die Rechte von Menschen mit Behinderungen v. 13.12.2006.

173 Vgl. EuGH 22.05.2014 – C-356/12, Rn. 68 m.w.N.

174 Art. 1 Abs. 2 BRK: »Zu den Menschen mit Behinderungen zählen Menschen, die langfristige körperliche, seelische, geistige oder Sinnesbeeinträchtigungen haben, welche sie in Wechselwirkung mit verschiedenen Barrieren an der vollen, wirksamen und gleichberechtigten Teilhabe an der Gesellschaft hindern können.«

175 Art. 5 BRK: »(1) Die Vertragsstaaten anerkennen, dass alle Menschen vor dem Gesetz gleich sind, vom Gesetz gleich zu behandeln sind und ohne Diskriminierung Anspruch auf gleichen Schutz durch das Gesetz und gleiche Vorteile durch das Gesetz haben. (2) Die Vertragsstaaten verbieten jede Diskriminierung aufgrund von Behinderung und garantieren Menschen mit Behinderungen gleichen und wirksamen rechtlichen Schutz vor Diskriminierung, gleichviel aus welchen Gründen. (3) Zur Förderung der Gleichberechtigung und zur Beseitigung von Diskriminierung unternehmen die Vertragsstaaten alle geeigneten Schritte, um die Bereitstellung angemessener Vorkehrungen zu gewährleisten. (4) Besondere Maßnahmen, die zur Beschleunigung oder Herbeiführung der tatsächlichen Gleichberechtigung von Menschen mit Behinderungen erforderlich sind, gelten nicht als Diskriminierung i.S. dieses Übereinkommens.«

zur Förderung der Gleichberechtigung. Art. 27 BRK[176] bezieht sich speziell auf das Arbeitsleben.

Art. 26 GRC[177] beinhaltet eine spezielle Regelung zur Integration von Menschen mit Behinderung. Zudem ist erneut die Gleichbehandlungsrichtlinie relevant und da insbesondere Art. 5 RL 2000/78/EG.[178] Demnach sind angemessene Vorkehrungen zu treffen, um die Anwendung des Gleichbehandlungsgrundsatzes auf Menschen mit Behinderung zu gewährleisten.

aa) Begriff der Behinderung

Aufgrund des Fehlens einer Definition des Begriffs »Behinderung« im Unionsrecht gibt es zur Begriffsbildung zahlreiche Urteile des EuGH. Erstmals definierte der EuGH den Begriff in der Rechtssache Chacon Navas und stellte klar, dass eine Person, der von ihrem Arbeitgeber ausschließlich wegen Krankheit gekündigt worden ist, nicht automatisch i. S. d. Richtlinie 2000/78/EG wegen Behinderung diskriminiert wird.[179] Denn Voraussetzung einer Behinderung sei die langfristige Beeinträchtigung.[180]

Eine Diskriminierung wegen einer Behinderung liegt allerdings nicht nur vor, wenn die benachteiligte Person selbst eine Behinderung aufweist:[181]

---

176 Art. 27 BRK: »(1) Die Vertragsstaaten anerkennen das gleiche Recht von Menschen mit Behinderungen auf Arbeit; dies beinhaltet das Recht auf die Möglichkeit, den Lebensunterhalt durch Arbeit zu verdienen, die in einem offenen, integrativen und für Menschen mit Behinderungen zugänglichen Arbeitsmarkt und Arbeitsumfeld frei gewählt oder angenommen wird. Die Vertragsstaaten sichern und fördern die Verwirklichung des Rechts auf Arbeit, einschließlich für Menschen, die während der Beschäftigung eine Behinderung erwerben, durch geeignete Schritte, einschließlich des Erlasses von Rechtsvorschriften.«

177 Art. 26 GRC: »Die Union anerkennt und achtet den Anspruch von Menschen mit Behinderung auf Maßnahmen zur Gewährleistung ihrer Eigenständigkeit, ihrer sozialen und beruflichen Eingliederung und ihrer Teilnahme am Leben der Gemeinschaft.«

178 Art. 5 RL 2000/78/EG: »Um die Anwendung des Gleichbehandlungsgrundsatzes auf Menschen mit Behinderung zu gewährleisten, sind angemessene Vorkehrungen zu treffen. Das bedeutet, dass der Arbeitgeber die geeigneten und im konkreten Fall erforderlichen Maßnahmen ergreift, um den Menschen mit Behinderung den Zugang zur Beschäftigung, die Ausübung eines Berufes, den beruflichen Aufstieg und die Teilnahme an Aus- und Weiterbildungsmaßnahmen zu ermöglichen, es sei denn, diese Maßnahmen würden den Arbeitgeber unverhältnismäßig belasten. Diese Belastung ist nicht unverhältnismäßig, wenn sie durch geltende Maßnahmen im Rahmen der Behindertenpolitik des Mitgliedstaates ausreichend kompensiert wird.«

179 EuGH 11.7.2006 – C-13/05, Chacon Navas, AuR 2006, 292.

180 EuGH 11.7.2006 – C-13/05, Chacon Navas, Rn. 45.

181 EuGH 17.7.2008 – C-303/06, Coleman.

> **Beispiel:**
> In einer britischen Vorlage war nicht die als Anwaltssekretärin tätige Klägerin, sondern ihr Sohn behindert. Die Behinderung des Sohnes erforderte eine intensive Pflege, die hauptsächlich von ihr selbst geleistet wurde. Die Anwaltssekretärin stimmte einer freiwilligen Entlassung zu. In der Folge reichte sie Klage mit dem Vorbringen ein, sie sei Opfer einer erzwungenen sozialwidrigen Kündigung gewesen und habe eine weniger günstige Behandlung als andere Arbeitnehmer erfahren. Der EuGH bestätigte, dass eine Diskriminierung nicht nur dann vorliegt, wenn die benachteiligte Person selbst behindert ist, sondern auch dann, wenn sie aufgrund der Behinderung eines Familienmitglieds benachteiligt wird.[182] Diese Entscheidung ist zu begrüßen und erweitert den Schutz von Menschen, die indirekt von der Behinderung eines anderen betroffen sind.

Unter Bezugnahme auf die BRK legt der EuGH den Begriff völkerrechtskonform weit aus[183] und versteht Behinderung als einen sich ständig weiterentwickelnden Begriff.[184] Demnach ist »Behinderung« so zu definieren, »dass er eine **Einschränkung erfasst, die insbesondere auf physische, geistige oder psychische Beeinträchtigungen zurückzuführen ist, die in Wechselwirkung mit verschiedenen Barrieren den Betreffenden an der vollen und wirksamen Teilhabe am Berufsleben, gleichberechtigt mit den anderen Arbeitnehmern, hindern können**«.[185] So ist auch Adipositas nur dann eine Behinderung i. S. d. RL 2000/78/EG, wenn die vorgenannten zusätzlichen Voraussetzungen erfüllt sind.[186] Daher kommt es immer auf den konkreten Einzelfall an. Eine Behinderung setzt nicht voraus, dass dem Betroffenen die Ausübung der Tätigkeit unmöglich ist, vielmehr reicht jede Beeinträchtigung aus.[187] Zudem kommt eine Diskriminierung wegen Behinderung auch dann in Betracht, wenn verschiedene Gruppen von Behinderten ungleich behandelt werden.[188] Im deutschen Recht ist der Behindertenbegriff im AGG richtlinienkonform auszulegen. Zur Orientierung dient § 2 Abs. 1 SGB IX.[189]

---

182 Ebd.

183 EuGH 22. 5. 2014 – C-356/12, Rn. 70.

184 EuGH 11. 4. 2013 – C-335/11 und C-337/11, Ring, Skouboe Werge, Rn. 37, AuR 2013, 410.

185 EuGH 11. 4. 2013 – C-335/11 und C-337/11, Ring, Skouboe Werge, Rn. 38.

186 EuGH 18. 12. 2014 – C-354/13, Fag og Arbejde – FOA, AuR 2015, 110.

187 EuGH 18. 12. 2014 – C-354/13, Fag og Arbejde – FOA, Rn. 53; 11. 9. 2019 – C-397/18, Nobel Plastiques Ibérica, Rn. 43, AuR 2019, 484.

188 EuGH 26. 1. 2021 – C-16/19, Szpital Kliniczny, AuR 2021, 423.

189 § 2 Abs. 1 SGB IX: »Menschen mit Behinderungen sind Menschen, die körperliche, seelische, geistige oder Sinnesbeeinträchtigungen haben, die sie in Wechselwirkung mit einstellungs- und umweltbedingten Barrieren an der gleichberech-

Beispiel:
In einer Vorlage aus Bulgarien wurde die schwerbehinderte Beamtin Frau M aus dem Dienst entlassen. Eine vorherige Zustimmung der Arbeitsinspektion (im deutschen Recht: Zustimmung des Integrationsamtes) wurde nicht eingeholt, da im bulgarischen Recht eine solche Zustimmung nur von Arbeitgebern, nicht aber von Dienstherrn verlangt wird. Der EuGH verneinte eine Ungleichbehandlung i.S.d. RL 2000/78/EG, da die Differenzierung nicht auf der Behinderung, sondern auf dem unterschiedlichen Status von Beamten einerseits und Arbeitnehmern andererseits beruhte.[190] An dieser Stelle war die Prüfung des EuGH aber nicht beendet. Bei der Maßnahme der vorherigen Zustimmung handle es sich um eine positive Maßnahme i.S.d. Art. 7 Abs. 2 RL 2000/78/EG,[191] sodass der Grundsatz der Gleichbehandlung nach Art. 20 GRC beachtet werden müsse.[192] Der EuGH äußert bezüglich der Angemessenheit der Unterscheidung zwischen Beamten und Arbeitnehmern Zweifel. Daher habe das vorlegende Gericht zu prüfen, ob das nationale Recht den Beamten ein entsprechendes Schutzniveau gewährt.[193]

Hinsichtlich des **Kriteriums »Langfristigkeit«** geben weder die BRK noch die RL 2000/78/EG vor, was darunter genau zu verstehen ist.[194] Der EuGH definiert den Begriff auch nicht, nennt aber folgende Anhaltspunkte, die auf eine »Langfristigkeit« schließen lassen: Zum Zeitpunkt des diskriminierenden Geschehnisses ist ein kurzfristiges Ende der Arbeitsunfähigkeit des Betroffenen nicht genau absehbar oder die Arbeitsunfähigkeit kann sich bis zur Genesung des Betroffenen noch erheblich hinziehen.[195] Dabei sei es Sache des vorlegenden Gerichts, zu überprüfen, ob die Einschränkung der Fähigkeit des Betroffenen langfristig sei, denn

---

tigten Teilhabe an der Gesellschaft mit hoher Wahrscheinlichkeit länger als sechs Monate hindern können. Eine Beeinträchtigung nach Satz 1 liegt vor, wenn der Körper- und Gesundheitszustand von dem für das Lebensalter typischen Zustand abweicht. Menschen sind von Behinderung bedroht, wenn eine Beeinträchtigung nach Satz 1 zu erwarten ist.«

190 EuGH 9.3.2017 – C-406/15, Milkova, Rn. 40, AuR 2017, 265.

191 Art. 7 Abs. 2 RL 2000/78/EG: »Im Falle von Menschen mit Behinderung steht der Gleichbehandlungsgrundsatz weder dem Recht der Mitgliedstaaten entgegen, Bestimmungen zum Schutz der Gesundheit und der Sicherheit am Arbeitsplatz beizubehalten oder zu erlassen, noch steht er Maßnahmen entgegen, mit denen Bestimmungen oder Vorkehrungen eingeführt oder beibehalten werden sollen, die einer Eingliederung von Menschen mit Behinderung in die Arbeitswelt dienen oder diese Eingliederung fördern.«

192 EuGH 9.3.2017 – C-406/15, Milkova, Rn. 50f., AuR 2017, 265.

193 EuGH 9.3.2017 – C-406/15, Milkova, Rn. 61.

194 EuGH 1.12.2016 – C-395/15, Daouidi, Rn. 49.

195 EuGH 1.12.2016 – C-395/15, Daouidi, Rn. 59; 11.9.2019 – C-397/18, Nobel Plastiques Ibérica, Rn. 45, AuR 2019, 484.

diese Beurteilung sei vor allem tatsächlicher Natur.[196] In diesem Zusammenhang betont der EuGH, dass es bei der Überprüfung der Langfristigkeit insbesondere auf objektive Gesichtspunkte, wie Unterlagen und Bescheinigungen ankomme.[197]
Es ergibt sich ein zweigliedriger Prüfungsaufbau: Zunächst ist (1) die individuelle Beeinträchtigung zu ermitteln und (2) sodann zu prüfen, ob diese ein Hindernis für die Teilhabe des Betreffenden am Berufsleben darstellt.[198]

Exkurs:
Menschen mit Behinderungen haben nach einer Entscheidung des EuGH aus dem Jahr 2023 das Recht, bei der Suche der Assistenz eine bestimmte Altersgruppe anzugeben.[199] Folgender Sachverhalt lag der Entscheidung zugrunde: Eine 28-jährige Studentin A suchte zur Unterstützung eine Assistentin, die »am besten zwischen 18 und 30 Jahre alt sein« sollte. Es bewarb sich eine 50-jährige Bewerberin B, die die Stelle nicht erhielt und sich aufgrund ihres Alters diskriminiert fühlte. Der EuGH entschied, dass eine Altersdiskriminierung nicht gegeben sei, da der Selbstbestimmung von Menschen mit Behinderung eine besondere Bedeutung zukomme, die sich aus der GRC sowie aus der BRK ergibt.[200]

bb) Angemessene Vorkehrungen

Der Begriff »angemessene Vorkehrungen« i.S.d. Art. 5 RL 2000/78/EG wird vom EuGH weit ausgelegt und umfasst die Beseitigung der verschiedenen Barrieren, die die volle und wirksame Teilhabe der Menschen mit Behinderung am Berufsleben, gleichberechtigt mit anderen Arbeitnehmern, behindern.[201] Hierbei betont er, dass Diskriminierung aufgrund von Behinderung nach Art. 2 BRK alle Formen der Diskriminierung umfasst, einschließlich der Versagung angemessener Vorkehrungen.[202]

Beispiele:
1. Die Kündigung behinderter Arbeitnehmer kann eine mittelbare Diskriminierung sein, wenn der Arbeitgeber bei der Auswahl der zu kün-

196 EuGH 1.12.2016 – C-395/15, Daouidi, Rn. 55; 11.9.2019 – C-397/18, Nobel Plastiques Ibérica.
197 EuGH 1.12.2016 – C-395/15, Daouidi, Rn. 59.
198 Vgl. Preis/Sagan-*Grünberger/Husemann*, § 5, Rn. 5.93.
199 EuGH 7.12.2023 – C-518/22, AP Assistenzprofis.
200 EuGH 7.12.2023 – C-518/22, AP Assistenzprofis, Rn. 61, 62.
201 EuGH 11.9.2019 – C-397/18, Nobel Plastiques Ibérica, Rn. 64.
202 EuGH 11.9.2019 – C-397/18, Nobel Plastiques Ibérica, Rn. 72; 22.5.2014 – C-356/12, Rn. 67.

digenden Arbeitnehmer auf Kriterien wie geringe Arbeitsleistungen, vielseitige Einsetzbarkeit und hohe Fehlzeiten abstellt und keine angemessenen Vorkehrungen zum Schutz behinderter Arbeitnehmer trifft.[203]

2. In einem anderen Verfahren ging es um eine blinde Frau in Bulgarien, die als Schöffin zugelassen worden ist, jedoch nie von der Strafkammer zu Verfahren hinzugezogen wurde. Der EuGH erkannte unter Verweis auf Art. 21 und 26 GRC sowie auf die BRK, dass Unionsrecht dem vollständigen Ausschluss einer blinden Schöffin von der Teilnahme an gerichtlichen Strafverfahren entgegensteht.[204] Insbesondere sei nicht geprüft worden, ob der Schöffin angemessene Vorkehrungen wie eine materielle, persönliche oder organisatorische Unterstützung angeboten werden konnten, sodass der komplette Ausschluss nicht erforderlich gewesen sei.
3. In der Rechtssache HR Rail hatte der EuGH zu entscheiden, ob der Arbeitgeber auch während der Probezeit angemessene Vorkehrungen wie die Zuweisung eines leidensgerechten Arbeitsplatzes treffen muss. Dies bejahte er unter Hinweis auf die BRK sowie den weiten Behinderungsbegriff.[205] Das bedeutet, dass dasselbe auch für eine Kündigung im Kleinbetrieb gelten muss.
4. Arbeitnehmer L war als Fahrer für die Abfuhr von Hausmüll beschäftigt. Aufgrund eines Arbeitsunfalls war er nicht mehr imstande, seine bisherige Tätigkeit auszuüben, und wurde auf einem angepassten Arbeitsplatz eingesetzt. Ihm wurde eine vollständige Berufsunfähigkeit zuerkannt, womit er Anspruch auf eine Sozialleistung hatte. Nach spanischem Recht kann der Arbeitgeber das Arbeitsverhältnis bei Anerkennung der Berufsunfähigkeit beenden. Dem Arbeitnehmer L wurde deshalb gekündigt und er erhob Klage. Der EuGH sah die spanische Regelung zutreffend als unionsrechtswidrig an:[206] Das Problem bestand darin, dass die Regelung eine Entlassung ermöglichte, ohne den Arbeitgeber zu verpflichten, zuvor angemessene Vorkehrungen i. S. d. Art. 5 RL 2000/78/EG zu treffen.

Merke:
Bei einer Kündigung aufgrund einer Behinderung ist zu prüfen, ob der Arbeitgeber zuvor angemessene Vorkehrungen (z. B. Versetzung auf einen behinderungsgerechten Arbeitsplatz) getroffen hat.

---

203 EuGH 11. 9. 2019 – C-397/18, Nobel Plastiques Ibérica.

204 EuGH 21. 10. 2021 – C-824/19, Komisia za zashtita ot diskriminatsia.

205 EuGH 10. 2. 2022 – C-485/20, HR Rail.

206 EuGH 18. 1. 2024 – C-631/22, Ca Na Negreta.

8. Teilzeitarbeitsrecht

a) Vielfach prekär – aber nicht für immer!

Als in den 70er-Jahren des letzten Jahrhunderts der EuGH seine ersten Entscheidungen zur Teilzeitarbeit traf, sah die Welt noch anders aus: Viele Tarifverträge galten nur für Vollzeitbeschäftigte oder Teilzeitbeschäftigte oberhalb einer bestimmten Stundenzahl (z. B. 50 % der regelmäßigen Arbeitszeit); betriebliche Regelungen etwa über betriebliche Altersversorgung schlossen häufig Teilzeitbeschäftigte aus. Sogenannte geringfügig Beschäftigte wurden weder sozialversichert noch tariflich bezahlt, oft nicht einmal eingruppiert,[207] und hatten keinen Kündigungsschutz, was das BVerfG 1998 für verfassungswidrig erklärte.[208] Nach § 14 Abs. 2 BPersVG waren Beschäftigte mit wöchentlich regelmäßig weniger als 18 Stunden nicht wählbar für den Personalrat.[209] Findige Personalberater entwickelten Personaleinsatzsysteme wie kapazitätsorientierte variable Arbeitszeit (Kapovaz), juristisch legitimiert durch das sog. Beschäftigungsförderungsgesetz 1985 unter Helmut Kohl und Norbert Blüm unter dem Namen Arbeit auf Abruf / nach Anfall, zumeist ohne die Arbeitnehmervertreter überhaupt zu beteiligen. Wer genau hinschaute, stellte fest: Betroffen waren überwiegend Frauen. Was hat sich seitdem verändert und was hat Europa damit zu tun?

b) Mittelbare Frauendiskriminierung

Auch Europa kannte ursprünglich kein spezifisches Teilzeit-Arbeitsrecht, aber von Anfang an den Grundsatz des gleichen Entgelts für Männer und Frauen (ex Art. 119 EWGV, heute Art. 157 AEUV), umgekehrt das Verbot der geschlechtsspezifischen Diskriminierung. Diese liegt nicht nur vor, wenn die Diskriminierung unmittelbar an das Geschlecht anknüpft, sondern auch an scheinbar geschlechtsneutrale Faktoren, die aber ein Geschlecht (hier Frauen) wesentlich mehr betreffen und nicht objektiv gerechtfertigt werden können.[210]

---

207 Unzulässig, so BAG 18.6.1991 – 1 ABR 60/90.

208 BVerfG 27.1.1998 – 1 BvL 22/93, AuR 1998, 209.

209 Die Vorschrift wurde erst zum 1.1.2005 aufgehoben.

210 Nach Art. 2 Abs. 2b) der heute geltenden Richtlinie 2006/54/EG v. 5.7.2006 zur Verwirklichung des Grundsatzes der Chancengleichheit und Gleichbehandlung von Männern und Frauen in Arbeits- und Beschäftigungsfragen beinhaltet eine »mittelbare Diskriminierung« eine Situation, in der dem Anschein nach neutrale Vorschriften, Kriterien oder Verfahren Personen des einen Geschlechts in besonderer Weise gegenüber Personen des anderen Geschlechts benachteiligen

Beispiel:
Für Deutschland wurde dies festgestellt durch das im gewerkschaftlichen Rechtsschutz erstrittene EuGH-Urteil bilka,[211] mit dem die Hertie/bilka Betriebsrenten-Regelung, nach der Teilzeit-Arbeitszeiten anders als Vollzeit nicht auf die Wartezeit für den Erwerb einer Betriebsrente angerechnet wurden, für unzulässig und unwirksam erklärt wurde, weil dadurch Frauen mittelbar benachteiligt wurden.

In der Folge wurden zahlreiche Tarifverträge und betriebliche Regelungen korrigiert, wurden Teilzeitbeschäftigte mit einbezogen, da diese vom EuGH festgestellten Grundsätze auch in TV/BV/DV ebenso wie in Gesetzen zwingend zu beachten sind.

c) Das IAO-Übereinkommen Nr. 175 über Teilzeitarbeit

1994 wurde das Übereinkommen Nr. 175 der Internationalen Arbeitsorganisation (IAO) über Teilzeitarbeit verabschiedet; am 28. 2. 1998 ist es in Kraft getreten. Danach müssen Maßnahmen getroffen werden, um Teilzeitbeschäftigte gleichzustellen in Bezug auf die Rechte auf Vereinigungsfreiheit, Tarifverhandlungen, Handeln als Arbeitnehmervertreter, Gesundheit und Sicherheit am Arbeitsplatz, keine Diskriminierung in Erwerbstätigkeit und Beruf, Gleichbehandlung beim Entgelt, gesetzliche Sozialversicherungspläne, so dass Teilzeitbeschäftigte in den Genuss von Bedingungen kommen, die denen vergleichbarer Vollzeitkräfte entsprechen; Mutterschaftsschutz, Kündigungsschutz, bezahlten Jahresurlaub und bezahlte öffentliche Feiertage, Krankenurlaub. Bemerkenswert, dass Teilzeitbeschäftigte nach dem IAO-Übereinkommen grundsätzlich in die Sozialversicherung einzubeziehen sind und die Ausnahmen eng begrenzt werden müssen. Deutschland hat bis heute dieses Übereinkommen nicht ratifiziert und erlaubt immer noch die weitgehend sozialversicherungslose »geringfügige Beschäftigung«.

können, es sei denn, die betreffenden Vorschriften, Kriterien oder Verfahren sind durch ein rechtmäßiges Ziel sachlich gerechtfertigt und die Mittel sind zur Erreichung dieses Ziels angemessen und erforderlich; ähnlich Art. 2 Abs. 2b) der allg. Gleichbehandlungsrahmenrichtlinie 2000/78/EG.

211 EuGH 13. 5. 1986 – C-170/84, bilka, AP Nr. 10 zu Art. 119 EWGV.

d) Die Teilzeit-Richtlinie 97/81/EG[212]

Die Richtlinie ist entstanden als Ergebnis europäischer Sozialpartner-Verhandlungen i. S. v. Art. 155 AEUV zwischen europäischen Arbeitgeberverbänden und dem Europäischen Gewerkschaftsbund. Sie enthält in § 4 den Grundsatz der Nichtdiskriminierung, unabhängig von dem Rechtsgedanken der mittelbaren Frauendiskriminierung. Dieser ist aber durch die Richtlinie nicht abgelöst, sondern nach wie vor ein Grundsatz des primären Europarechts, in dessen Lichte auch die Richtlinie zu interpretieren ist. § 5 der Richtlinie erleichtert den Wechsel von Vollzeit auf Teilzeit und umgekehrt in Form von Soll-Regelungen. Deutschland hat dies durch §§ 4, 8–9a TzBfG umgesetzt. Eine Garantie für die Gleichstellung im Sozialversicherungsrecht findet sich in der Richtlinie nicht, was zu Recht kritisiert wird. Von den EuGH-Urteilen zur Gleichbehandlung hier nur ein

> **Beispiel:**
> Eine ursprünglich vollzeitbeschäftigte niedersächsische Angestellte hatte noch Resturlaub aus der Zeit vor ihrer Schwangerschaft. Nach Geburt und Elternzeit kehrte sie in Teilzeit mit verkürzter täglicher Arbeitszeit zurück und wollte ihren Resturlaub nehmen. Solche Fälle treten in der Praxis immer wieder auf. Das Land Niedersachsen wollte ihr die in Vollzeit erworbenen Resturlaubstage nur in Teilzeit gewähren. Sie hätte dann weniger Urlaub bekommen, als wäre sie in Vollzeit verblieben.

Die bisherige Rechtsprechung des BAG hatte diese Praxis gebilligt. Auf Vorlage des ArbG Nienburg entschied jedoch der EuGH im gewerkschaftlichen Rechtsschutz:

»Das einschlägige Unionsrecht, insbes. Art. 7 Abs. 1 der (Arbeitszeit-)RL 2003/88/EG und § 4 Nr. 2 der Rahmenvereinbarung über Teilzeitarbeit im Anhang der RL 97/81/EG …, ist dahin auszulegen, dass es nationalen Bestimmungen oder Gepflogenheiten wie den im Ausgangsverfahren fraglichen entgegensteht, nach denen die Zahl der Tage bezahlten Jahresurlaubs, die ein vollzeitbeschäftigter Arbeitnehmer im Bezugszeitraum nicht in Anspruch nehmen konnte, wegen des Übergangs dieses Arbeitnehmers zu einer Teilzeitbeschäftigung entsprechend dem Verhältnis gekürzt wird, in dem die

212 Richtlinie 97/81/EG v. 15. 12. 1997 zu der von UNICE, CEEP und EGB geschlossenen Rahmenvereinbarung über Teilzeitarbeit.

von ihm vor diesem Übergang geleistete Zahl der wöchentlichen Arbeitstage zu der danach geleisteten Zahl steht.«

Damit musste Deutschland seine Rechtsprechung ändern. Der Wechsel auf Teilzeit darf nicht dazu führen, dass erworbene Urlaubsansprüche jetzt nur noch in geminderter Form erfüllt werden.

e) Überstundenzuschläge für Teilzeitbeschäftigte

Ein schon immer umstrittenes Thema war die Frage, ob es zulässig ist, Überstunden von Vollzeitbeschäftigten und von Teilzeitbeschäftigten unterschiedlich zu behandeln. Zahlreiche Tarifverträge enthalten Bestimmungen, nach denen **Überstundenzuschläge erst bei Überschreitung der Vollzeit** gezahlt werden. Wenn dann Teilzeitbeschäftigte Überstunden leisten, würden sie dafür erst Zuschläge erhalten, wenn sie auch die Vollzeit überschreiten. Das Problem verschärft sich, bedenkt man, dass in zahlreichen Teilzeit-Arbeitsverträgen die Arbeitgeber die Arbeitsstundenzahl relativ niedrig angesetzt haben und dann je nach Bedarf Mehrarbeit abfordern oder sich darauf verlassen, dass viele Beschäftigte durchaus mehr arbeiten würden, um bessere Vergütung zu erzielen. Abhängig von betriebswirtschaftlichen Interessen wird so die Arbeitszeit (damit auch die Freizeit) flexibilisiert. Für die Überschreitung der individualvertraglichen Arbeitszeitdauer würde es aber keine Zuschläge geben.
Die Frage stellte sich, ob solche Regelungen eine Ungleichbehandlung darstellen und ob sie sich sachlich rechtfertigen lassen. Auch hierzu wurde der EuGH befragt. Dieser bejahte die erste, verneinte die zweite Frage und stützte sich dabei sowohl auf die Teilzeit-Richtlinie als auch auf das Verbot der mittelbaren Frauendiskriminierung:[213]

»1. § 4 Nrn. 1 und 2 der am 6. 6. 1997 geschlossenen Rahmenvereinbarung über Teilzeitarbeit im Anhang der Richtlinie 97/81/EG … ist dahin auszulegen, dass eine nationale Regelung, nach der die Zahlung von Überstundenzuschlägen an Teilzeitbeschäftigte nur für die Arbeitsstunden vorgesehen ist, die über die regelmäßige Arbeitszeit von sich in einer vergleichbaren Lage befindenden vollzeitbeschäftigten Arbeitnehmern hinaus gearbeitet werden, eine »schlechtere« Behandlung von Teilzeitbeschäftigten i. S. dieses § 4 Nr. 1 darstellt, die nicht dadurch gerechtfertigt werden kann, dass auf

213 EuGH 29.7.2024 – C-184/22 und C-185/22, Kuratorium für Dialyse und Nierentransplantation; so schon 19.10.2023 – C-660/20, Lufthansa CityLine, AuR 2024, 204.

der einen Seite das Ziel verfolgt wird, den Arbeitgeber davon abzuhalten, für Arbeitnehmer Überstunden anzuordnen, die über die individuell in ihren Arbeitsverträgen vereinbarte Arbeitszeit hinausgehen, und auf der anderen Seite das Ziel, zu verhindern, dass Vollzeitbeschäftigte gegenüber Teilzeitbeschäftigten schlechter behandelt werden.
2. Art. 157 AEUV sowie Art. 2 Abs. 1 lit. b und Art. 4 Abs. 1 der Richtlinie 2006/54/EG … v. 5. 7. 2006 zur Verwirklichung des Grundsatzes der Chancengleichheit und Gleichbehandlung von Männern und Frauen in Arbeits- und Beschäftigungsfragen sind dahin auszulegen, dass zum einen eine nationale Regelung, nach der die Zahlung von Überstundenzuschlägen an Teilzeitbeschäftigte nur für die Arbeitsstunden vorgesehen ist, die über die regelmäßige Arbeitszeit von sich in einer vergleichbaren Lage befindenden vollzeitbeschäftigten Arbeitnehmern hinaus gearbeitet werden, eine mittelbare Diskriminierung aufgrund des Geschlechts darstellt, wenn erwiesen ist, dass diese Regelung einen signifikant höheren Anteil von Personen weiblichen Geschlechts als Personen männlichen Geschlechts benachteiligt, und zwar ohne dass die Gruppe der durch diese Regelung nicht benachteiligten Arbeitnehmer – die Vollzeitbeschäftigten – gleichzeitig aus erheblich mehr Männern als Frauen bestehen muss, und dass zum anderen eine solche Diskriminierung nicht dadurch gerechtfertigt werden kann, dass auf der einen Seite das Ziel verfolgt wird, den Arbeitgeber davon abzuhalten, für Arbeitnehmer Überstunden anzuordnen, die über die individuell in ihren Arbeitsverträgen vereinbarte Arbeitszeit hinausgehen, und auf der anderen Seite das Ziel, zu verhindern, dass Vollzeitbeschäftigte gegenüber Teilzeitbeschäftigten schlechter behandelt werden.«

Dem ist das BAG[214] gefolgt und hat der Teilzeitbeschäftigten die verlangte Zeitgutschrift sowie eine Entschädigung i. H. v. 250,00 Euro zuerkannt. Die Tarifbestimmung, die bei Teilzeitbeschäftigung keine der Teilzeitquote entsprechende anteilige Absenkung der Grenze für die Gewährung eines Überstundenzuschlags vorsieht, war wegen Verstoßes gegen das Verbot der Teilzeitbenachteiligung insoweit unwirksam. Einen sachlichen Grund für diese Ungleichbehandlung konnte der Senat nicht erkennen. Rechtsfolge ist ein Anspruch der Teilzeitbeschäftigten auf die weitere Zeitgutschrift. Hinzukam eine Entschädigung nach § 15 Abs. 2 AGG, da die Klägerin eine mittelbare Benachteiligung wegen des Geschlechts erfahren hatte. Zu dieser Problematik sind noch zahlreiche Verfahren im Inland anhängig. Offensichtlich besteht hier erheblicher tariflicher und betrieblicher Korrekturbedarf.

---

214 BAG 5. 12. 2024 – 8 AZR 370/20.

f) Einseitig bestimmte variable Arbeitszeit

Größere Defizite gibt es in Deutschland bei der Arbeitszeitgestaltung für Teilzeitbeschäftigte. **§ 12 TzBfG** lässt Verträge mit einer einseitigen Gestaltung der Arbeitszeitlage und teilweise auch der Arbeitszeitdauer durch Arbeitgeber zu. Im Ergebnis beinhalten solche Verträge auch eine einseitige Gestaltung der Ruhe- und sonstigen Freizeiten der Betroffenen. **Geringfügig Beschäftigte** arbeiten weitgehend ohne Sozialversicherung. Ihre Arbeitszeitlage und -dauer sind häufig nicht genau festgelegt, oft auch nicht mitbestimmt, sondern werden als individuell deklariert. Selten werden ihre Arbeitszeiten so erfasst, wie es der EuGH fordert (vgl. zum Arbeitszeitrecht VI. 6. g)). In einer Reihe von Betrieben und Dienststellen bestehen nur Betriebs-/Dienstvereinbarungen über die Arbeitszeit der Vollzeitbeschäftigten. Hier besteht noch »Luft nach oben«.

g) Gleichbehandlung in der Mitbestimmung – auch bei der Arbeitszeit

Zur Gleichbehandlung der Teilzeitbeschäftigten gehört, dass betriebliche Arbeitnehmervertreter für beide Beschäftigtengruppen gleiche Beteiligungsrechte haben, z. B. Mitbestimmung bei der Arbeitszeit oder bei übertariflichen Leistungen. Betriebsverfassungs- und Personalvertretungsrecht unterscheiden in Bezug auf die Beteiligung der Arbeitnehmervertretung nicht zwischen Vollzeit und Teilzeit. Nach § 87 Abs. 1 Nrn. 2, 3 BetrVG / § 80 Abs. 1 Nrn. 1–3 BPersVG unterliegt deshalb die Arbeitszeit der Teilzeitbeschäftigten ebenso wie bei Vollzeit der Mitbestimmung von BR/PR. Dies gilt sowohl für die regelmäßige Arbeitszeit[215] als auch für Überstunden (Überschreitung der individualvertraglichen Arbeitszeitdauer).[216] Durch Verwirklichung dieses Mitbestimmungsrechts lassen sich im öffentlichen Dienst wie in der Privatwirtschaft **Kapovaz, Arbeit auf Abruf / nach Anfall ausschließen** und zugleich für Teilzeit-Beschäftigte **gesicherte feste Arbeits- und Ruhezeiten durchsetzen**.

> **Praxistipp:**
> Hier empfiehlt sich der Abschluss einer Betriebs-/Dienstvereinbarung, die die Teilzeitbeschäftigten miteinbezieht, oder von spezifischen BV/DV speziell für Teilzeitbeschäftigte, die die europäisch geforderte Gleichbehandlung der Teilzeitbeschäftigten auch bei der betrieblichen Arbeitszeitgestal-

---

215 BAG 13.10.1987 – 1 ABR 10/86 u. a.; 28.9.1988 – 1 ABR 41/87; ausführlich Zeibig, in: Buschmann/Fraunhoffer/Schierle/Vorbau (Hrsg.), S. 178ff.

216 BAG 16.7.1991 – 1 ABR 69/90; 23.7.1996 – 1 ABR 13/96.

tung verwirklichen. Solche Kollektivregelungen sind über Einigungsstellen erzwingbar, gehen dann Arbeitsvertragsbestimmungen vor und können auf diese Weise deren Defizite beseitigen.

h) Gleichbehandlung auf allen Ebenen

Geht man auf unsere Ausgangsfrage zurück, lässt sich feststellen, dass infolge der Nachhilfestunden aus Europa durchaus Fortschritte in Bezug auf die Gleichbehandlung von Teilzeitbeschäftigten zu vermerken sind. Dabei hat sich der Rückgriff auf den Gedanken der Geschlechter-Gleichbehandlung als sehr hilfreich erwiesen. Defizite bestehen in Deutschland vor allem bei geringfügig Beschäftigten und solchen mit kapazitätsorientierter variabler Arbeitszeit. Aber auch hier ist die Geschichte noch nicht zu Ende.

9. Befristungsrecht

a) Rechtsgrundlage

Die Befristungsrichtlinie 1999/70/EG[217] bestimmt in Art. 1, dass die Rahmenvereinbarung für befristete Arbeitsverträge, die von den Sozialpartnern UNICE, CEEP und EGB geschlossen worden ist, durchgeführt wird. In der Rahmenvereinbarung werden Grundsätze und Mindestvorschriften für befristete Arbeitsverträge festgelegt. Nach § 1 der Rahmenvereinbarung sind Sinn und Zweck die **Verbesserung der Qualität befristeter Arbeitsverhältnisse** durch Anwendung des Grundsatzes der **Nichtdiskriminierung** und die **Verhinderung von Missbrauch durch aufeinanderfolgende Arbeitsverhältnisse.** Wichtig ist dabei das Vorverständnis, dass unbefristete Arbeitsverhältnisse die Regel sein sollen und befristete Arbeitsverhältnisse die Ausnahme bleiben.[218]
Nach der Rechtsprechung des EuGH gehören auch Beschäftigte im Öffentlichen Dienst in den Anwendungsbereich,[219] wohingegen Leiharbeiter

217 Richtlinie 1999/70/EG v. 28. 6. 1999 zu der von UNICE, CEEP und EGB geschlossenen Rahmenvereinbarung über befristete Arbeitsverträge; zur Höchstdauer einer Probezeit in befristeten Arbeitsverhältnissen vgl. VI 1 c) zur Transparenzrichtlinie.

218 Siehe auch Präambel und ErwG 6 der Rahmenvereinbarung.

219 EuGH 13. 9. 2007 – C-307/05, Del Cerro Alonso; 4. 7. 2006 – C-212/04, Adeneler, AuR 2006, 277; 7. 9. 2006 – C-53/04, Marrosu.

ausgenommen sind.[220] Der EuGH sieht – entgegen der Auffassung des BAG[221] – ausdrücklich auch Beamte auf Zeit vom Anwendungsbereich umfasst.[222]

Wichtig:
Die Richtlinie 1999/70/EG sowie die Rahmenvereinbarung gelten im Verhältnis zum Staat als Arbeitgeber unmittelbar, wenn die Regelung inhaltlich unbedingt und hinreichend bestimmt ist.[223] Die unmittelbare Wirkung hat der EuGH für das Diskriminierungsverbot in § 4 Nr. 1 und Nr. 4 der Rahmenvereinbarung anerkannt[224] und für das Missbrauchsverbot abgelehnt.[225]

b) Diskriminierungsverbot

§ 4 der Rahmenvereinbarung normiert den Grundsatz der Nichtdiskriminierung. Demnach dürfen für befristet Beschäftigte keine schlechteren Beschäftigungsbedingungen gelten als für unbefristet Beschäftigte, solange kein sachlicher Grund die Schlechterbehandlung rechtfertigt. Die Befristung ist jedenfalls kein sachlicher Grund.
Der EuGH bezeichnet das Diskriminierungsverbot als »Ausdruck eines Grundsatzes des Sozialrechts der Union, der nicht restriktiv ausgelegt werden darf«.[226] Deshalb werden die Beschäftigungsbedingungen, auf die sich der Grundsatz der Nichtdiskriminierung bezieht, **weit ausgelegt**. Aufgrund der weiten Auslegung müssen auch die Bestimmungen der Arbeitszeit, die Ausstattung am Arbeitsplatz und auch die Dauer/Lage des Urlaubs als Beschäftigungsbedingung eingeordnet werden.
Das Diskriminierungsverbot wird in § 4 Abs. 2 TzBfG umgesetzt. Nach § 4 Nr. 1 der Rahmenvereinbarung ist zunächst eine konkrete Vergleichsgruppe zu bilden, bevor eine Schlechterbehandlung festgestellt werden kann. Nach dem Wortlaut gilt das Diskriminierungsverbot nicht bei

220 EuGH 11.4.2013 – C-290/12, Della Rocca.
221 BAG 15.2.2017 – 7 AZR 143/15, Rn. 23f. mit Verweis auf den Wortlaut des § 2 Nr. 1 der Rahmenvereinbarung.
222 EuGH 22.12.2010 – C-444/09, Gavieiro Gavieiro, Rn. 39f., AuR 2011, 221.
223 EuGH 22.12.2010 – C-444/09, Gavieiro Gavieiro, Rn. 72ff.; 15.4.2008 – C-286/06, Impact, Rn. 58, 60.
224 Zu § 4 Nr. 1 der Rahmenvereinbarung: EuGH 22.12.2010 – C-444/09, Gavieiro Gavieiro, Rn. 78ff.; 15.4.2008 – C-286/06, Impact, Rn. 60ff.; zu § 4 Nr. 4 der Rahmenvereinbarung EuGH 18.10.2012 – C-302/11, Valenza, Rn. 70, AuR 2012, 458.
225 EuGH 15.4.2008 – C-286/06, Impact, Rn. 70ff.
226 Beispiel für viele Urteile: EuGH 13.9.2007 – C-307/05, Del Cerro Alonso, Rn. 38; 13.3.2014 – C-38/13, Nierodzik, Rn. 24, AuR 2014, 343.

etwaigen Ungleichbehandlungen zwischen befristet Beschäftigten untereinander.

> **Beispiel:**
> Auch Entschädigungen bzw. Ausgleichszahlungen im Zusammenhang mit Beendigungen gehören zu den Beschäftigungsbedingungen i.S.v. § 4 Nr. 1 der Rahmenvereinbarung.[227] In der Rechtssache Nierodzik hat der EuGH entschieden, dass auch Kündigungsfristen von dem Begriff der Beschäftigungsbedingungen umfasst sind.[228] Eine nationale Regelung für befristete Arbeitsverhältnisse hatte in dem entschiedenen Fall unabhängig von der Dauer der Betriebszugehörigkeit eine zweiwöchige Kündigungsfrist vorgesehen. Hingegen konnte sich bei unbefristet Beschäftigten die Kündigungsfrist – je nach Betriebszugehörigkeit – auf drei Monate verlängern. Der EuGH hat hier eine Schlechterbehandlung bejaht, da das einzige Unterscheidungsmerkmal in der Befristung liegt.[229]

Schließlich ist zu prüfen, ob ein sachlicher Grund besteht, der eine Schlechterbehandlung rechtfertigen könnte.

> **Wichtig:**
> Liegt kein sachlicher Grund vor, fragt sich, welche Rechtsfolgen sich aus einem Verstoß gegen das Diskriminierungsverbot ergeben. Eine konkrete Rechtsfolge ist in der Richtlinie nicht vorgesehen. Jedoch ist aufgrund des Effektivitätsprinzips und des Grundsatzes, dass nationalrechtliche Sanktionen effektiv, abschreckend und verhältnismäßig sein müssen, zum einen eine Anpassung nach oben vorzunehmen, d.h. dass befristet Beschäftigte so zu stellen sind wie bessergestellte unbefristet Beschäftigte.[230] Weiterhin kommt ein Schadensersatzanspruch in Betracht, wobei noch nicht abschließend geklärt ist, wann ein solcher Anspruch neben der Anpassung besteht.

In einer italienischen Vorlage ging es um eine Regelung, die Dienstzeiten befristeter Arbeitsverträge bei der Anerkennung des Dienstalters eines Arbeitnehmers bei seiner Verbeamtung nur teilweise berücksichtigte. Der EuGH stellte fest, dass eine solche Regelung gegen § 4 der Rahmenvereinbarung verstößt, und zwar auch dann, wenn nach einer bestimmten

---

227 EuGH 12.11.2013 – C-361/12, Carratù, Rn. 32ff.; 14.9.2016 – C-596/14, de Diego Porras, Rn. 28ff., AuR 2016, 520.

228 EuGH 13.3.2014 – C-38/13, Nierodzik, Rn. 27ff.

229 EuGH 13.3.2014 – C-38/13, Nierodzik, Rn. 34.

230 Vgl. Preis/Sagan-*Brose/Greiner/Kalle*, § 11 Rn. 11.125; EuArbRK-*Krebber*, RL 1999/70/EG § 4 Rn. 21.

Anzahl von Dienstjahren diese Dienstzeiten für rein finanzielle Zwecke später angerechnet werden.[231] Die Entscheidung ist zu begrüßen, da kein sachlicher Grund für die Ungleichbehandlung ersichtlich ist.
Zudem hat die Große Kammer des EuGH entschieden, dass aus einem Verstoß gegen das Recht auf einen wirksamen Rechtsbehelf nach Art. 47 GRC die Unanwendbarkeit der nationalen Vorschrift zwischen Privaten folgt. Es ging darum, dass nur bei unbefristeten Arbeitsverträgen die Pflicht bestand Kündigungsgründe anzugeben. Der EuGH führt zutreffend aus, durch die fehlende Angabe der Kündigungsgründe werde ein befristet Beschäftigter von der effektiven Wahrnehmung des Rechtsbehelfs abgehalten.[232]

c) Maßnahmen zur Missbrauchsvermeidung

Von besonderer Bedeutung ist das Missbrauchsverbot nach § 5 der Rahmenvereinbarung. Demnach soll der Missbrauch durch aufeinanderfolgende befristete Arbeitsverhältnisse vermieden werden. Damit ist zunächst die Vermeidung von Kettenbefristungen gemeint. Leider wurde aber in § 5 der Rahmenvereinbarung nur ein »Minimalkonsens« der Sozialpartner erzielt. Die in § 5 aufgeführten Maßnahmen der Missbrauchsverknüpfung gelten nur alternativ und sind nicht näher konkretisiert, sodass die Mitgliedstaaten ein großes Ermessen bzgl. der näheren Ausgestaltung haben. Das Ermessen wird durch das Ziel der Vermeidung des Missbrauchs von Kettenbefristungen begrenzt.[233] Um einen **Missbrauch von Kettenbefristungen** zu verhindern, müssen die Mitgliedstaaten, wenn keine gleichwertigen gesetzlichen Maßnahmen zur Missbrauchsverhinderung bestehen, befristete Arbeitsverträge von einem Sachgrund abhängig machen (§ 5 Nr. 1a der Rahmenvereinbarung) oder für aufeinander folgende Zeitverträge eine Höchstdauer vorsehen (§ 5 Nr. 1b) oder eine Höchstzahl von Befristungen vorschreiben (§ 5 Nr. 1c).
Der deutsche Gesetzgeber hat diese Vorgaben in § 14 TzBfG umgesetzt: In Abs. 1 sind sachliche Gründe für eine Befristung geregelt und in Abs. 2 die umstrittene Möglichkeit, bis zu einer Dauer von zwei Jahren und einer höchstens dreimaligen Verlängerung bis zur Gesamtdauer von zwei Jahren sachgrundlos zu befristen. Allerdings ist diese Befristung nicht zulässig, wenn mit demselben Arbeitgeber bereits zuvor ein Arbeitsver-

231 EuGH 17.10.2024 – C-322/23, Lufoni; 30.11.2023 – C-270/22, Ministero dell'Istruzione und INPS.
232 EuGH 20.2.2024 – C-715/20, Rn. 77ff., AuR 2024, 343.
233 EuGH 26.2.2012 – C-586/10, Kücük, Rn. 48, AuR 2012, 86.

hältnis bestanden hat (§ 14 Abs. 2 Satz 2 TzBfG). Europarechtlich noch problematischer ist die sog. **Altersbefristung** nach § 14 Abs. 3 TzBfG für Beschäftigte, die bei Beginn des befristeten Arbeitsverhältnisses das 52. Lebensjahr vollendet haben. Anders als bei jüngeren Beschäftigten soll sie bis zur Dauer von fünf Jahren zulässig sein, geht also nicht nach zwei Jahren automatisch in ein unbefristetes Arbeitsverhältnis über. Nachdem der EuGH[234] die ursprüngliche Fassung dieser Bestimmung als unzulässige Altersdiskriminierung für unwirksam erklärt hatte, hatte der Gesetzgeber die zusätzliche Bedingung einer vorherigen mindestens viermonatigen Beschäftigungslosigkeit eingefügt. Ob dies einen ausreichenden sachlichen Grund darstellt, ist zweifelhaft. Eindeutig europarechtswidrig ist jedenfalls die mehrfache Verlängerung des Arbeitsvertrages bis zur Gesamtdauer von 5 Jahren nach § 14 Abs. 3 Satz 2 TzBfG. Die betroffene ältere Person ist in diesem Fall ja schon beschäftigt, sodass sich weitere aufeinanderfolgende Befristungen auch arbeitsmarktpolitisch nicht rechtfertigen lassen. Die Folge einer unwirksamen Befristungsvereinbarung ist, dass der Arbeitsvertrag als auf unbestimmte Zeit geschlossen gilt (§ 16 TzBfG).
In der Rechtssache **Kücük** hat der EuGH entschieden, dass wiederholte Befristungen bei ständigem oder wiederkehrendem Bedarf zwar grundsätzlich zulässig sind. Jedoch müssen bei der Prüfung des sachlichen Grundes »alle Umstände des Falles einschließlich der Zahl und der Gesamtdauer der in der Vergangenheit mit demselben Arbeitgeber geschlossenen befristeten Arbeitsverträge« berücksichtigt werden.[235] Damit wurde der Position eine Absage erteilt, dass bei der Prüfung der Wirksamkeit einer Befristung nur auf die letzte Befristung abzustellen sei. Aufgrund dieser Entscheidung hat das BAG seine Rechtsprechung konkretisiert und eine zweistufige Prüfung vorgenommen: Im ersten Schritt wird das Vorhandensein eines sachlichen Grundes geprüft und im zweiten Schritt eine zusätzliche Missbrauchskontrolle vorgenommen.

Beispiel:
Doch wann liegt nun eine missbräuchliche Gestaltung von aufeinanderfolgenden Befristungen vor? Das BAG orientiert sich dabei an § 14 Abs. 2 TzBfG und sieht einen Missbrauch bei einem erheblichem Überschreiten indiziert. Nach diesen Grundsätzen entschied das BAG in der Rechtssache Kücük, eine Gesamtdauer der Befristungen von mehr als 11 Jahren und 13

234 EuGH 22.11.2005 – C-144/04, Mangold, AuR 2006, 167.
235 EuGH 26.2.2012 – C-586/10, Kücük.

Befristungen sprechen für einen Missbrauch.[236] Hingegen lehnte das BAG einen Missbrauch bei einer Gesamtdauer von 7 Jahren und 9 Monaten und einer Anzahl von 4 Befristungen ab.[237]

Im Jahr 2016 hat das BAG seine Rechtsprechung weiter konkretisiert und ausgeführt,
- wann kein Missbrauch vorliegt (grüner Bereich),
- wann eine Missbrauchsprüfung vorzunehmen ist, der Arbeitnehmer aber noch weitere Umstände vortragen muss, die einen Rechtsmissbrauch belegen (gelber Bereich),
- wann ein Missbrauch indiziert ist, sodass der Arbeitgeber den Missbrauch wiederlegen muss (roter Bereich).[238]

Daraus könnte sich nach der Rechtsprechung des BAG folgendes Prüfungsschema ergeben:

	Gesamtdauer der Befristung und Verlängerungen	**Grenze für Gesamtdauer**	**Grenze für Verlängerungen**
Grün	max. 6 Jahre Gesamtdauer des befristeten Arbeitsverhältnisses bei max. 9 Verlängerungen	max. 8 Jahre	max. 12 Verlängerungen
Gelb	mehr als 6 Jahre bis max. 8 Jahre Gesamtdauer des befristeten Arbeitsverhältnisses und 10 bis 12 Verlängerungen	mehr als 8 und max. 10 Jahre	13 bis 15 Verlängerungen
Rot	mehr als 12 Verlängerungen bei einer Gesamtdauer von mehr als 8 Jahren	über 10 Jahre	über 15 Verlängerungen

Mit dem »Ampelmodell« erfolgt ein allgemeiner und abstrakter Rückgriff auf aufeinanderfolgende befristete Arbeitsverträge. Problematisch ist dies aber, weil der EuGH gerade solche Regelungen mit einem abstrakten Rückgriff als ungeeignet betrachtet, um einen Missbrauch zu verhindern.[239]

236 BAG 18.7.2012 – 7 AZR 443/09, Rn. 49.
237 BAG 18.7.2012 – 7 AZR 783/10, Rn. 38, AuR 2012, 494.
238 BAG 26.10.2016 – 7 AZR 135/15, Rn. 26–28, AuR 2017, 175.
239 Siehe EuGH 23.4.2009 – C-378/07, Angelidaki, Rn. 97; so auch Klentner, AuR 2021, 407, 409.

Zu kritisieren ist insbesondere die Rechtsprechung des BAG hinsichtlich der Befristungen nach dem WissZeitVG: So hat das BAG eine Kettenbefristung mit einer Gesamtdauer von 22 Jahren als zulässig angesehen, da aufgrund der Besonderheiten im Hochschulbereich die Indizwirkung eines Missbrauchs widerlegt sei.[240]

10. Entsenderecht

a) Begriff der Entsendung

Werden ausländische Arbeitnehmer von einem inländischen Arbeitgeber beschäftigt, unterliegt ihr Arbeitsvertrag nationalem Recht und es gelten für sie gleiche Arbeitsbedingungen wie für deutsche Beschäftigte. Sie können durch Gewerkschaftsbeitritt Tarifansprüche erwerben und sich bei Problemen an den Betriebs-/Personalrat wenden. Besonderer Schutz ist dagegen gefordert für Beschäftigte, die mit einem ausländischen Unternehmen wirksam einen Arbeitsvertrag ausländischen Rechts geschlossen haben und von diesem Unternehmen **ins Inland** entsandt werden, um hier zu arbeiten. Gleiches gilt für inländische Beschäftigte, die **ins Ausland** entsandt werden, um dort zu arbeiten. Nach ErwG 13 der Entsenderichtlinie 96/71/EG[241] müssen »die Gesetze der Mitgliedstaaten koordiniert werden, um einen Kern zwingender Bestimmungen über ein Mindestmaß an Schutz festzulegen, das im Gastland von Arbeitgebern zu gewährleisten ist, die Arbeitnehmer für eine zeitlich begrenzte Arbeitsleistung in das Hoheitsgebiet eines Mitgliedstaats entsenden, in dem eine Dienstleistung zu erbringen ist. Eine solche Koordinierung kann nur durch Rechtsvorschriften der Gemeinschaft erfolgen.« National wurde die Richtlinie durch das Arbeitnehmer-Entsendegesetz v. 20.4.2009 (AEntG), geändert durch Gesetz v. 28.6.2023, umgesetzt. Sowohl die Richtlinie (Art. 3) als auch das Gesetz (§ 2) legen fest, dass bestimmte verbindliche Mindestarbeitsbedingungen (vom Mindestlohn über Urlaub, Arbeitszeiten, Arbeitnehmerüberlassung, Gleichbehandlung …) des Aufnahmelandes für entsandte Arbeitnehmer zwingend anzuwenden sind. Sie dürfen auch nicht unter Berufung auf niedrigere Arbeitsbedingungen

240 BAG 8.6.2016 – 7 AZR 259/14, Rn. 35ff., AuR 2016, 472.

241 Richtlinie 96/71/EG v. 16.12.1996 über die Entsendung von Arbeitnehmern im Rahmen der Erbringung von Dienstleistungen, geändert durch Richtlinie (EU) 2018/957 v. 28.6.2018.

des Entsendestaates unterschritten werden. Für Arbeitnehmervertreter sind zwei Konstellationen zu unterscheiden:

b) Entsendung ins Inland

Tauchen entsandte Arbeitnehmer im Betrieb / in der Dienststelle auf, prüft der Betriebs-/Personalrat wie bei allen Fremdbeschäftigten, ob dieser Beschäftigung ein rechtswirksamer Werkvertrag bzw. rechtswirksame Arbeitnehmerüberlassung zugrunde liegt oder ob der Werkvertrag bzw. der Einsatz von Leiharbeit eine unzulässige Umgehung von Arbeitsverhältnissen darstellen. Nach § 80 Abs. 2 BetrVG muss der Arbeitgeber den Betriebsrat (zum Personalrat § 66 BPersVG) rechtzeitig und umfassend auch über die Beschäftigung von Personen unterrichten, die nicht in einem Arbeitsverhältnis zum Arbeitgeber stehen. Dazu sind ihm auf Verlangen die zur Durchführung seiner Aufgaben erforderlichen Unterlagen, d.h. Werk-/Überlassungs-/Arbeitsverträge zur Verfügung zu stellen. Ist die Fremdbeschäftigung danach wirksam, gelten die Gleichbehandlungsgrundsätze des Entsenderechts, worüber die entsandten Beschäftigten sinnvollerweise aufzuklären sind.

c) Entsendung ins Ausland

Der Mindestschutz des europäischen Entsenderechts gilt auch für inländische Beschäftigte, die für Arbeitstätigkeiten ins Ausland entsandt werden. Dies spielt vor allem eine Rolle, wenn verbindliche Arbeitsbedingungen im Ausland günstiger sind als im Inland, z.B. in Ländern mit einem höheren Lohn- und Preisniveau wie in Skandinavien oder Luxemburg. Diese müssen dann auch den aus Deutschland entsandten Beschäftigten gewährt werden. Ihre zuständigen Arbeitnehmervertreter können sie dabei unterstützen. Nach Art. 5 Abs. 3 der Richtlinie müssen die Mitgliedstaaten sicherstellen, dass den Arbeitnehmern und/oder Arbeitnehmervertretern für die Durchsetzung der sich aus dieser Richtlinie ergebenden Verpflichtungen geeignete Verfahren zur Verfügung stehen.

d) Durchsetzung des Entsenderechts

Um der Umgehung und dem Missbrauch der geltenden Bestimmungen durch Unternehmen, die die europäische Dienstleistungsfreiheit und/oder die Anwendung der RL 96/71/EG missbräuchlich oder in betrügerischer Absicht nutzen, vorzubeugen sowie dies zu verhindern und zu bekämpfen, wurde extra eine **Durchsetzungsrichtlinie**[242] verabschiedet. Nach deren Art. 5 ergreifen die Mitgliedstaaten geeignete Maßnahmen, um zu gewährleisten, dass die Informationen über die Arbeits- und Beschäftigungsbedingungen gem. Art. 3 der RL 96/71/EG, die von Dienstleistungserbringern angewandt und eingehalten werden müssen, allgemein und kostenlos zur Verfügung gestellt werden, sowie in klarer, transparenter, umfassender und leicht zugänglicher Art und Weise durch Fernkommunikationsmittel und auf elektronischem Wege, und zwar in Formaten und nach Webzugangsstandards, die den Zugang für Personen mit Behinderungen sicherstellen, und um zu gewährleisten, dass die in Art. 4 der RL 96/71/EG genannten Verbindungsstellen oder andere zuständige nationale Stellen in der Lage sind, ihre Aufgaben wirksam zu erfüllen. Nach Art. 11 Abs. 3 der Durchsetzungsrichtlinie stellen sie sicher, dass **Gewerkschaften** und andere Dritte, die gemäß den im nationalen Recht festgelegten Kriterien ein berechtigtes Interesse daran haben, die Einhaltung dieser Richtlinie und der RL 96/71/EG sicherzustellen, sich entweder im Namen oder zur Unterstützung der entsandten Arbeitnehmer oder ihrer Arbeitgeber und mit deren Zustimmung an Gerichts- oder Verwaltungsverfahren beteiligen können, die zur Durchführung dieser Richtlinie und der RL 96/71/EG und/oder zur Durchsetzung der sich aus dieser Richtlinie und der RL 96/71/EG ergebenden Pflichten vorgesehen sind. Dies gilt unbeschadet anderer Zuständigkeiten und kollektiver Rechte der Sozialpartner und der Vertreter von Arbeitnehmern und Arbeitgebern gemäß nationalem Recht und/oder nationalen Gepflogenheiten.

11. Urlaubsrecht

a) Rechtsgrundlagen des europäischen Urlaubsrechts

Das Urlaubsrecht ist in einem hohem Maße unionsrechtlich überformt. Gerade in den letzten Jahren hat das Unionsrecht durch zahlreiche EuGH-Entscheidungen immer mehr an Bedeutung gewonnen. In der Folge musste auch das BAG seine Rechtsprechung ändern und neu justieren.

242 Richtlinie 2014/67/EU des Europäischen Parlaments und des Rates v. 15.5.2014 zur Durchsetzung der RL 96/71/EG und zur Änderung der VO (EU) Nr. 1024/2012 über die Verwaltungszusammenarbeit mit Hilfe des Binnenmarkt-Informationssystems (»IMI-VO«).

Im Zentrum des europäischen Urlaubsrechts steht Art. 7 der Arbeitszeitrichtlinie 2003/88/EG (ArbZ-RL).[243] Nach Art. 7 Abs. 1 ArbZ-RL hat jeder Arbeitnehmer Anspruch auf **bezahlten Mindestjahresurlaub von vier Wochen** nach Maßgabe der Bedingungen für die Inanspruchnahme und die Gewährung, die in den einzelstaatlichen Rechtsvorschriften und/ oder nach den einzelstaatlichen Gepflogenheiten vorgesehen sind. Nach Art. 2 Abs. 3 der (Revidierten) ESC verpflichten sich die Vertragsparteien, »die Gewährung eines bezahlten Jahresurlaubs von mindestens 4 Wochen sicherzustellen«. Der EuGH betont, dass das Recht jedes Arbeitnehmers auf bezahlten Jahresurlaub als ein **besonders bedeutsamer Grundsatz des Sozialrechts der Union** anzusehen ist, von dem nicht abgewichen werden darf und den die zuständigen nationalen Stellen nur in den Grenzen umsetzen dürfen, die in dieser Richtlinie selbst ausdrücklich gezogen werden.

Zum anderen ist das Recht auf bezahlten Jahresurlaub in **Art. 31 Abs. 2 GRC** ausdrücklich verbürgt. Nach Art. 31 Abs. 2 GRC hat jede Arbeitnehmerin und jeder Arbeitnehmer das Recht auf bezahlten Jahresurlaub. Der EuGH erkannte Art. 31 Abs. 2 GRC den Charakter eines »echten« Grundrechts zu.[244]

Wichtig:
Doch wie können Art. 7 Abs. 1 ArbZ-RL und Art. 31 Abs. 2 GRC im nationalen Recht nutzbar gemacht werden? Art. 31 Abs. 2 GRC hat unmittelbare Wirkung,[245] sodass entgegenstehende Vorschriften des nationalen Rechts nicht anzuwenden sind. Nach der Rechtsprechung des EuGH wird Art. 31 GRC durch Art. 7 ArbZ-RL normativ konkretisiert, sodass beide Vorschriften zwar auf unterschiedlichen Stufen stehen, inhaltlich aber die gleiche Reichweite haben;[246] im Verhältnis zu öffentlichen wie zu privaten Arbeitgebern gilt das Gebot der richtlinienkonformen Auslegung nationalen Rechts.[247]

Der Urlaub von Beamten ist gesondert geregelt. Wenn eine Regelung nicht den unionsrechtlichen Vorgaben entspricht, kommt eine unmittelbare Anwendung von Art. 7 ArbZ-RL in Betracht. So hat der EuGH in der Rechtssache Neidel deutlich gemacht, dass auch Beamte, deren Ur-

---

243 Richtlinie 2003/88/EG v. 4.11.2003 über bestimmte Aspekte der Arbeitszeitgestaltung.
244 EuGH 6.11.2018 – C-569/16, C-570/16, Bauer und Willmeroth, Rn. 50ff., AuR 2019, 233.
245 EuGH 6.11.2018 – C-569/16, C-570/16, Bauer und Willmeroth, Rn. 85ff.
246 EuGH 8.9.2020 – C-119/19 P, AuR 2020, 484.
247 EuGH 6.11.2018 – C-684/16, Max-Planck-Gesellschaft, Rn. 57ff.

laubsansprüche wegen einer Langzeiterkrankung nicht in natura realisiert werden konnten, bei Eintritt in den Ruhestand Anspruch auf Urlaubsabgeltung haben.[248] Nach der Rechtsprechung des EuGH wird mit dem Anspruch auf Jahresurlaub ein doppelter Zweck verfolgt: Arbeitnehmern soll es ermöglicht werden, sich von der Arbeit zu **erholen** und zugleich über die Urlaubszeit selbst **frei zu verfügen.**[249] Dabei versteht der EuGH Freistellung von der Arbeit und Bezahlung als **einheitlichen Anspruch**. Erst durch die Bezahlung werden Arbeitnehmer in die Lage versetzt, den Urlaub tatsächlich zu nehmen. Sie dürfen dadurch keine finanziellen Nachteile erleiden.

In Deutschland ist der gesetzliche Mindesturlaub im Bundesurlaubsgesetz (BUrlG) geregelt. Danach hat jeder Arbeitnehmer Anspruch auf mindestens 24 Werktage bezahlten Urlaub im Kalenderjahr (§§ 1, 3 BUrlG). Bis 1994 waren es nur 18 Werktage. Werktage verstehen sich wie im Parkuhrenrecht, also von Montag bis Sonnabend. Die vierte Woche verdanken wir dem Europarecht.

> **Merke:**
> In Tarif- oder Arbeitsverträgen können über das Gesetz hinausgehende, für Arbeitnehmer günstigere Regelungen getroffen werden. Der Mehrurlaub, der über den vierwöchigen Mindestjahresurlaub hinausgeht, ist allerdings vom Anwendungsbereich der Art. 7 ArbZ-RL und Art. 31 Abs. 2 GRC nicht umfasst. Hier ist zu eruieren, ob ein Gleichlauf von gesetzlichen und übergesetzlichen Urlaubsansprüchen gewollt ist oder ob die Tarif- bzw. Arbeitsvertragsparteien etwas Abweichendes regeln wollten. Gibt es dafür keinen Anhaltspunkt, gelten die Besonderheiten des europäischen Urlaubsrechts auch für den übergesetzlichen Mehrurlaub.

b) Vererbbarkeit des Urlaubsanspruchs

Es stellt sich die Frage, was mit Urlaubsansprüchen geschieht, wenn Arbeitnehmer sterben. Gehen Urlaubsabgeltungsansprüche dann auf Erben über?

Bereits im Jahr 2014 hat der EuGH entschieden, dass die Rechtsprechung, wonach der Anspruch auf bezahlten Jahresurlaub ohne einen Abgeltungsanspruch untergeht, europarechtswidrig ist.[250] In den Rechts-

248 EuGH 3.5.2012 – C-337/10, Neidel, Rn. 32, AuR 2012, 260, mit Anm. Buschmann.

249 EuGH 9.12.2021 – C-217/20, Staatssecretaris van Financiën, Rn. 23, AuR 2022, 92.

250 EuGH 12.6.2014 – C-118/13, Bollacke, AuR 2014, 287.

sachen Bauer und Wilmeroth hat der EuGH seine Rechtsprechung weiter konkretisiert: Er weist darauf hin, dass der Abgeltungsanspruch für sein Entstehen keine anderen Voraussetzungen kennt als diejenige, dass das Arbeitsverhältnis beendet ist und der Arbeitnehmer nicht den gesamten Jahresurlaub genommen hat. Der Grund für die Beendigung spielt dabei keine Rolle. Insbesondere kommt es nicht zu einem rückwirkenden Verlust des erworbenen Anspruchs.[251] Wichtig ist, dass der EuGH in diesem Zusammenhang die **unmittelbare Wirkung des Art. 31 Abs. 2 GRC** bejaht und erkennt, dass nicht nur der Anspruch auf »bezahlten« Jahresurlaub, sondern auch der Abgeltungsanspruch zum Bestandteil des Grundrechtes auf bezahlten Jahresurlaub nach Art. 31 Abs. 2 GRC gehört.[252] Davon abweichendes nationales Recht ist unwirksam. Aufgrund dessen hat das BAG seine Rechtsprechung dahingehend geändert, dass die Erben nach § 1922 Abs. 1 BGB i. V. m. § 7 Abs. 4 BUrlG Anspruch auf Abgeltung des vom Erblassers nicht genommenen Urlaubs haben, wenn das Arbeitsverhältnis durch Tod des Arbeitnehmers endet.[253]

c) Schicksal des Urlaubsanspruchs bei Langzeiterkrankung

Seit der Entscheidung in der Rechtssache Schultz-Hoff vertritt der EuGH, dass Zeiten krankheitsbedingter Arbeitsunfähigkeit urlaubsrechtlich wie Arbeitszeiten zu behandeln sind.[254] Der Erholungszweck des Urlaubs weicht vom Zweck des »Krankheitsurlaubs« ab, von der Krankheit zu genesen.[255] Der EuGH nimmt auf Art. 5 Abs. 4 ILO-Übereinkommen Nr. 132 Bezug, wonach »Arbeitsversäumnisse aus Gründen, die unabhängig vom Willen des beteiligten Arbeitnehmers bestehen, wie z. B. Krankheit, Unfall oder Mutterschaft, als Dienstzeit anzurechnen« sind. Deshalb verliert ein Arbeitnehmer nicht seinen Anspruch auf bezahlten Jahresurlaub, wenn er diesen aus Krankheitsgründen nicht wahrnehmen kann.

Doch welche Auswirkungen hat eine Langzeiterkrankung auf den Urlaubsanspruch? Verfällt der Urlaub dann nach § 7 Abs. 3 BUrlG?[256]

---

251 EuGH 6. 11. 2018 – C-569/16, C-570/16, Bauer und Willmeroth, Rn. 44 ff.

252 EuGH 6. 11. 2018 – C-569/16, C-570/16, Bauer und Willmeroth, Rn. 51 ff.

253 BAG 22. 1. 2019 – 9 AZR 45/16, Rn. 9, AuR 2019, 145.

254 EuGH 20. 1. 2009 – C-350/06, C-520/06, Schultz-Hoff. Rn. 41.

255 EuGH 20. 1. 2009 – C-350/06, C-520/06, Schultz-Hoff, Rn. 25.

256 Nach § 7 Abs. 3 BUrlG muss der Urlaub im laufenden Kalenderjahr gewährt und genommen werden. Eine Übertragung des Urlaubs auf das nächste Kalenderjahr ist nur statthaft, wenn dringende betriebliche oder in der Person des Arbeitnehmers liegende Gründe dies rechtfertigen. Im Fall der Übertragung muss

Zur Auflösung des Eingangsbeispiels I.3 (Verfall der Urlaubstage nach Langezeiterkrankung): Der EuGH entscheidet seit der Rechtssache Schultz-Hoff, dass eine nationale Bestimmung ausschließlich dann zum Erlöschen des Anspruchs auf bezahlten Urlaub führen kann, wenn der Arbeitnehmer tatsächlich die Möglichkeit hatte, den Urlaub zu nehmen.257 Im Eingangsbeispiel wird der Beschäftigte B nach längerer Erkrankung erst im April wieder gesund und hatte nicht die tatsächliche Möglichkeit seinen Urlaubsanspruch zu nehmen.

Vor der Schultz-Hoff-Entscheidung hatte das BAG noch angenommen, der Anspruch würde gemäß § 7 Abs. 3 Satz 2 BUrlG verfallen, wenn er bis zum 31. 3. des Folgejahres nicht mehr genommen werden könnte.258 Nach der Schultz-Hoff-Entscheidung wendet das BAG nunmehr § 7 Abs. 3 BUrlG unionsrechtskonform dahingehend an, dass der Anspruch in einem solchen Fall nicht erlischt.259 Somit kann der Beschäftigte B (dank der Entscheidung des EuGH) noch immer seinen Resturlaub aus dem Vorjahr verlangen.

Ist nun ein unbegrenztes Ansammeln von Urlaubsansprüchen bei einer langen Erkrankung denkbar, die über mehrere Bezugsräume andauert? Dem hat der EuGH in der Rechtssache KHS eine Absage erteilt und klargestellt, dass eine zeitliche Begrenzung der Übertragung in einem Tarifvertrag bei einer langfristigen Arbeitsunfähigkeit möglich ist, da ansonsten der Jahresurlaub seinen Erholungszweck verlieren würde.260 Demnach steht Art. 7 Abs. 1 ArbZ-RL einer tarifvertraglichen Regelung nicht entgegen, die einen **maximalen Übertragungszeitraum von 15 Monaten** nach Ende des Bezugszeitraums regelt. Das bedeutet, dass zum Beispiel ein Urlaub für das Kalenderjahr 2024, der krankheitsbedingt nicht genommen werden kann, erst zum 31. 3. 2026 verfällt. Auch das BAG geht nunmehr von einem 15-monatigen Übertragungszeitraum bei einer längeren Arbeitsunfähigkeit aus.261 Die »3 Monate« in § 7 Abs. 3 BUrlG sind also als »15 Monate« zu lesen. Man sollte sich dies neben den Text des § 7 in seine arbeitsrechtliche Gesetzessammlung hineinschreiben. Weihnachtsmann im Sinne des Gesetzes ist gelegentlich auch der Osterhase.

---

der Urlaub in den ersten drei Monaten des folgenden Kalenderjahrs gewährt und genommen werden.

257 EuGH 20. 1. 2009 – C-350/06, C-520/06, Schultz-Hoff, Rn. 43; siehe dazu auch Sagan/Zeilmann, Soziales Recht 2025, 2, 8.

258 BAG 21. 6. 2005 – 9 AZR 200/04.

259 BAG 14. 2. 2017 – 9 AZR 386/16, Rn. 13, AuR 2017, 266.

260 EuGH 22. 11. 2011 – C-214/10, KHS, Rn. 28 ff., AuR 2011, 506.

261 BAG 7. 8. 2012 – 9 AZR 353/10, Rn. 32 ff.

Exkurs:
In der Folge der Corona-Pandemie kam es vermehrt zu der Problematik, dass Arbeitnehmer während des Urlaubs zwar nicht arbeitsunfähig waren, aber sich aufgrund einer angeordneten Quarantäne nur zu Hause aufhalten durften. Daraufhin begehrten sie die Nachgewährung des Urlaubs. Das BAG legte dem EuGH die Frage vor, ob Art. 7 ArbZ-RL und Art. 31 Abs. 2 GRC einer Praxis entgegensteht, der zufolge ein Urlaub nicht nachzugewähren ist, wenn sich dieser mit häuslicher Quarantäne zeitlich überschneidet.[262]
Der EuGH vertrat in der Rechtssache Sparkasse Südpfalz[263] die Auffassung, eine Übertragung des Urlaubs sei bei einem Zusammentreffen von Urlaub und Quarantäne nicht möglich. Quarantäne stehe dem Zweck des Urlaubs, sich von der Arbeit zu erholen sowie über einen Zeitraum der Freizeit und Entspannung zu verfügen, nicht grundsätzlich entgegen und sei nicht mit einer Krankheit vergleichbar.[264]
Im Nachgang entschied das BAG, dass Arbeitnehmer keinen Anspruch darauf haben, Urlaub nachzuholen, den sie in einer angeordneten Quarantäne verbringen mussten.[265] An dieser Entscheidung ist zu kritisieren, dass sich Arbeitnehmer bei einer angeordneten häuslichen Quarantäne nicht erholen können, ihre Selbstbestimmung eingeschränkt ist und die typischen Beeinträchtigungen der Quarantäneanordnung mit den mit einer krankheitsbedingten Arbeitsunfähigkeit einhergehenden Beeinträchtigung des Urlaubs in ihrer Intensität mindestens gleichwertig sind.
Seit dem 17.9.2022 haben Beschäftigte aber nach § 59 Abs. 1 IfSG[266] Anspruch auf Nachgewährung von Urlaub, wenn sich der bewilligte Urlaub mit einer aufgrund Ansteckungsgefahr angeordneten Quarantäne zeitlich überschneidet, sodass die obige Rechtsprechung des BAG nur noch für »Altfälle« relevant ist.

d) Mitwirkungsobliegenheit des Arbeitgebers

Nach der Rechtsprechung des EuGH hat der Anspruch auf finanzielle Vergütung nicht die Voraussetzung eines vorhergehenden Antrags des Arbeitnehmers. In den Rechtssachen Kreuziger und Max-Planck-Gesell-

262 BAG 16.8.2022 – 9 AZR 76/22 (A), Rn. 34. Das Verfahren wurde vom Gewerkschaftlichen Centrum für Revision und Europäische Recht der DGB Rechtsschutz GmbH geführt.
263 Vorgehend ArbG Ludwigshafen 14.2.2022 – 5 Ca 216/21.
264 EuGH 14.12.2023 – C-206/22, Sparkasse Südpfalz, Rn. 43ff.
265 BAG 28.5.2024 – 9 AZR 76/22.
266 In § 59 Abs. 1 IfSG heißt es: »Wird ein Beschäftigter während seines Urlaubs nach § 30, auch in Verbindung mit § 32, abgesondert oder hat er sich auf Grund einer nach § 36 Abs. 8 Satz 1 Nummer 1 erlassenen Rechtsverordnung abzusondern, so werden die Tage der Absonderung nicht auf den Jahresurlaub angerechnet.«

schaft hat der EuGH bahnbrechend geklärt, dass der unionsrechtlich garantierte Urlaubsanspruch nur dann verfallen oder verjähren kann, wenn der Arbeitgeber den Arbeitnehmer »**in die Lage versetzt**« hat, seinen Urlaub tatsächlich in Anspruch zu nehmen.[267] Das setzt voraus, dass der Arbeitgeber den Arbeitnehmer **auffordert, seinen Urlaub zu nehmen** und ihm **klar und rechtzeitig mitteilt, dass der Urlaub verfallen wird**, wenn er ihn nicht rechtzeitig nimmt.[268] Insoweit trägt der Arbeitgeber die Beweislast.[269]

Doch wann genügt der Arbeitgeber seinen Obliegenheiten? Das BAG hat dazu angenommen, der Arbeitgeber könne seine Mitwirkungsobliegenheiten regelmäßig zum Beispiel dadurch erfüllen, dass er

- dem Arbeitnehmer zu Beginn des Kalenderjahres in Textform mitteilt, wie viele Urlaubtage ihm im Kalenderjahr zustehen,
- ihn auffordert, seinen Jahresurlaub so rechtzeitig zu beantragen, dass er innerhalb des laufenden Urlaubsjahres genommen werden kann, und
- ihn über die Konsequenzen belehrt, die eintreten, wenn dieser den Urlaub nicht entsprechend der Aufforderung beantragt.[270]

Insofern ist § 7 Abs. 3 BUrlG richtlinienkonform dahingehend auszulegen, dass der Urlaub nur dann verfällt, wenn der Arbeitgeber den Arbeitnehmer zuvor »in die Lage versetzt« hat, seinen Urlaub auch tatsächlich zu nehmen.[271] Die Verletzung der Mitwirkungspflicht hat auch Auswirkungen auf die Verjährung: Eine unionsrechtskonforme Auslegung von §§ 1, 3, 7 BUrlG und § 199 Abs. 1 BGB führt auch zu einem »anderen Verjährungsbeginn«. Die Verjährung beginnt danach erst, wenn der Arbeitgeber seinen Mitwirkungsobliegenheiten bei der tatsächlichen Gewährung von Urlaub nachgekommen ist.[272] Das muss dann auch gelten für tarifliche und erst recht für arbeitsvertragliche Verfallfristen, die in der Praxis oft sehr kurz sind und an denen in der Vergangenheit viele Urlaubsabgeltungsklagen gescheitert waren.

Welche Auswirkungen hat eine Verletzung der Mitwirkungsobliegenheit bei einer Langzeiterkrankung? Bei durchgehender Arbeitsunfähigkeit

---

267 EuGH 6.11.2018 – C-619/16, Kreuziger, Rn. 45ff., AuR 2018, 595; 6.11.2018 – C-684/16, Max-Planck-Gesellschaft, Rn. 46ff.

268 EuGH 6.11.2018 – C-619/16, Kreuziger, Rn. 52; 6.11.2018 – C-684/16, Max-Planck-Gesellschaft, Rn. 45.

269 EuGH 6.11.2018 – C-619/16, Kreuziger, Rn. 53; 6.11.2018 – C-684/16, Max-Planck-Gesellschaft, Rn. 46.

270 BAG 19.2.2019 – 9 AZR 541/15, Rn. 43, AuR 2019, 193.

271 BAG 19.2.2019 – 9 AZR 541/15, Rn. 40ff.

272 BAG 20.12.2022 – 9 AZR 266/20, Rn. 42, AuR 2023, 73.

bis zum 31. 3. 2026 verfällt der Urlaub für das Kalenderjahr 2024. Dabei kommt es nicht auf eine etwaige Mitwirkungspflicht an. Es gilt aber etwas anderes, wenn Arbeitnehmer im Urlaubsjahr vor der Arbeitsunfähigkeit tatsächlich gearbeitet haben: Das BAG hat aufgrund der Entscheidung des EuGH in der Rechtssache Fraport[273] erkannt, dass Arbeitgeber Arbeitnehmer in einem solchen Fall **rechtzeitig vor Krankheitsbeginn** durch Erfüllung der Mitwirkungsobliegenheiten in die Lage versetzen müssen, diesen Anspruch zu realisieren.[274]

Darüber hinaus haben Arbeitgeber nach Feststellung des EuGH in der Rechtssache Koch Personaldienstleistungen alles zu unterlassen, was Arbeitnehmer davon abhalten könnte, ihren Jahresurlaub zu nehmen.[275]

Wichtig:
In der Rechtssache Koch Personaldienstleistungen[276] ging es darum, dass ein Leiharbeiter für den Monat August keine Mehrarbeitszuschläge erhalten sollte, da er in diesem Monat zehn Tage Erholungsurlaub genommen hatte und diese nicht bei den tariflich geforderten »geleisteten Arbeitsstunden« angerechnet wurden. Das BAG erkannte die urlaubsrechtliche Dimension und bat den EuGH um Vorabentscheidung über die Frage, ob einer solchen Regelung Art. 31 Abs. 2 GRC mit Art. 7 RL 2003/88/EG entgegensteht, was der EuGH bejahte, weil so Arbeitnehmer durch den Urlaub finanziell schlechter gestellt würden, als wenn sie gearbeitet hätten. Das wurde dann vom BAG auch so entschieden. Es ging in dem Verfahren nur um 70 Euro, aber um eine grundlegende Verbesserung für alle Beschäftigten.[277]

273 EuGH 22. 9. 2022 – C-518/20, Fraport, Rn. 45, AuR 2022, 235.

274 BAG 28. 3. 2023 – 9 AZR 488/21, Rn. 30.

275 EuGH 13. 1. 2022 – C-514/20, Koch Personaldienstleistungen, Rn. 41, AuR 2022, 89.

276 Ebd.

277 Das Verfahren vor dem BAG sowie dem EuGH wurde durch das Gewerkschaftliche Centrum für Revision und Europäisches Recht der DGB Rechtsschutz GmbH geführt.

12. Betriebsübergangsrecht

a) Sinn und Zweck: Arbeitnehmerschutz und Missbrauchsverbot

Sinn und Zweck der europäischen wie der deutschen Bestimmungen zum Betriebsübergang ist die Gewährleistung, dass der Wechsel eines Betriebsinhabers für die im Betrieb Beschäftigten nicht zu arbeitsrechtlichen Verlusten führt. Deswegen hier eine kurze Einordnung:

- Das Arbeitsverhältnis besteht zur Aktiengesellschaft/GmbH. Die Aktionäre/Gesellschafter wechseln (auch »*share deal*«). Keine Veränderung! Das Arbeitsverhältnis zur AG/GmbH besteht fort.
- Das Arbeitsverhältnis besteht zum Betriebsinhaber A. A überträgt den Betrieb an B.

Hier ist es im Allgemeinen für Arbeitgeber wie für Arbeitnehmer sinnvoll, dass die Beschäftigten im Betrieb weiterarbeiten können, dass A die Beschäftigten nicht kündigen kann bzw. muss, dass B keine Neuverträge abschließt (von denen er dann womöglich die schwangere, schwerbehinderte Betriebsrätin / aktive Gewerkschafterin ausnehmen würde). Deswegen regeln sowohl die europäische **Betriebsübergangsrichtlinie 2001/23/EG**[278] als auch die deutsche Betriebsübergangsvorschrift **§ 613a BGB**, dass in einem solchen Fall die Arbeitsverhältnisse automatisch auf den Erwerber übergehen. Die Richtlinie betont die Notwendigkeit, die Arbeitnehmer bei einem Inhaberwechsel zu schützen und insbesondere die Wahrung ihrer Ansprüche zu gewährleisten. Andererseits muss verhindert werden, dass den Beschäftigten durch den Betriebsübergang ein anderer Arbeitgeber aufgezwungen wird, der ihnen möglicherweise nicht gleiche Sicherheiten bietet wie der abgebende Arbeitgeber. Die Richtlinie regelt deshalb Voraussetzungen und Rechtsfolgen des Betriebsübergangs und gibt dadurch Vorlagen für die europarechtskonforme Auslegung des § 613a BGB.

b) Voraussetzungen

Die Voraussetzungen des Betriebsübergangs werden in der Richtlinie 2001/23/EG und in § 613a BGB nur teilweise definiert. Art. 1 Abs. 1a) der Richtlinie spricht vom Übergang von Unternehmen, Betrieben oder Unternehmens- bzw. Betriebsteilen auf einen anderen Inhaber durch ver-

278 Richtlinie 2001/23/EG v. 12.3.2001 zur Angleichung der Rechtsvorschriften der Mitgliedstaaten über die Wahrung von Ansprüchen beim Übergang von Unternehmen, Betrieben oder Unternehmens- und Betriebsteilen.

tragliche Übertragung oder durch Verschmelzung. Mit erfasst ist also die Ausgliederung (*outsourcing*) von Unternehmens- bzw. Betriebsteilen und Übertragung an einen anderen Inhaber, möglicherweise auch an eine dafür eigens gegründete Tochtergesellschaft. Über die »vertragliche Übertragung« besteht häufig Streit.

Beispiel:
Ein Einzelhandelsbetrieb wird geschlossen. Der Inhaber kündigt alle Arbeitsverhältnisse und beruft sich auf die unternehmerische Entscheidung zu schließen. Nach einer kurzen Umbauphase öffnet ein neuer Inhaber, betreibt den Laden mit gleichem Sortiment, leugnet aber den Betriebsübergang und bietet den (nicht allen) Beschäftigten Neuverträge ohne Anrechnung der bisherigen Betriebszugehörigkeit an. Der Betriebsrat warnt die Beschäftigten davor, zu unterschreiben, und rät ihnen, sich auf den Betriebsübergang zu berufen – zu Recht!

Der Begriff »Betriebsübergang« ist weit auszulegen. Es reicht jede vertragliche Beziehung auch mit dritten Personen, z. B. wenn ein Betrieb von einem Pächter auf einen anderen übergeht. Der EuGH und dem folgend das BAG verlangen, dass eine auf Dauer angelegte »wirtschaftliche Einheit« derart auf einen neuen Inhaber übergeht und dabei ihre »**Identität**« behält. Maßgeblich für die Aufrechterhaltung der Identität sind nach der Rechtsprechung: Art des Betriebs oder Unternehmens, Übergang materieller Aktiva, Übergang und Wert immaterieller Aktiva (Lizenzen, Know-how, Vertriebsrechte), Übergang der Hauptbelegschaft (insbesondere bei Dienstleistungsbetrieben, die von menschlicher Arbeitskraft geprägt sind), Übergang der Kundschaft, Ähnlichkeit der Tätigkeit vor und nach Übergang, Dauer der Unterbrechung vor dem Übergang. In Branchen, in denen es im Wesentlichen auf menschliche Arbeitskraft ankommt, kann eine Gesamtheit von Arbeitnehmern, die durch gemeinsame Tätigkeit dauerhaft verbunden sind, eine wirtschaftliche Einheit darstellen. Sie kann ihre Identität über ihren Übergang hinaus bewahren, wenn der neue Unternehmensinhaber nicht nur die betreffende Tätigkeit weiterführt, sondern auch einen nach Zahl und Sachkunde wesentlichen Teil der dafür eingesetzten Belegschaft übernimmt.[279] In unserem Beispielsfall bleibt die Identität erhalten.

279 EuGH 20.1.2011 – C-463/09, Rn. 36, AuR 2011, 127.

c) Individuelle Rechtsfolgen

Nach Art. 3 Abs. 1 der Richtlinie 2001/23/EG gehen die Rechte und Pflichten des Veräußerers aus einem zum Zeitpunkt des Übergangs bestehenden Arbeitsvertrag oder Arbeitsverhältnis aufgrund des Übergangs auf den Erwerber über – und dies ohne neue Arbeitsverträge. Die Beschäftigten erhalten also einen neuen Arbeitgeber. Sonst ändert sich arbeitsvertraglich nichts. Die Betriebszugehörigkeit bleibt erhalten, ebenso **alle erworbenen Rechte und individuellen Vereinbarungen**. Es bedarf auch in o. g. Beispielsfall keiner neuen Arbeitsverträge, um dies alles zu bestätigen. Zudem stellt Art. 4 der Richtlinie klar, dass der Betriebsübergang als solcher für den Veräußerer oder den Erwerber keinen Grund zur Kündigung darstellt. Kündigungen aus anderen Gründen bleiben dagegen möglich.

d) Kollektive Rechtsfolgen

Nicht selten treten aber nach einem Betriebsübergang neue Geschäftsinhaber auf, die selbst nicht tarifgebunden sind. Normativ tarifgebunden sind nach dem Tarifvertragsgesetz Gewerkschaftsmitglieder sowie auf Arbeitgeberseite Mitglieder des Arbeitgeberverbandes oder Arbeitgeber, die einen Haustarifvertrag geschlossen haben. Somit droht bei einem Betriebsübergang auf einen nicht tarifgebundenen Arbeitgeber der Verlust der Tarifbindung. Nach Art. 3 Abs. 3 der Richtlinie 2001/23/EG muss der Erwerber die kollektivvertraglich vereinbarten Arbeitsbedingungen bis zur Kündigung oder zum Ablauf des Kollektivvertrags bzw. bis zum Inkrafttreten oder zur Anwendung eines anderen Kollektivvertrags mindestens für ein Jahr im gleichen Maß aufrechterhalten, wie es für den Veräußerer vorgesehen war. Das ist mehr als gar nichts, aber weniger als die zuvor bestehende normative Tarifbindung und auch nur ein statischer Schutz. Künftige Tariferhöhungen werden davon nicht umfasst. Hier sollte umgehend die zuständige Gewerkschaft informiert werden, um eine normative Tarifbindung auch beim Erwerber durchzusetzen.

e) Dynamische arbeitsvertragliche Verweisung auf einen Tarifvertrag in seiner jeweils geltenden Fassung

Hier lohnt sich ein Blick in die Arbeitsverträge: Nicht selten finden sich dort Bestimmungen, dass der fachlich einschlägige Tarifvertrag in seiner jeweils geltenden Fassung für das Arbeitsverhältnis Anwendung findet. Dies gilt dann unabhängig von der Gewerkschaftsmitgliedschaft des Arbeitnehmers und Verbandsmitgliedschaft des Arbeitgebers. Wenn Arbeitgeber solche Vertragsklauseln vorformulieren, geschieht dies allerdings nicht aus Mildtätigkeit gegenüber den Beschäftigten oder der Gewerkschaft, sondern um den Beschäftigten einen Anreiz zu nehmen, durch Gewerkschaftsbeitritt Tarifansprüche zu erwerben. Im Betriebsübergang schlägt dann die Falle zu: Die Verweisungsklausel geht als Vertragsbestandteil auf den Erwerber über, der nun wie der frühere Inhaber arbeitsvertraglich an den Tarifvertrag und auch an künftige Tariferhöhungen gebunden ist.[280]

Eine frühere, inzwischen überwundene Rechtsprechung hatte bei manchen Arbeitgebern die Hoffnung genährt, sich durch Ketten-Betriebsübergänge solcher Klauseln entledigen zu können. Dies ist durch das im gewerkschaftlichen Rechtsschutz erstrittene Asklepios-Urteil des EuGH, dem das BAG gefolgt ist, rechtlich zum Scheitern verurteilt. Gleichwohl zeigen sich diese Strategien in zwei Varianten:

- zahlreiche aufeinanderfolgende Betriebsübergänge (ggf. von einer Tochtergesellschaft zu einer anderen) verbunden mit dem Versuch, bei den Beschäftigten neue Arbeitsverträge ohne Verweisung auf Tarifverträge durchzusetzen; darauf sollten sich die Beschäftigten nicht einlassen. Hierfür ist es aber wichtig, sie vorher über ihre Rechte aufzuklären.
- nachfolgende Ablösung solcher individueller Rechtsansprüche durch Betriebsvereinbarung. Die Zulässigkeit solcher ablösenden Betriebsvereinbarungen wird in der juristischen Literatur und Rechtsprechung zu Recht bestritten, aber immer noch von einigen Senaten des BAG gebilligt, obwohl hier nicht selten Arbeitnehmervertreter »über den Tisch gezogen werden« sollen.

Achtung:
Vor Abschluss derartiger Betriebsvereinbarungen ist somit genau zu prüfen, ob sie sich möglicherweise als Ablösung interpretieren lassen. Kein Betriebsrat ist zum Abschluss derartiger Betriebsvereinbarungen verpflichtet. Schließlich wurden Arbeitnehmervertreter nicht dafür gewählt, bestehende individualrechtliche Ansprüche zu »rasieren«.

f) Missbrauch von Betriebsübergängen

Wie gezeigt, besteht die wesentliche individuelle Rechtsfolge für Beschäftigte im Wechsel ihres Arbeitgebers, ohne dass dieser durch besonderen

280 EuGH 27.4.2017 – C-680/15 und C-681/15, Asklepios, AuR 2017, 502.

Einzelvertrag nachvollzogen werden muss. Das ist häufig ein Schutz; es sind jedoch auch andere Fälle denkbar.

Beispiel:
Vor Jahren übertrug der sich mit Schließungsabsichten tragende Warenhauskonzern H ein ganzes Warenhaus an eine völlig unbekannte, neu gegründete GmbH mit einem Stammkapital von seinerzeit 50 000 DM (heute ca. 25 000 Euro), eine Summe deutlich unter der monatlichen Gehaltssumme und weit weniger als die voraussichtlichen Sozialplankosten.[281] Die Beschäftigten widersprachen kollektiv – die Gewerkschaft drohte mit Streiks. Der Betriebsübergang wurde rückgängig gemacht. Aus anderen Betrieben wird berichtet, wie neue Gesellschaften gegründet werden; auf die einen wird ein Großteil der Beschäftigten übertragen, auf die anderen die sog. Assets, d. h. Grundstücke und sonstige Werte; es häufen sich schicksalhafte Versetzungen in die eine oder andere GmbH; den Beschäftigten werden Geschichten aufgetischt von fünf Schnellbooten, die beweglicher sind als ein großer Tanker – und überraschenderweise meldet eins dieser Schnellboote Insolvenz an, garantiert nicht das, dem die Grundstücke zuvor zugeordnet worden sind.

Wichtig
ist, dass den Beschäftigten kein wirtschaftlich schwacher Arbeitgeber aufgezwungen wird, bei dem die Gefahr einer Insolvenz oder anderer drastischer Maßnahmen im Raume steht. Nach Art. 5 Abs. 4 der Richtlinie 2001/23/EG müssen die Mitgliedstaaten die erforderlichen Maßnahmen treffen, damit Insolvenzverfahren nicht in missbräuchlicher Weise in Anspruch genommen werden, um den Arbeitnehmern die in dieser Richtlinie vorgesehenen Rechte vorzuenthalten.[282] Hierzu hat der EuGH entschieden, dass Veräußerer und Erwerber nicht versuchen dürfen, betrügerisch oder missbräuchlich in den Genuss von Vorteilen zu kommen, die sie aus RL 2001/23/EG ziehen könnten, und zum anderen die betreffende Produktionseinheit über hinreichende Garantien verfügen muss, die ihren Zugang zu den Produktionsfaktoren Dritter sicherstellen, damit sie nicht von wirtschaftlichen Entscheidungen abhängig ist, die von diesen einseitig getroffen werden.[283] Die besondere Umsetzung dieser Bestimmung in Deutschland steht noch aus. Jedenfalls ist hier besondere Aufmerksamkeit geboten.

---

281 Nach § 112a Abs. 4 BetrVG ist zudem ein Sozialplan nicht durchsetzbar für Betriebe eines Unternehmens in den ersten vier Jahren nach seiner Gründung. …

282 Mit der besonderen Erwähnung des Missbrauchs von Insolvenzverfahren im Rahmen der Betriebsübergangs-Richtlinie zeigt der europäische Gesetzgeber, dass er das besondere Gefährdungspotenzial von Manipulationen in der Kombination von Betriebsübergang und Insolvenz erkannt hat.

283 EuGH 13. 6. 2019 – C-664/17, AuR 2019, 386.

Allerdings können sich Beschäftigte und ihre Vertreter auch wehren:

- Zum einen sind Veräußerer und Erwerber nach Art. 7 der Richtlinie verpflichtet, die Arbeitnehmervertreter und auch die betroffenen Beschäftigten genau zu **informieren** über Zeitpunkt, Grund, rechtliche, wirtschaftliche und soziale Folgen des Übergangs sowie die hinsichtlich der Arbeitnehmer in Aussicht genommenen Maßnahmen. Die Information und die Konsultation der Arbeitnehmervertreter müssen rechtzeitig vor dem Vollzug der Betriebsänderung erfolgen. Dabei bedeutet »Anhörung« die »Durchführung eines Meinungsaustausches und eines Dialogs zwischen Arbeitnehmervertretern und Arbeitgeber« (Art. 2 g) der IuK-Richtlinie 2002/14/EG). Die Arbeitnehmervertreter müssen also die Möglichkeit haben, eine eigene Stellungnahme abzugeben und auch Gegenvorstellungen vorzubringen, bevor die Maßnahme durchgeführt wird.
- Zum anderen können Beschäftigte nach § 613a Abs. 6 BGB innerhalb eines Monats nach Zugang der Unterrichtung dem Übergang ihres Arbeitsverhältnisses **widersprechen.**[284] Ihr Arbeitsverhältnis bleibt bei dem bisherigen Arbeitgeber aufrechterhalten. Dies will natürlich genau überlegt sein, zumal der bisherige Arbeitgeber dann möglicherweise mit betriebsbedingten Kündigungen drohen könnte. Hier sind aber ganz unterschiedliche Konstellationen denkbar. Unter Umständen kann auch ein kollektiver Widerspruch aller Beschäftigter sinnvoll sein, um den Betriebsübergang im Ergebnis zu verhindern.

g) Schutz der Arbeitnehmervertreter

Arbeitnehmervertreter sind zunächst wie alle anderen Beschäftigten von Betriebsübergängen betroffen. Auch für sie stellt der Betriebsübergang als solcher keinen Kündigungsgrund dar (Art. 4 Abs. 1 RL 2001/23/EG). Bestimmte Betriebsübergänge können sich aber – eher negativ – auf ihr Amt als Betriebsrats-/Personalratsmitglieder auswirken. Dies haben die europäischen Instanzen erkannt und hierfür in Art. 6 der Richtlinie besondere Regelungen geschaffen.

Hier sind verschiedene Konstellationen zu unterscheiden:

- Nach Art. 6 Abs. 1 Unterabs. 1 der Richtlinie 2001/23/EG bleiben bei **fortdauernder Selbstständigkeit** des Betriebs/Unternehmens Rechtsstellung und Funktion der Arbeitnehmervertreter erhalten, was der deutschen Rechtslage entspricht. »Selbstständigkeit« liegt vor, wenn

284 Vgl. BVerfG 25.1.2011 – 1 BvR 1741/09, AuR 2011, 132 zur Unzulässigkeit des Betriebsübergangs ohne Widerspruchsrecht.

die Organisationsbefugnisse der für die übertragene Einheit Verantwortlichen nach dem Übergang innerhalb der Strukturen des Erwerbers im Vergleich zu der Lage vor dem Übergang im Wesentlichen unverändert bleiben. In diesem Fall muss das Recht der Beschäftigten auf Vertretung unter gleichen Bedingungen wie vor dem Übergang ausgeübt werden können. Eine Umverteilung bestimmter Organisationsbefugnisse innerhalb der übertragenen Einheit, insb. der bloße Austausch der obersten Dienstvorgesetzten beeinträchtigt grundsätzlich deren Selbständigkeit nicht. Das Amt des Betriebs-/Personalrats sowie die abgeschlossenen Betriebs-/Dienstvereinbarungen bestehen dann uneingeschränkt weiter, so dass es eines Übergangsmandats nicht bedarf.[285] Betriebs-/Personalräte können gegenüber dem Erwerber darauf hinweisen, dass sie ihr Amt wahrnehmen, und ihre Zusammenarbeit anbieten, selbstverständlich unter Wahrung ihrer Mitbestimmungs- und sonstigen Beteiligungsrechte.

- Für den Fall, dass ein Betrieb bzw. Betriebsteil seine **Selbstständigkeit** nach der Übertragung **nicht behält**, d. h. in seiner Struktur verändert wird, könnte die Gefahr des Verlustes der kollektiven Vertretung bestehen, da diese grundsätzlich an die Identität des vorhandenen Betriebs/Betriebsteils geknüpft ist.

Beispiel:
Wie in obigem Beispiel gliedert ein Unternehmen einen Betriebsteil aus (Abspaltung) und überträgt ihn an eine neu gegründete Tochtergesellschaft / Fremdfirma, in der es keinen Betriebsrat gibt. Würde jetzt keine Auffangregelung greifen, wären die betroffenen Beschäftigten nicht mehr kollektiv vertreten. Die Arbeitgeberin könnte sich bestimmter hartnäckiger Vertretungsorgane elegant durch betriebliche Umstrukturierungen entledigen. Danach könnte man die bestehenden Betriebsvereinbarungen einseitig abändern und Beschäftigte ohne vorheriges Anhörungsverfahren entlassen und vieles mehr.

Hier verlangt Art. 6 Abs. 1 Unterabs. 4 der Richtlinie 2001/23/EG, dass die vom Übergang betroffenen Arbeitnehmer, die vor dem Übergang vertreten wurden, während des Zeitraums, der für die Neubildung oder Neubenennung der Arbeitnehmervertretung erforderlich ist, im Einklang mit dem Recht oder der Praxis der Mitgliedstaaten weiterhin angemessen vertreten werden.

285 EuGH 29.7.2010 – C-151/09, UGT/Uribe, AuR 2010, 484; dazu Buschmann, AiB 2014, 21, EUArbRK-*Winter*, RL 2001/23/EG, Art. 6 Rn. 13ff.

Deutschland hat diese europäische Vorgabe durch die Bestimmungen über **Übergangsmandate** in **§ 21a BetrVG** und **§ 29 BPersVG** umgesetzt, wobei die neuere Vorschrift des BPersVG aus Arbeitnehmersicht günstiger ist. Die Übergangsmandate sind grundsätzlich auf sechs Monate befristet, in denen die Arbeitnehmervertretungen neu gewählt werden sollen, um die Kontinuität der Beschäftigtenvertretung zu sichern.[286] Erneut kann festgehalten werden, dass durch die europäischen Vorgaben Bewegung in die deutsche Diskussion gekommen ist, so dass der Gesetzgeber das Übergangsmandat ausdrücklich in seine nationalen Gesetze (s. o.; zur Schwerbehindertenvertretung **§ 177 Abs. 8 SGB IX**) aufgenommen hat. Vorher gab es das alles nicht – sehr zum Nachteil der Beschäftigten und ihrer Vertreter in Betrieben und Dienststellen. Für Personalräte ist besonders auf § 29 Abs. 6 BPersVG hinzuweisen, der nun auch ein Übergangsmandat für den Fall von **Privatisierungen** statuiert.
Nach Art. 6 Abs. 2 der Richtlinie 2001/23/EG gelten für Arbeitnehmervertreter die mit ihrem Amt verbundenen Schutzmaßnahmen weiter, auch wenn ihr Mandat auf Grund des Übergangs erlischt. Durch den Betriebsübergang sollen Arbeitnehmervertreter in ihrer **persönlichen Rechtsstellung** nicht schlechter gestellt werden als ohne den Übergang. Dies gilt auch, wenn ihr persönliches Mandat auf Grund des Übergangs endet. Das Erlöschen tritt frühestens mit Ende des Übergangsmandats ein. Diese Bestimmung betrifft also nicht den Schutz während (hier ist das Mandat noch nicht erloschen), sondern nach Ablauf des Übergangsmandats. Betroffen sind etwa ehemalige **Betriebsratsmitglieder nach Ablauf des Übergangsmandats** sowie **Mitglieder, deren Mitgliedschaft ausnahmsweise auf Grund des Übergangs endet,** etwa bei Eingliederung in einen aufnehmenden Betrieb mit Betriebsrat oder Zusammenlegung zu einem neuen Betrieb, in dem ein anderer größerer Betriebsrat das Übergangsmandat wahrnimmt. »Schutzmaßnahmen« sind vor allem die **Sonderkündigungsschutzvorschriften** der §§ 103 BetrVG / 55 BPersVG und § 15 KSchG.
Diese Anforderungen der Richtlinie werden mit der Begrenzung des § 103 BetrVG auf aktuelle Betriebsratsmitglieder sowie der zeitlich begrenzten Nachwirkung des § 15 KSchG nicht erfüllt. Europarechtlich müsste sich dieser Schutz so gestalten, als hätten die Betriebsratsmitglieder ihr Mandat (ohne den Übergang) bis zum Ablauf der regulären Amtszeit ausgeübt. Daran müsste (nach nationalem Recht) sich der nachwirkende Kündigungsschutz des § 15 Abs. 2 Satz 2 KSchG anschließen

286 Wegen der Einzelheiten der Übergangsmandate bei Spaltung und Zusammenlegung wird auf die Kommentierung in DKW, § 21a BetrVG verwiesen.

(str.). Nach wohl h. M. ist nur der für beendete Mandate geltende (also nachwirkende) auf ein Jahr begrenzte individuelle Kündigungsschutz gewährleistet.[287] Der Wortlaut des Art. 6 Abs. 2 der Richtlinie enthält diese Einschränkung indes nicht. Der Staat als Arbeitgeber ist unmittelbar an die Vorgaben der Richtlinie gebunden und kann sich nicht wirksam auf seine mangelnde Umsetzung berufen.

13. Leiharbeit

a) Streit um Begriffe

Mit falschen Titeln wird gelegentlich Verwirrung gestiftet. Deswegen soll hier – ausnahmsweise – vorab geklärt werden, worum es begrifflich geht: in Europa um die Leiharbeitsrichtlinie,[288] in Deutschland um das Arbeitnehmerüberlassungsgesetz (AÜG). Das AÜG spricht auch in seinen einzelnen Vorschriften von Leiharbeitnehmern, Verleihern und Entleihern. Einen Begriff »Zeitarbeit« gibt es weder in der europäischen noch in der deutschen Vorschrift. Manche Arbeitgeber sprechen gerne von »Zeitarbeit«, was besser klingt und den Eindruck von Seriosität vermittelt, allerdings verwirrt wegen der Verwechslungsgefahr mit »befristeten Arbeitsverhältnissen«. Wir bleiben bei den offiziellen Begriffen Leiharbeit und Arbeitnehmerüberlassung.

b) Leiharbeit als Geschäftsmodell

Leiharbeit ist eine besondere Form von Fremdfirmen-Arbeit. Beschäftigungsverhältnis und Beschäftigungsbetrieb fallen in einem Dreiecksverhältnis auseinander. Die bei dem Verleiher angestellten Leiharbeitnehmer werden bei dem Entleiher eingesetzt und arbeiten für diesen. Nach Antwort der Bundesregierung[289] auf eine parlamentarische Anfrage zu »aktuellen Entwicklungen in der Leiharbeit« unter Bezug auf Statistik der Bundesagentur für Arbeit lag die Zahl der Leiharbeitnehmer 2023 bei rund 753 000, davon rund 41 % befristet. Ihre durchschnittliche Beschäftigungsdauer lag bei 10,6 Monaten. Für Leiharbeitnehmer gelten andere vertragliche Arbeitsbedingungen als für die Stammbeschäftigten des Entleihers, sehr häufig schlechtere. Laut Auskunft der Bundesregierung lag ihr Bruttomonatsent-

287 EAS-*Schubert*, B 8300, Europäisches Betriebsverfassungsrecht Rn. 455.
288 Richtlinie 2008/104/EG v. 19. 11. 2008 über Leiharbeit.
289 Antwort der Bundesregierung vom 18. 9. 2024, BT-Drucks. 20/13033.

gelt bei rund 1400 Euro weniger als der Median aller sozialversicherungspflichtig Vollzeitbeschäftigten. Nicht wenige Arbeitgeber versuchen deshalb, langfristig Stammbeschäftigte durch Leiharbeiter zu ersetzen, um dadurch Kosten zu sparen. Daraus entstehen gerichtliche Verfahren über die notwendige Begrenzung der zulässigen Einsatzdauer der jeweiligen Überlassungen und über die Gleichbehandlung der Leiharbeitnehmer. Zugleich sind die Vertretung der Leiharbeitnehmer im Entleiherunternehmen und die Beteiligung der Arbeitnehmervertreter abzusichern.

c) Arbeitnehmerüberlassungsgesetz wie Radio Eriwan[290]

→ das Prinzip einer Höchstüberlassungsdauer von 18 Monaten, die Praxis …

Seit dem 1.4.2017 darf der Verleiher denselben Leiharbeitnehmer nicht länger als 18 aufeinanderfolgende Monate demselben Entleiher überlassen (§ 1 Abs. 1b Satz 1 AÜG). Vorherige Überlassungen an denselben Entleiher sind vollständig anzurechnen, wenn zwischen den Einsatzzeiten nicht mehr als drei Monate liegen. Gilt somit in Deutschland eine Höchstüberlassungsdauer von 18 Monaten für Leiharbeitnehmer?

Im Prinzip schon, **aber** nach § 1 Abs. 1b Satz 3 AÜG kann in einem Tarifvertrag von Tarifvertragsparteien der Einsatzbranche eine abweichende Überlassungshöchstdauer festgelegt werden. Eine Abweichung ist auch möglich durch eine Betriebsvereinbarung, die aufgrund eines Tarifvertrags getroffen worden ist. Abweichende Regelungen gelten auch für Kirchen und öffentlich-rechtliche Religionsgesellschaften. Zudem werden Überlassungszeiten vor dem 1.4.2017 bei der Berechnung der Überlassungshöchstdauer nicht berücksichtigt (§ 19 Abs. 2 AÜG).

→ das Prinzip der Gleichbehandlung, die Praxis …

In § 8 Abs. 1 AÜG ist der Gleichstellungsgrundsatz von Leiharbeitnehmern geregelt. Demnach haben Leiharbeitnehmer für die Zeit der Überlassung grundsätzlich einen Anspruch darauf, unter den gleichen finanziellen Bedingungen zu arbeiten wie reguläre Arbeitnehmer. Werden somit Leiharbeitnehmer mit Stammbeschäftigten gleichbehandelt?

Im Prinzip gilt der Grundsatz der Gleichbehandlung. **Jedoch** ist es möglich, nach § 8 Abs. 2 und 4 AÜG in einem Tarifvertrag davon abzuwei-

290 Radio Eriwan (auch Sender Jerewan oder Radio Jerewan) ist ein fiktiver Radiosender, der unter dem kommunistischen Sowjetregime Zuhörerfragen beantwortet. Die Antworten auf die Fragen beginnen zumeist mit »Im Prinzip ja, aber …«.

chen. In der Praxis ist dies nicht die Ausnahme, sondern **die Regel**, sodass schlechtere Arbeitsbedingungen für Leiharbeitnehmer gelten. Dies ist zu Recht kritisch beurteilt worden.[291] Die Gewerkschaften fordern die völlige Gleichbehandlung der Leiharbeit.

d) Begrenzung auf »vorübergehenden« Einsatz in der Richtlinie 2008/104/EG

Bereits Art. 1 Abs. 1 der Leiharbeitsrichtlinie 2008/104/EG (Leiharbeits-RL) stellt klar, dass Leiharbeitnehmer einem Entleiherunternehmen zur Verfügung gestellt werden, um »vorübergehend« unter dessen Aufsicht und Leitung zu arbeiten. Die Begrenzung »vorübergehend« wird in Art. 3 Abs. 1 lit. b)-e) jeweils ausdrücklich wiederholt. Was genau mit »vorübergehend« gemeint ist, wird aber nicht in der Richtlinie definiert. Zudem verpflichtet Art. 5 Abs. 5 Leiharbeits-RL die Mitgliedstaaten, aufeinanderfolgende Überlassungen, mit denen die Bestimmungen der Richtlinie umgangen werden sollen, zu verhindern.

> **Beispiel:**
> Arbeitnehmer A ist als Leiharbeiter für 55 Monate (4 Jahre und 7 Monate) ausschließlich an einen Entleiher überlassen worden. Der Arbeitsplatz war dauerhaft vorhanden und wurde auch nicht vertretungsweise besetzt.

Zunächst könnte daran gedacht werden, dass eine Überschreitung der Höchstüberlassungsdauer von 18 Monaten nach § 1 Abs. 1b AÜG vorliegt. Jedoch sieht § 19 Abs. 2 AÜG vor, dass Überlassungen, die vor dem 1.4.2017 liegen, nicht zu berücksichtigen sind. Zudem galt nach einer Betriebsvereinbarung eine 36-monatige Höchstüberlassungsdauer. Arbeitnehmer A ist der Auffassung, dass die Überlassung nicht mehr »vorübergehend« sein kann. Genau diesen Fall hatte der EuGH in der Rechtssache Daimler zu entscheiden.
Der EuGH meinte, dass »vorübergehend« in Art. 1 Abs. 1 Leiharbeits-RL nicht darauf abzielt, dass Leiharbeitnehmer nur auf Arbeitsplätzen mit einem vorübergehenden Charakter beschäftigt werden dürfen.[292] »Vorübergehend« ist demnach auf die persönliche Einsatzdauer zu beziehen. Eine Obergrenze der Höchstüberlassungsdauer definiert die Leiharbeits-RL nicht ausdrücklich. Jedoch »müssen die Mitgliedstaaten dafür Sorge

291 Forst in Schlachter/Heinig, Bd. 7, § 16, Rn. 75.
292 EuGH 17.3.2022 – C-232/20, Daimler, Rn. 28ff.; kritisch dazu Klengel, AuR 2022, 534.

tragen, dass Leiharbeit bei demselben entleihenden Unternehmen nicht zu einer Dauersituation für einen Leiharbeitnehmer wird«.[293]

Dafür werden folgende Leitgedanken herangezogen:[294]

1. Derselbe Leiharbeitnehmer wird aufeinanderfolgend überlassen.
2. Die Überlassungsdauer ist nach den Umständen des Einzelfalls, wozu insbesondere Branchenbesonderheiten zählen, »vernünftigerweise« nicht mehr als vorübergehend anzusehen.
3. Fehlt eine »objektive Erklärung« für eine Reihe aufeinanderfolgender Leiharbeitsverträge durch dasselbe Leiharbeitsunternehmen, ist eine Umgehung zu prüfen, und zwar »erst recht«, wenn es derselbe Leiharbeiter ist, der erneut überlassen wird.

Es ist Sache des nationalen Gerichts, diese Kriterien zu prüfen.

Bezüglich der Stichtagsklausel in der Übergangsvorschrift erkennt der EuGH, dass § 19 Abs. 2 AÜG gegen die Richtlinie verstößt, dieser Verstoß unter Privatpersonen aber nicht die Unanwendbarkeit des richtlinienwidrigen nationalen Rechts zur Folge hat.[295] In diesem Zusammenhang winkt der EuGH mit dem Zaunpfahl und verweist auf die Rechtsprechung seit Francovich und Bonifaci zur Staatshaftung.[296] Es wäre somit zu prüfen, ob ggf. Ersatz des entstandenen Schadens verlangt werden kann.

Dass zwar § 19 AÜG gegen die Richtlinie verstößt, aber wegen des bloßes Richtlinienverstoßes nicht unwirksam sei und dass deshalb nur die Zeiten ab 2017 angerechnet werden müssen.[297] Die danach noch anzurechnenden 36 Monate seien nur vorübergehend.[298] Es verweist ebenfalls auf Schadensersatzansprüche, da § 19 Abs. 2 AÜG nicht im Einklang mit Unionsrecht steht.[299]

Am 1.10.2024 hat das BAG ein Vorabentscheidungsersuchen an den EuGH gerichtet, um zu klären, ob und ggf. unter welchen Voraussetzungen bei der Berechnung der Überlassungsdauer im Fall eines Betriebsübergangs Veräußerer und Erwerber als ein »entleihendes Unternehmen« i.S.v. Art. 3 Abs. 1 lit. d) der Leiharbeits-RL anzusehen sind.[300] Es bleibt

---

293 EuGH 17.3.2022 – C-232/20, Daimler, Rn. 56.

294 EuGH 17.3.2022 – C-232/20, Daimler, Rn. 60ff.

295 EuGH 17.3.2022 – C-232/20, Daimler, Rn. 83.

296 EuGH 17.3.2022 – C-232/20, Daimler, Rn. 99 mit Verweis auf EuGH 19.11.1991 – C-6/90, C-9/90, Francovich und Bonifaci.

297 LAG Berlin-Brandenburg 25.7.2024 – 26 Sa 1241/22.

298 LAG Berlin-Brandenburg 25.7.2024 – 26 Sa 1241/22, Rn. 100.

299 Ebd.

300 Siehe Pressemitteilung Nr. 25/24 des BAG v. 1.10.2024 – 9 AZR 264/23 (A). Die Gründe der Vorlageentscheidung waren bei Redaktionsschluss noch nicht veröffentlicht.

abzuwarten, ob sich aus der Entscheidung neue Erkenntnisse zur Überlassungshöchstdauer ergeben.

e) Gleichbehandlungsgrundsatz

In Art. 5 Abs. 1 Leiharbeits-RL ist der »Grundsatz der Gleichbehandlung« normiert. Demnach müssen die **wesentlichen Arbeits- und Beschäftigungsbedingungen** der Leiharbeitnehmer während der Dauer ihrer Überlassung an ein entleihendes Unternehmen **mindestens** denjenigen entsprechen, die für sie gelten würden, wenn sie von diesem Unternehmen unmittelbar für den gleichen Arbeitsplatz eingestellt worden wären. Art. 5 Abs. 2 erlaubt es den Mitgliedstaaten, durch besondere Bestimmungen Abweichungen vom Gleichbehandlungsgrundsatz des Abs. 1 zuzulassen. Art. 5 Abs. 3 ist anders formuliert: Die Vorschrift erlaubt es den Mitgliedstaaten, tarifliche Abweichungen von den in Bezug genommenen wesentlichen Arbeits- und Beschäftigungsbedingungen zuzulassen, aber nicht vom Gleichbehandlungsgrundsatz als solchem.

An dieser Stelle ist zu bemerken, dass Art. 5 Abs. 2 Leiharbeits-RL nicht ins deutsche Recht umgesetzt worden ist, sondern nur Art. 5 Abs. 3. Speziell für Arbeitsentgelt setzt Art. 5 Abs. 2 Leiharbeits-RL einen unbefristeten Arbeitsvertrag des Leiharbeitnehmers sowie Entgeltfortzahlung in der Zeit zwischen den Überlassungen voraus, legitimiert aber nicht zu einer Übertragung der Abweichungskompetenz auf Sozialpartner. In Art. 5 Abs. 2 werden nur die Mitgliedstaaten adressiert. Deutschland hat von der Ausnahmeregelung in Art. 5 Abs. 2 jedoch keinen Gebrauch gemacht. So hat die Bundesregierung die Frage der Kommission, ob der Mitgliedstaat von der Abweichungsmöglichkeit nach Art. 5 Abs. 2 Leiharbeits-RL Gebrauch gemacht hat, mit einem klaren »Nein« beantwortet.[301] Deswegen ist für die Auslegung des Arbeitnehmerüberlassungsgesetzes Art. 5 Abs. 2 Leiharbeits-RL in keiner Weise einschlägig – weder für befristet noch für unbefristet Beschäftigte. Mithin lässt sich tarifdispositives Arbeitsrecht wie § 8 Abs. 2 AÜG nicht auf Art. 5 Abs. 2 Leiharbeits-RL stützen.

Nach Art. 5 Abs. 3 Leiharbeits-RL ist eine Abweichung von den Arbeitsbedingungen nur unter »Achtung des Gesamtschutzes« möglich, was noch einmal unterstreicht, dass hiermit keine Abweichung vom Gleich-

301 COMMISSION STAFF WORKING DOCUMENT Technical annexes Accompanying the document REPORT FROM THE COMMISSION TO THE EUROPEAN PARLIAMANT, THE COUNCIL, THE EUROPEAN ECONOMIC AND SOCIAL COMMITTEE AND THE COMMITTEE OF THE REGIONS on the application by Member States of Directive 2008/104/EC on temporary agency work / * SWD/2014/0108 final */.

behandlungsgrundsatz nach unten gemeint ist. Doch was bedeutet die Pflicht zur Achtung des Gesamtschutzes von Leiharbeitnehmern, wenn ein Tarifvertrag in einzelnen Bestimmungen, etwa beim Gehalt, vom Grundsatz der Gleichbehandlung nach unten abweicht?

Beispiel:
Arbeitnehmerin B war aufgrund eines befristeten Arbeitsverhältnisses als Leiharbeitnehmerin in Teilzeit beschäftigt. Sie war im Streitzeitraum Januar bis April 2017 hauptsächlich einem Unternehmen des Einzelhandels als Kommissioniererin überlassen und verdiente zuletzt aufgrund einer Vereinbarung in einem Tarifvertrag 9,23 Euro brutto pro Stunde. Nach Auffassung der Arbeitnehmerin B lag ein Verstoß gegen den Gleichbehandlungsgrundsatz vor, da vergleichbare Stammarbeitnehmer einen Stundenlohn von 13,64 Euro brutto erhielten. Sie machte Differenzlohnzahlungen geltend.

Der EuGH stellte zu Recht fest, dass der Gesamtschutz nur dann gewährleistet ist, wenn der Tarifvertrag, der nach Art. 5 Abs. 3 Leiharbeits-RL zum Nachteil der Beschäftigten von wesentlichen Arbeits- und Beschäftigungsbedingungen abweicht, diese Ungleichbehandlung durch besondere, gleichwertige Vorteile ausgleicht.[302] Dabei verlangt der EuGH bei befristeten Arbeitsverträgen eine höhere Kompensation als bei unbefristeten Arbeitsverhältnissen.[303]
Es ist eine konkrete Einzelfallprüfung anhand von drei Schritten vorzunehmen:[304]

1. Bestimmung wesentlicher Arbeits- und Beschäftigungsbedingungen in dem entleihenden Unternehmen;
2. Vergleich mit den Beschäftigungsbedingungen aus dem Leiharbeitstarifvertrag;
3. Beurteilung, ob besondere, tarifliche Ausgleichsvorteile eine Neutralisierung der Ungleichbehandlung ermöglichen.

In der Umsetzungsentscheidung hat das BAG die Wahrung des Gesamtschutzes bejaht, ohne eine konkrete Einzelfallprüfung vorzunehmen.[305] Nach Auffassung des BAG war ein Ausgleichsvorteil dadurch gegeben, dass der Gesetzgeber eine Kompensation durch die Weiterzahlung des tariflichen Entgelts auch in verleihfreien Zeiten geschaffen habe. Arbeit-

302 EuGH 15.12.2022 – C-311/21, TimePartner Personalmanagement, Rn. 39, AuR 2023, 168.
303 EuGH 15.12.2022 – C-311/21, TimePartner Personalmanagement, Rn. 43.
304 EuGH 15.12.2022 – C-311/21, TimePartner Personalmanagement, Rn. 49.
305 BAG 31.5.2023 – 5 AZR 143/19, AuR 2023, 304.

nehmerin B konnte sich deshalb mit ihrem Anspruch auf Differenzlohnzahlungen nicht durchsetzen. Dabei wurde freilich verkannt, dass der EuGH eine Kompensation in dem einschlägigen Tarifvertrag selbst fordert. Weiterhin trägt der Arbeitgeber nach § 615 BGB auch bei »Stammbeschäftigten« das Betriebsrisiko, so dass die Weiterzahlung des Entgelts keinen Vorteil darstellt. Schließlich bleibt offen, ob mit diesem Argument auch weitere Nachteile in Leiharbeits-Tarifverträgen wie etwa beim Urlaub ausgeglichen werden können. Was geschieht, wenn die Differenz zwischen den Stundenlöhnen im Einsatzunternehmen gegenüber dem Leiharbeits-Tarifvertrag deutlich höher ist als 4 Euro?
Der EuGH hat auch in einer neuen Entscheidung vom 22. 2. 2024 das Erfordernis der konkreten Einzelfallprüfung bestätigt und darauf verwiesen, dass die Kompensation im Tarifvertrag selbst zu erfolgen hat.[306] Es trifft also nicht zu, dass das BAG mit dem pauschalen Bezug auf eine Weiterzahlung in Nichteinsatzzeiten den Vorgaben des EuGH nachkommt. Zur Klärung der Rechtslage ist eine erneute Vorlage an den EuGH erforderlich.[307]

f) Einschränkung der Leiharbeit durch Tarifvertrag?

Nach Art. 4 Abs. 1 Leiharbeits-RL sind Verbote oder Einschränkungen des Einsatzes von Leiharbeit nur aus Gründen des Allgemeininteresses gerechtfertigt; hierzu zählen vor allem der Schutz der Leiharbeitnehmer, die Erfordernisse von Gesundheitsschutz und Sicherheit am Arbeitsplatz oder die Notwendigkeit, das reibungslose Funktionieren des Arbeitsmarktes zu gewährleisten und eventuellen Missbrauch zu verhüten. Die Mitgliedstaaten werden nach Abs. 2 dazu verpflichtet, die Verbote und Einschränkungen zu überprüfen. Doch welche Rechtswirkungen hat Art. 4 Leiharbeits-RL?

Beispiel:
In der Rechtssache AKT setzte ein Unternehmen in erheblichem Umfang Leiharbeitnehmer zur Erledigung von Aufgaben ein, die mit denen der eigenen Arbeitnehmer des Unternehmens identisch sind. Die einschlägige tarifvertragliche Bestimmung enthielt folgende Klausel: »Unternehmen haben den Einsatz von Leiharbeitnehmern auf den Ausgleich von Arbeitsspitzen oder sonst auf zeitlich oder ihrer Art nach begrenzte Aufgaben zu

306 EuGH 22. 2. 2024 – C-649/22, Randstad Empleo u. a., Rn. 64ff., 70; so auch schon EuGH 15. 12. 2022 – C-311/21, TimePartner Personalmanagement, Rn. 39, 42.
307 So auch Brors, ZESAR 9/2024, 370, 373.

beschränken, die wegen der Dringlichkeit, der begrenzten Dauer der Arbeit, erforderlicher beruflicher Kenntnisse und Spezialgeräte oder aus vergleichbaren Gründen eigenen Arbeitnehmern nicht übertragen werden können.« Das einschlägige finnische Tarifvertragsgesetz sieht bei einem Verstoß gegen tarifvertragliche Bestimmungen eine Strafzahlung von bis zu 29 500 Euro vor. Die finnische Gewerkschaft AKT sah in dem dauerhaften Einsatz von Leiharbeitnehmern einen Verstoß gegen die tarifvertraglichen Bestimmungen, weshalb sie bei Gericht die Festsetzung einer Geldstrafe beantragte. Das finnische Gericht legte dem EuGH die Frage vor, ob diese Tarifvertragsbestimmung eine ungerechtfertigte Einschränkung des Einsatzes von Leiharbeitnehmern darstellt, die gegen Art. 4 Abs. 1 Leiharbeits-RL verstößt.

Der EuGH hat sich erstmals zu den Rechtswirkungen des Art. 4 Leiharbeits-RL geäußert und eine materiell-rechtliche Wirkung abgelehnt.[308] Nach Ansicht des EuGH regelt Art. 4 Leiharbeits-RL nur eine Überprüfungsverpflichtung der Mitgliedstaaten. Nationale Gerichte seien daher nicht verpflichtet Bestimmungen unangewendet zu lassen, die gegen Art. 4 Leiharbeits-RL verstoßen.[309] Die Entscheidung ist zu begrüßen, da sie den Wortlaut der Vorschrift nicht überstrapaziert und den Regelungsspielraum der Mitgliedstaaten zur Beschränkung prekärer Arbeitsverhältnisse achtet.[310]

g) Zugang zu Beschäftigung, Gemeinschaftseinrichtungen und beruflicher Bildung

Nach Art. 6 Abs. 1 Leiharbeits-RL werden Leiharbeitnehmer über die im entleihenden Unternehmen offenen Stellen unterrichtet, damit sie gleiche Chancen auf einen unbefristeten Arbeitsplatz haben wie die übrigen Arbeitnehmer dieses Unternehmens. Diese Unterrichtung kann durch allgemeine Bekanntmachung an einer geeigneten Stelle in dem Unternehmen erfolgen. Dabei ist Bedingung, dass die Bekanntmachung für den Leiharbeitnehmer zugänglich ist. Die Vorschrift dient dem in Art. 2 Leiharbeits-RL genannten Ziel der Schaffung von Arbeitsplätzen, und zwar insbesondere durch Übernahme von Leiharbeitnehmern durch den Entleiher. In diesem Zusammenhang verlangt Art. 6 Abs. 2 Leiharbeits-RL von den Mitgliedstaaten, die erforderlichen Maßnahmen zu ergreifen, damit Klauseln, die den Abschluss eines Arbeitsvertrags oder die Begrün-

308 EuGH 17.3.2015 – C-533/13, AKT, Rn. 25 ff., AuR 2015, 279.
309 EuGH 17.3.2015 – C-533/13, AKT, Rn. 32.
310 So auch Heuschmid, AuR 2015, 279.

dung eines Beschäftigungsverhältnisses zwischen dem entleihenden Unternehmen und dem Leiharbeitnehmer nach Beendigung seines Einsatzes entgegenstehen, nichtig sind oder für nichtig erklärt werden können.
In Art. 6 Abs. 3 Leiharbeits-RL ist das Verbot der Vereinbarung einer Vermittlungs- und einer Überlassungsprovision geregelt. Der Gleichbehandlungsgrundsatz (Art. 5 Leiharbeits-RL) wird durch Art. 6 Abs. 4 Leiharbeits-RL erweitert, wonach Leiharbeitnehmer beim Zugang zu den Gemeinschaftseinrichtungen und -diensten gleich zu behandeln sind, es sei denn, eine unterschiedliche Behandlung ist aus objektiven Gründen gerechtfertigt. Da Art. 6 keine Ausnahmen zulässt, ist – im Gegensatz zu Art. 5 Leiharbeits-RL – insbesondere eine Abweichung durch Tarifvertrag ausgeschlossen.

h) Repräsentation der Leiharbeitnehmer in der Arbeitnehmervertretung

Art. 7 Leiharbeits-RL bestimmt die Berücksichtigung der Leiharbeitnehmer bei den Schwellenwerten für die Einrichtung einer Arbeitnehmervertretung. Art. 7 Abs. 1 stellt auf die Berücksichtigung der Schwellenwerte im Leiharbeitsunternehmen ab. Nach Abs. 2 können die Mitgliedstaaten eine Berücksichtigung aber auch im entleihenden Unternehmen vorsehen, wobei die Vorschrift einer Berücksichtigung in beiden Unternehmen nicht entgegensteht.[311] Die Schwellenwerte beziehen sich nur auf die **Einrichtung** einer Arbeitnehmervertretung, nicht jedoch auf das Bestehen von Beteiligungsrechten oder das aktive und passive Wahlrecht.[312] Vom Begriff »Arbeitnehmervertretung« i. S. d. Art. 7 Leiharbeits-RL werden Betriebsräte erfasst.[313] Gleiches gilt für Personalräte, wenn der Anwendungsbereich von Art. 1 Abs. 2 Leiharbeits-RL eröffnet ist.[314]
Die Vorgaben des Art. 7 Leiharbeits-RL sind in § 14 AÜG umgesetzt, der vorsieht, dass Leiharbeitnehmer auch während der Überlassung Angehörige des entsendeten Betriebs bleiben. Nach § 14 Abs. 2 Satz 4 AÜG ist eine Doppelzurechnung möglich.

---

311 EUArbRK-*Kolbe*, RL 2008/104/EG Art. 7 Rn. 2, 5.

312 Preis/Sagan-*Sansone*, § 18, Rn. 18.118.

313 EUArbRK-*Kolbe*, RL 2008/104/EG Art. 7 Rn. 4.

314 Vgl. EAS-*Schmitt/Schubert*, B8300, Europäisches Betriebsverfassungsrecht, Rn. 692. In § 1 Abs. 2 Leiharbeits-RL heißt es: »Diese Richtlinie gilt für öffentliche und private Unternehmen, bei denen es sich um Leiharbeitsunternehmen oder entleihende Unternehmen handelt, die eine wirtschaftliche Tätigkeit ausüben, unabhängig davon, ob sie Erwerbszwecke verfolgen oder nicht.«

i) Unterrichtung der Arbeitnehmervertreter

Schließlich haben entleihende Unternehmen nach Art. 8 Leiharbeits-RL den Arbeitnehmervertretern »angemessene Informationen über den Einsatz von Leiharbeitnehmern in dem Unternehmen« vorzulegen. Strengere und/oder spezifischere Regelungen zur Unterrichtung sind ausdrücklich erlaubt. Insbesondere verweist Art. 8 Leiharbeits-RL auf die Richtlinie 2002/14/EG vom 11.3.2002 zur Unterrichtung und Anhörung der Arbeitnehmer.[315] Durch Art. 8 Leiharbeits-RL wird die allgemeine Unterrichtungspflicht der Richtlinie 2002/14/EG auf Leiharbeitnehmer ausgeweitet.[316] Zu den »angemessenen Informationen über den Einsatz von Leiharbeitnehmern« gehören:[317]

- Zahl der aktuell im Unternehmen eingesetzten Leiharbeitnehmer;
- Arbeitsplätze, auf denen die Leiharbeitnehmer eingesetzt werden;
- geplante Einsatzdauer.

Diese Informationen soll den Arbeitnehmervertretern (der Begriff »Arbeitnehmervertretung« entspricht dem in Art. 7 Leiharbeits-RL) ermöglichen, eine Gefährdung der bestehenden Arbeitsplätze zu erkennen.[318] Zwar steht in Art. 8 Leiharbeits-RL nur das Recht der Unterrichtung und nicht der Anhörung von Arbeitnehmervertretern. Jedoch folgt das Recht der Anhörung aus Art. 4 Abs. 2 lit. b) Richtlinie 2002/14/EG.[319] Denn nach ErwG 9 der Richtlinie 2002/104/EG ist eine rechtzeitige Unterrichtung und Anhörung der Arbeitnehmervertretungen insbesondere bei neuen Formen der Arbeitsorganisation notwendig, wozu auch Leiharbeit zählt.[320]

---

315 Richtlinie 2002/14/EG v. 11.3.2002 zur Festlegung eines allgemeinen Rahmens für die Unterrichtung und Anhörung der Arbeitnehmer in der Europäischen Gemeinschaft – Gemeinsame Erklärung des Europäischen Parlaments, des Rates und der Kommission zur Vertretung der Arbeitnehmer.

316 EUArbRK-*Kolbe*, RL 2008/104/EG Art. 8 Rn. 1.

317 Siehe Hamann, EuZA 2009, 287, 323f.

318 Ebd.

319 In Art. 4 Abs. 2 lit. b) Richtlinie 2002/14/EG heißt es: »Unterrichtung und Anhörungen umfassen die Unterrichtung und Anhörung zu Beschäftigungssituation, Beschäftigungsstruktur und wahrscheinlicher Beschäftigungsentwicklung im Unternehmen oder Betrieb sowie zu ggf. geplanten antizipativen Maßnahmen, insbesondere bei einer Bedrohung für die Beschäftigung.«

320 So auch EAS-*Schmitt/Schubert*, B8300, Europäisches Betriebsverfassungsrecht, Rn. 694.

14. Insolvenz

a) Anwendungsbereich

Man hofft, dass sie nicht eintritt – aber auch darauf muss man vorbereitet sein. Europa gibt mit der **Insolvenzschutzrichtlinie 2008/94/EG**[321] einen beschränkten Schutz für Arbeitnehmeransprüche gegen zahlungsunfähig gewordene Arbeitgeber. Vereinfacht gesagt ist dies der Fall, wenn über die Eröffnung oder über die Nichteröffnung eines Insolvenzverfahrens mangels Masse entschieden wurde. In der Praxis haben sich zwei Schwerpunkte als besonders wichtig herausgestellt:

b) Insolvenzgeld

Art. 3–5 der Richtlinie verpflichten die Mitgliedstaaten zur Erstellung von **Garantieeinrichtungen zur Befriedigung nicht erfüllter Arbeitnehmeransprüche** einschließlich Abfindungen. Die Mitgliedstaaten können diese Zahlungspflicht auf drei Monate begrenzen. Im deutschen Recht wird dies durch das von der Bundesagentur für Arbeit geleistete Insolvenzgeld nach §§ 165ff. SGB III gewährleistet. Es ist auf Ansprüche aus den letzten drei Monaten des Arbeitsverhältnisses vor dem Insolvenzereignis (Eröffnung/Abweisung des Insolvenzantrags) begrenzt.

c) Absicherung der betrieblichen Altersversorgung

Art. 8 der Richtlinie verpflichtet die Mitgliedstaaten, die notwendigen Maßnahmen zum Schutz der Interessen der Arbeitnehmer sowie Betriebsrentner hinsichtlich ihrer erworbenen Rechte oder Anwartschaftsrechte auf Leistungen bei Alter einschließlich Leistungen für Hinterbliebene aus **betrieblichen oder überbetrieblichen Zusatzversorgungseinrichtungen** zu treffen. Diese lange Zeit wenig bekannte Vorschrift ist in den letzten Jahren so relevant geworden, dass hierüber eine ganze Reihe von Verfahren (im gewerkschaftlichen Rechtsschutz auch aus Deutschland) vor den EuGH gebracht und dort entschieden wurden. Nach Auffassung des EuGH erfordert die Vorschrift keinen vollständigen Ausgleich von Verlusten bei Zahlungsunfähigkeit. Es muss aber gewährleistet werden, dass die Arbeitnehmer mindestens die Hälfte der Leistungen bei Alter erhalten. Auch sonst dürfen Kürzungen nicht offensichtlich unverhältnismäßig sein.

---

321 Richtlinie 2008/94/EG v. 22.10.2008 über den Schutz der Arbeitnehmer bei Zahlungsunfähigkeit des Arbeitgebers.

Die Regelung spielt auch eine Rolle im Zusammenhang mit Betriebsübergängen, z. B. wenn Beschäftigte bei Insolvenzantritt noch nicht unverfallbare Anwartschaften auf betriebliche Altersversorgung haben und sodann der Betrieb auf einen anderen Erwerber übertragen wird. Dieser tritt nach der deutschen Rechtsprechung zum Betriebsrentenrecht bei Insolvenz nicht in die Haftung ein. Jedoch verlangt hier Art. 5 der Betriebsübergangsrichtlinie 2001/23/EG einen Schutz wie in Art. 8 der Insolvenzschutzrichtlinie. Träger der Insolvenzsicherung bei betrieblicher Altersversorgung ist nach dem Betriebsrentengesetz der **Pensionssicherungsverein** (PSV). Der EuGH versteht diese Institution als Staat, der unmittelbar an die Richtlinie gebunden ist (vgl. IV. 2.). Das hat zur Folge, dass dann der PSV im Ausmaß des Art. 8 der Insolvenzrichtlinie für den Ausfall aufkommen muss, selbst wenn der Anspruch auf Betriebsrente noch nicht unverfallbar geworden ist.[322]

15. Datenschutz

a) Rechtsgrundlagen

Datenschutz ist auf europäischer Ebene mehrfach gesichert: Art. 8 EMRK, Übereinkommen 108 des Europarats zum Schutz des Menschen bei der automatischen Verarbeitung personenbezogener Daten v. 28. 1. 1981 (plus Protokolle 181, 223), Art. 16 AEUV als Ermächtigungsnorm, Art. 8 GRC als Grundrecht. Seit dem 25. 5. 2018 gilt die VO (EU)2016/679 v. 27. 4. 2020, die Datenschutz-Grundverordnung (DSGVO).[323] Die Verordnung hat nach Art. 288 Abs. 2 AEUV allgemeine Geltung, ist in allen ihren Teilen verbindlich und gilt unmittelbar in jedem Mitgliedstaat. Sie ist erheblich umfangreicher als die zuvor geltende Richtlinie.

b) Die Datenschutz-Grundverordnung

Art. 5 DSGVO normiert für die Verarbeitung personenbezogener Daten die Grundsätze der **Rechtmäßigkeit, Verarbeitung nach Treu und Glauben, Transparenz, Zweckbindung, Datenminimierung, Richtigkeit,**

322 EuGH 9. 9. 2020 – C-674/18 und C-675/18, AuR 2020, 483; ausführlich Jessolat, AuR 2022, 355.

323 Verordnung (EU) 2016/679 v. 27. 4. 2016 zum Schutz natürlicher Personen bei der Verarbeitung personenbezogener Daten, zum freien Datenverkehr und zur Aufhebung der Richtlinie 95/46/EG (Datenschutz-Grundverordnung, DSGVO).

Speicherbegrenzung, Integrität und Vertraulichkeit, Rechenschaftspflicht. Art. 6 definiert Bedingungen für die Rechtmäßigkeit der Verarbeitung, Art. 7 Bedingungen für Einwilligungen. Art. 9 stellt sensitive Daten unter besonderen Schutz. Art. 13 regelt **Informationspflichten** bei Erhebung personenbezogener Daten bei der betroffenen Person, Art. 14 Informationspflichten, wenn diese nicht dort erhoben wurden, Art. 15 das **Auskunftsrecht**, Art. 16 das Recht auf **Berichtigung**, Art. 17 das Recht auf **Löschung** (Vergessenwerden), Art. 21 das **Widerspruchsrecht** der betroffenen Person, Art. 37–39 Benennung, Stellung und Aufgaben des **Datenschutzbeauftragten** (DS-Beauftragten).

Nach **Art. 88 Abs. 1 DSGVO** »können die Mitgliedstaaten durch Rechtsvorschriften oder Kollektivvereinbarungen **spezifischere Vorschriften** zur Gewährleistung des Schutzes der Rechte und Freiheiten hinsichtlich der **Verarbeitung personenbezogener Beschäftigtendaten** im Beschäftigungskontext, insbesondere für Zwecke der Einstellung, der Erfüllung des Arbeitsvertrags einschließlich der Erfüllung von durch Rechtsvorschriften oder durch Kollektivvereinbarungen festgelegten Pflichten, des Managements, der Planung und der Organisation der Arbeit, der Gleichheit und Diversität am Arbeitsplatz, der Gesundheit und Sicherheit am Arbeitsplatz, des Schutzes des Eigentums der Arbeitgeber oder der Kunden sowie für Zwecke der Inanspruchnahme der mit der Beschäftigung zusammenhängenden individuellen oder kollektiven Rechte und Leistungen und für Zwecke der Beendigung des Beschäftigungsverhältnisses vorsehen.« Diese Vorschriften umfassen gemäß Abs. 2 »geeignete und besondere Maßnahmen zur Wahrung der menschlichen Würde, der berechtigten Interessen und der Grundrechte der betroffenen Person, insbes. im Hinblick auf die Transparenz der Verarbeitung, die Übermittlung personenbezogener Daten innerhalb einer Unternehmensgruppe oder einer Gruppe von Unternehmen, die eine gemeinsame Wirtschaftstätigkeit ausüben, und die Überwachungssysteme am Arbeitsplatz.«

Als nationale »spezifischere Vorschriften« i. S. v. Art. 88 Abs. 1 DSGVO versteht der EuGH »***zusätzliche, strengere oder einschränkende, nationale Vorschriften***«. Sie müssen die Vorgaben von Art. 88 Abs. 2 erfüllen, dürfen sich nicht auf eine Wiederholung der Bestimmungen der DSGVO beschränken (wie im Ausgangsfall § 23 des hessischen Datenschutzgesetzes, HDSIG), müssen auf den Schutz der Rechte und Freiheiten der Beschäftigten hinsichtlich der Verarbeitung ihrer personenbezogenen Daten im Beschäftigungskontext abzielen und geeignete und besondere Maßnahmen zur Wahrung der menschlichen Würde, der berechtigten Interessen und der Grundrechte der betroffenen Person umfassen. Andernfalls sind sie grundsätzlich nicht anzuwenden (so z. B. § 23

HDSIG).[324] Besondere Datenschutzvorschriften ergeben sich aus der sog. KI-Verordnung, VO (EU) 2024/1689 v. 13.6.2024, hierzu ausführlich unter VI. 2 i). Im Urteil v. 27.2.2025 – C-203/22, hat der EuGH Art. 15 Abs. 1 Buchst. h DSGVO dahin ausgelegt, dass bei automatisierten Entscheidungsfindungen (einschließlich Profilings) i. S. v. Art. 22 Abs. 1 DSGVO die betroffene Person vom Verantwortlichen im Rahmen des Anspruchs auf Erteilung »aussagekräftiger Informationen über die involvierte Logik« verlangen kann, ihr anhand der maßgeblichen Informationen in präziser, transparenter, verständlicher und leicht zugänglicher Form die Verfahren und Grundsätze zu erläutern, die bei der automatisierten Verarbeitung ihrer personenbezogenen Daten zur Gewinnung eines bestimmten Ergebnisses – etwa eines Bonitätsprofils – konkret angewandt wurden. Art. 15 Abs. 1 Buchst. h DSGVO ist dahin auszulegen, dass in Fällen, in denen nach Ansicht des Verantwortlichen die Informationen, die der betroffenen Person gemäß dieser Bestimmung zu übermitteln sind, von der DSGVO geschützte Daten Dritter oder Geschäftsgeheimnisse i. S. v. Art. 2 Nr. 1 der Geschäftsgeheimnisschutz-Richtlinie (EU) 2016/943 v. 8.6.2016 umfassen, der Verantwortliche diese angeblich geschützten Informationen der zuständigen Aufsichtsbehörde oder dem zuständigen Gericht zu übermitteln hat, die die einander gegenüberstehenden Rechte und Interessen abwägen müssen, um den Umfang des in Art. 15 DSGVO vorgesehenen Auskunftsrechts der betroffenen Person zu ermitteln.

c) Nationale Umsetzung

Zentral für den nationalen Beschäftigtendatenschutz ist **§ 26 BDSG n. F.** (zuvor § 32 BDSG a. F.). Die Verarbeitung von Beschäftigtendaten ist nach dessen Abs. 1 zulässig, wenn dies für die Entscheidung über die Begründung eines Beschäftigungsverhältnisses oder nach Begründung des Beschäftigungsverhältnisses für dessen Durchführung oder Beendigung oder zur Ausübung oder Erfüllung der sich aus einem Gesetz oder einem TV, einer BV oder DV (Kollektivvereinbarung) ergebenden Rechte und Pflichten der Interessenvertretung der Beschäftigten erforderlich ist. Die hier definierten Voraussetzungen der Datenverarbeitung für Zwecke des Beschäftigungsverhältnisses sind nach Abs. 7 auch anzuwenden, wenn Beschäftigtendaten verarbeitet werden, ohne in einem Dateisystem gespeichert zu werden, z. B. in traditionellen Personalakten. Überträgt man die Feststellungen des EuGH im Urteil HPR der hessischen Lehrer/innen zum fast identischen § 23 Abs. 1 Satz 1 HDSIG auf § 26 Abs. 1 Satz 1

324 EuGH 30.3.2023 – C-34/21, HPR der Lehrer/innen Hessen, zu § 23 HDSIG.

BDSG, so genügt die darin enthaltene pauschale Erlaubnis zur Verarbeitung von Beschäftigtendaten für Zwecke des Beschäftigungsverhältnisses den Erfordernissen des Art. 88 DSGVO nicht.[325] Es bleibt dann bei Art. 6 DSGVO. Vor dem EuGH (C-484/24) anhängig ist die Frage des LAG Niedersachsen v. 8. 5.2024 – 8 Sa 688/23, ob in einem Arbeitsgerichtsprozess unter Verstoß gegen die DSGVO gewonnene Daten zu Lasten von Arbeitnehmern verwertet werden dürfen.

d) Überwachung der Einhaltung des Datenschutzes durch Betriebs-/Personalräte

DSGVO und BDSG sind arbeitnehmerschützende Vorschriften i. S. d. § 80 Abs. 1 Nr. 1 BetrVG / § 62 Nr. 1 BPersVG. Arbeitgeber und Dienststellen müssen eine funktionierende Datenverarbeitung einrichten und die Einhaltung dieser Vorschriften sicherstellen. Arbeitnehmervertretungen haben dies zu überwachen. In Ausübung ihrer Amtspflichten erhalten sie rechtmäßig auch Informationen über personenbezogene Daten der Beschäftigten. Versuche von Anwaltsfirmen, Informationspflichten von Arbeitgebern an Betriebsräte unter Berufung auf die DSGVO auf anonymisierte Daten zu beschränken, hatten prozessual keinen Erfolg.[326]

Nach § 87 Abs. 1 Nr. 6 BetrVG / § 80 Abs. 1 Nr. 21 BPersVG haben Betriebs-/Personalräte mitzubestimmen bei der Einführung und Anwendung technischer Einrichtungen, die dazu bestimmt sind, das Verhalten oder die Leistung der Beschäftigten zu überwachen. Hier geht es um Datenschutz. Zusätzlich stellen § 79a BetrVG / § 69 BPersVG (im Indikativ) fest, dass Arbeitgeber/Dienststelle und Betriebs-/Personalrat sich gegenseitig bei der Einhaltung der datenschutzrechtlichen Vorschriften unterstützen. Adressaten dieser Erwartung sind beide Seiten.

e) Vorsicht bei Zulassungs-Betriebs-/Dienstvereinbarungen

Ein besonderes **Gefährdungspotenzial** besteht, wenn versucht wird, mittels Betriebsvereinbarung den Weg zur Verarbeitung, insb. Übermittlung von Beschäftigtendaten an »dritte« Arbeitgeber, Konzernzentralen oder (ausländische, der DSGVO nicht unterliegende) Muttergesell-

325 BAG 9. 5. 2023 – 1 ABR 14/22, Rn. 64, AuR 2024, 167; zust. Zwanziger, AuR 2024, 167; DWWS-*Däubler/Wedde*, § 26 BDSG, Rn. 5 e–g.

326 BAG 7. 5. 2019 – 1 ABR 53/17, BAGE 166, 309–322 = AuR 2021, 272 (Anm. Zemlyankina).

schaften zu eröffnen und dabei das Erfordernis der individuellen Einwilligung der Betroffenen zu überspielen. Unter dem Stichwort sog. *due diligence* wird z. B. aus Arbeitgebersicht vorgeschlagen, auch sensitive Beschäftigtendaten an mögliche Investoren vor einem **Unternehmenskauf** zu übermitteln, damit diese vorhandene »Kostenverursacher«, d. h. Personalkosten und -risiken identifizieren. Bei solchen Kollektivvereinbarungen sind jedoch alle Vorgaben aus Art. 5, 6, 9, 88 DSGVO (s. o.) zu beachten. Zudem lässt sich solch vorsorgliche »**Durchleuchtung der Belegschaft**« nicht unter die in Art. 88 Abs. 1 DSGVO aufgeführten Zwecke fassen. Dazu enthält die Öffnungsklausel lediglich eine Konkretisierungsbefugnis, nicht aber die Regelungskompetenz zu einer vom Schutz der DSGVO abweichenden Regelung.[327] Die vorstehend beschriebene Form von »*due diligence*« verfolgt gerade nicht das Ziel des Datenschutzes, sondern dessen Einschränkung. Vor Abschluss derartiger Betriebsvereinbarungen ist deshalb besondere Wachsamkeit geboten. Dies hat der EuGH auf Vorlage des BAG im Urteil v. 19. 12. 2024 wie folgt klargestellt: »Art. 88 Abs. 1 und 2 DSGVO ist dahin auszulegen, dass eine nach Art. 88 Abs. 1 dieser VO erlassene nationale Rechtsvorschrift über die Verarbeitung personenbezogener Daten für die Zwecke von Beschäftigungsverhältnissen bewirken muss, dass ihre Adressaten die Anforderungen aus Art. 88 Abs. 2 der VO sowie aus Art. 5, Art. 6 Abs. 1 und Art. 9 Abs. 1 und 2 der VO erfüllen müssen; weiter, dass im Fall einer in den Anwendungsbereich dieser Bestimmung fallenden Kollektivvereinbarung der Spielraum der Parteien dieser Kollektivvereinbarung bei der Bestimmung der »Erforderlichkeit« einer Verarbeitung personenbezogener Daten i. S. v. Art. 5, Art. 6 Abs. 1 sowie Art. 9 Abs. 1 und 2 dieser VO das nationale Gericht nicht daran hindert, insoweit eine umfassende gerichtliche Kontrolle auszuüben.« Übersetzt heißt das: Betriebs- und Dienstvereinbarungen über die Verarbeitung personenbezogener Beschäftigtendaten sind nur zulässig, wenn sie alle Anforderungen der Art. 5, 6, 9 und 88 DSGVO einhalten. Vor allem dürfen sie das Niveau des Datenschutzes nicht absenken. Damit wurde die Strategie vieler Unternehmen, sich über BV/DV einen Freibrief für Eingriffe in den Datenschutz geben zu lassen, nachhaltig durchkreuzt.

---

327 EuGH 30. 3. 2023 – C-34/21, HPR der Lehrer/innen Hessen; zur Datenschutz-Betriebsvereinbarung EuGH 19. 12. 2024 – C-65/23, Vorlage des BAG 22. 9. 2022 – 8 AZR 209/21 (A).

f) Datenverarbeitung durch Betriebs-/Personalräte

Im Rahmen ihrer Überwachungsaufgaben erhalten Betriebs-/Personalräte beschränkten Zugang zu personenbezogenen Beschäftigtendaten und verarbeiten diese unter Einhaltung des Datenschutzes. Nach Art. 4 Nr. 7 DSGVO können die Mitgliedstaaten den Verantwortlichen bzw. die bestimmten Kriterien seiner Benennung eigenständig bestimmen. Von dieser Möglichkeit machen § 79a BetrVG / § 69 BPersVG Gebrauch und stellen klar, dass allein **Arbeitgeber/Dienststellen »Verantwortliche«** sind, was zugleich bedeutet, dass **Betriebs-/Personalräte nicht »Dritte«** sind, sondern institutionell unselbstständige Teile des Verantwortlichen. Dieser muss die Einhaltung der in Art. 5 Abs. 1 DSGVO festgelegten Grundsätze nachweisen können. Ihn treffen die Informationspflichten der Art. 13f.; er führt das Verzeichnis aller Verarbeitungstätigkeiten in seiner Zuständigkeit; er ist Adressat der Rechte betroffener Personen auf Auskunft (Art. 15), Berichtigung (Art. 16), Löschung (Art. 17), Einschränkung der Verarbeitung (Art. 18), Mitteilung darüber (Art. 19), Datenübertragbarkeit (Art. 20), Widerspruch (Art. 21).

g) Verhältnis zum Datenschutzbeauftragten

Benennung, Stellung und Aufgaben des DS-Beauftragten beruhen auf Art. 37–39 DSGVO bzw. § 38 BDSG n. F. Arbeitgeber/Dienststellen sind verantwortlich für die **Bestellung des DS-Beauftragten**. Deswegen wird dieser grundsätzlich dem Arbeitgeberlager zugerechnet. Gleichwohl hat er eine gewisse Unabhängigkeit. Nach Art. 38 Abs. 3 DSGVO darf er bei der Erfüllung seiner Aufgaben keine diesbezüglichen Anweisungen erhalten. Er darf wegen der Erfüllung seiner Aufgabe nicht abberufen oder benachteiligt werden. Hier stellt die DSGVO keine nach oben abschließende Regelung dar, sondern nur ein Benachteiligungsverbot. Damit steht der in § 38 i. V. m. § 6 Abs. 4 BDSG geregelte bessere Abberufungs- und Kündigungsschutz des DS-Beauftragten nicht im Widerspruch zur DSGVO.[328]

---

328 Nach EuGH 22.6.2022 – C-534/20, Leistritz steht Art. 38 Abs. 3 Satz 2 DSGVO einer nationalen Regelung nicht entgegen, nach der einem bei einem Verantwortlichen oder einem Auftragsverarbeiter beschäftigten Datenschutzbeauftragten nur aus wichtigem Grund gekündigt werden kann, auch wenn die Kündigung nicht mit der Erfüllung seiner Aufgaben zusammenhängt, sofern diese Regelung die Verwirklichung der Ziele der DSGVO nicht beeinträchtigt. Ebenso EuGH 9.2.2023 – C-560/21 und C-453/21, KISA und X-FAB Dresden, AP Nr. 1–3 zu Art. 38 DSGVO zum Schutz vor Abberufung; dem grds. folgend BAG 25.8.2022 – 2 AZR 225/20, Leistritz; 7.6.2023 – 9 AZR 383/19, X-FAB, AuR 2023, 352.

Ein **Betriebs-/Personalratsmitglied kann DS-Beauftragter** sein (str.). Art. 37 Abs. 5 und 6 DSGVO formulieren Voraussetzungen für das Amt wie Fachwissen, Qualifikation und Fähigkeit, jedoch keine Unvereinbarkeit mit der Arbeitnehmervertretung. Nach Art. 38 Abs. 6 DSGVO können DS-Beauftragte andere Aufgaben und Pflichten wahrnehmen. Nach EuGH i. S. X-FAB Dresden[329] kann ein Interessenkonflikt i. S. d. Art. 38 Abs. 6 DSGVO bestehen, wenn einem DS-Beauftragten andere Aufgaben oder Pflichten übertragen werden, die ihn dazu veranlassen würden, die Zwecke und Mittel der Verarbeitung personenbezogener Daten bei dem Verantwortlichen oder seinem Auftragsverarbeiter festzulegen. Zu den Amtspflichten eines Betriebs-/Personalrats gehört es, diese Zwecke und Mittel zu überwachen, nicht aber sie selbst festzulegen. Art. 38 Abs. 6 Satz 2 DSGVO begründet damit nach richtiger Auffassung keine aus dem Amt als Arbeitnehmervertreter resultierende grundsätzliche Inkompatibilität, sondern allenfalls in Einzelfällen eine Handlungspflicht für Verantwortliche oder Auftragsverarbeiter. Indes meinte das BAG, die hervorgehobene Funktion des **Betriebsratsvorsitzenden**, der den Betriebsrat im Rahmen der gefassten Beschlüsse vertritt, hebe die zur Erfüllung der Aufgaben eines DS-Beauftragten erforderliche Zuverlässigkeit i. S. v. § 4f Abs. 2 Satz 1 BDSG a. F. auf. Nach Maßgabe des BDSG in der bis zum 24. 5. 2018 gültigen Fassung (a. F.) sei der Arbeitgeber in aller Regel berechtigt gewesen, die Bestellung des Betriebsratsvorsitzenden zum DS-Beauftragten zu widerrufen.[330] Zu anderen Betriebsratsmitgliedern traf das Gericht keine Aussage. Weiterhin zulässig bleibt die Bestellung eines Betriebsratsvorsitzenden zum DS-Beauftragten in anderen Betrieben desselben Unternehmens/Konzerns.

Nach der schon vor den Novellierungen von BetrVG / BPersVG 2021 überwiegenden Rechtsprechung schließt die **Unabhängigkeit der Betriebs-/Personalräte** deren Kontrolle durch den betrieblichen DS-Beauftragten aus, da dieser keine neutrale Stellung zwischen Arbeitgeber und Betriebsrat einnimmt, sondern Aufgaben des Arbeitgebers erfüllt und von diesem abhängig ist. Weder die DSGVO noch das BDSG n. F. noch § 79a BetrVG haben dem Arbeitgeber bzw. dem DS-Beauftragten neue Kontrollbefugnisse gegenüber dem Betriebsrat zugewiesen. § 79a Satz 4 und 5 BetrVG regeln nur besondere Verschwiegenheitspflichten des DS-Beauftragten. Auch Art. 39 DSGVO bestimmt kein unmittelbares Kontrollrecht des DS-Beauftragten gegenüber dem Betriebsrat. Seine dort beschriebenen Befugnisse bestehen gegenüber dem Verantwortlichen

329 EuGH 9. 2. 2023 – C-453/21, X-FAB Dresden, NJW 2023, 1045.
330 BAG 6. 6. 2023 – 9 AZR 383/19, X-FAB.

bzw. Auftragsdatenverarbeiter, während er gegenüber den Beschäftigten überwiegend als Berater (Art. 39 Abs. 1a DSGVO) fungiert. Somit hat auch der europäische Gesetzgeber die Arbeitnehmervertretungsorgane nicht der Kontrolle des allein vom Arbeitgeber bestellten betrieblichen DS-Beauftragten unterstellt. Dafür wäre schon die Kompetenzgrundlage in Art. 16 AEUV zweifelhaft, der allein zum Erlass von Vorschriften über Datenschutz, nicht aber wie Art. 153 Abs. 1 f) AEUV zur Regelung der kollektiven Wahrnehmung der Arbeitnehmer- und Arbeitgeberinteressen ermächtigt. Auch wäre das Unterrichtungs- und Anhörungsrecht von Arbeitnehmervertretungsorganen in Art. 27 GRC, konkretisiert in der RL 2002/14/EG, ohne das Recht auf Unabhängigkeit der Vertretungsorgane nicht viel wert.

16. Lieferkettenrecht

a) Was sagt das deutsche Lieferkettensorgfaltspflichtengesetz (LkSG)?

Das LkSG ist bereits am 1.1.2023 in Kraft getreten und regelt Sorgfaltspflichten in Bezug auf menschenrechtliche und unternehmensbezogene Risiken entlang unternehmerischer Lieferketten. In § 2 LkSG wird zur Bestimmung der »geschützten Rechtspositionen« i.S.d. LkSG auf verschiedene ILO-Übereinkommen verwiesen, z.B. ILO-Übereinkommen Nr. 87 über die Vereinigungsfreiheit und den Schutz des Vereinigungsrechts, ILO-Übereinkommen Nr. 182 über das Verbot und unverzügliche Maßnahmen zur Beseitigung der schlimmsten Formen der Kinderarbeit und ILO-Übereinkommen Nr. 105 über die Abschaffung der Zwangsarbeit. Das Gesetz verfolgt somit den erstrebenswerten Zweck der Einhaltung bestimmter Menschenrechtsstandards.
Für wen gilt das LkSG? Seit 2024 gilt das LkSG nur für Unternehmen mit mindestens 1000 Arbeitnehmern im Inland. Der Umsatz spielt dabei keine Rolle. Unternehmen werden zum Aufbau eines umfassenden Risikomanagements verpflichtet, das eine Risikoanalyse (§ 5 LkSG), Präventions- (§ 6 LkSG) und Abhilfemaßnahmen (§ 7 LkSG) in Bezug auf Verstöße gegen fundamentale Menschen- und Umweltrechte umfasst. Weiterhin ist ein Beschwerdeverfahren einzurichten (§ 8 LkSG). In § 11 LkSG ist eine besondere Prozessstandschaft für Gewerkschaften geregelt.

Exkurs:
Auch Umsetzungsdefizite im Arbeitszeitrecht[331] sind als ein menschenrechtliches Risiko i.S.d. § 2 Abs. 2 Nr. 5c LkSG[332] anzusehen, denn nach der Gesetzesbegründung dient die Vorschrift auch Art. 7 lit. d. IPWSKR (Internationaler Pakt über wirtschaftliche, soziale und kulturelle Rechte), der u.a. eine »angemessene Begrenzung der Arbeitszeit« gewährleistet. Aus dem Arbeitszeitrecht der Internationalen Arbeitsorganisation ergibt sich ebenfalls die Notwendigkeit der Begrenzung der Arbeitszeit. Zwar wird in § 2 Abs. 2 Nr. 5 LkSG auf das Recht des Beschäftigungsortes Bezug genommen. Dieses findet aber nur dann Anwendung, wenn es nicht hinter dem Schutzniveau des Art. 7 des UN-Sozialpaktes zurückbleibt.[333] Auch Gewerkschaften können daher den Beschwerdemechanismus nach § 8 LkSG nutzen, um auf Umsetzungsdefizite im EU-Arbeitszeitrecht hinzuweisen. Zudem kann eine Beschwerde beim Bundesamt für Wirtschaft und Ausfuhrkontrolle eingereicht werden.

b) Rolle von Betriebs- und Personalräten?

Zwar ist im LkSG nur die Beteiligung des Wirtschaftsausschusses vorgesehen. Jedoch spielen auch Betriebs- und Personalräte bei der Umsetzung des Gesetzes eine große Rolle. Nach § 4 Abs. 4 LkSG hat das Unternehmen bei der Errichtung und Umsetzung des Risikomanagements die Interessen der Beschäftigten »angemessen zu berücksichtigen«. Das bedeutet, dass auch der Betriebs- sowie der Personalrat einzubinden sind, weil die Beschäftigten erkennbar eingebunden werden sollen und in der Gesetzesbegründung auf »Konsultationen« abgestellt wird.[334] Da es um Sorgfaltspflichten auf Unternehmensebene geht, ist in der Regel entweder der Gesamt- oder der Konzernbetriebsrat zuständig. Dabei ist die Zuständigkeit bei jeder einzelnen Maßnahme der Beteiligung zu klären.[335]
Der Betriebsrat hat nach § 80 Abs. 1 Satz 1 BetrVG über die Durchführung der zugunsten der Arbeitnehmer geltenden Gesetze zu wachen, wozu auch das LkSG gehört. Somit sind ihm nach § 80 Abs. 2 BetrVG die Informationen zu erteilen, die für die Einhaltung der Verpflichtungen

331 Siehe Ausführungen zum Opt-out und den zu langen Ausgleichzeiträumen unter VI. 6 c).

332 Nach § 2 Abs. 2 Nr. 5c LkSG ist ein menschenrechtliches Risiko das Verbot der Missachtung der nach dem Recht des Beschäftigungsortes geltenden Pflichten des Arbeitsschutzes, wenn hierdurch die Gefahr von Unfällen entstehen, insb. durch eine ungeeignete Arbeitsorganisation in Bezug auf Arbeitszeiten und Ruhepausen.

333 Vgl. Schmitz, Lieferkettensorgfaltspflichtenrecht, § 2 LkSG Rn. 151 f.

334 Zimmer, AuR 1/2024, 7, 9.

335 Ebd.

notwendig sind. Bei der Umsetzung des Risikomanagements können Mitbestimmungsrechte

- bei der Einführung interner Verhaltenskodizes nach § 87 Abs. 1 Nr. 1 BetrVG,
- bei dem Einsatz von Personalfragebögen (§ 94 Abs. 1 BetrVG),
- bei der Schaffung und Durchführung eines Beschwerdeverfahrens nach § 8 Abs. 2 LkSG und
- bzgl. Berufsbildungsbedarf (§ 96 Abs. 1 BetrVG) in Betracht kommen.[336]

Auch wenn die Mitbestimmungsrechte im LkSG nicht explizit genannt werden, darf deshalb die Rolle der Betriebs- und Personalräte nicht unterschätzt werden.

c) EU-Lieferkettenrichtlinie

Die EU-Richtlinie über unternehmerische Sorgfaltspflichten (Corporate Sustainability Due Diligence Directive (CSDDD))[337] ist am 25.7.2024 nach langem Ringen – und trotz einer Stimmenthaltung Deutschlands aufgrund Widerstands der FDP – in Kraft getreten und muss bis zum 26.7.2026 umgesetzt werden. Hinsichtlich der menschenrechtlichen Standards wird – wie beim LkSG – auf acht ILO-Übereinkommen sowie auf den UN-Zivil-[338] und den UN-Sozialpakt[339] verwiesen. Die CSDDD stellt bzgl. des Arbeits- und Gesundheitsschutzes ausschließlich auf Art. 7 des UN-Sozialpakts ab. Im Gegensatz zum LkSG ist in Art. 14 Abs. 3 Satz 1 CSDDD explizit ein Beteiligungsrecht der Arbeitnehmervertreter und Gewerkschaften geregelt.

Doch welche Auswirkungen hat die Richtlinie nunmehr für Deutschland? Teilweise bleibt das LkSG hinter den Anforderungen in Art. 9, 10 und 11 CSDDD zurück; teilweise hat das LkSG höhere Anforderungen als die Richtlinie (insbesondere im Umweltrecht). Die Richtlinie sieht insbesondere einen Umsatz von mindestens 450 Millionen Euro vor, sodass

336 Ausführlich zu den Möglichkeiten der Beteiligung von Betriebsräten an der Umsetzung des LkSG: Zimmer, AuR 1/2024, 7; Zimmer, Das Lieferkettensorgfaltspflichtengesetz, S. 65 ff.

337 Richtlinie (EU) 2024/1760 v. 13.6.2024 über die Sorgfaltspflichten von Unternehmen im Hinblick auf Nachhaltigkeit und zur Änderung der Richtlinie (EU) 2019/1937 und der Verordnung (EU) 2023/2859.

338 Internationaler Pakt über bürgerliche und politische Rechte v. 19.12.1966, BGBl. II 1973, S. 1553.

339 Internationaler Pakt über wirtschaftliche, soziale und kulturelle Rechte v. 19.12.1966, BGBl. II 1973, S. 1569.

es sein kann, dass Unternehmen in den Anwendungsbereich des LkSG fallen können, aber nicht in den Anwendungsbereich des CSDDD. In Deutschland muss das LkSG aber weiterhin ohne eine Umsatzschwelle für Unternehmen mit mindestens 1000 Beschäftigten gelten. Eine Ausnahme besteht nur bei neu hinzutretenden Pflichten aus der CSDDD.

Wichtig:
Nach Art. 1 Abs. 2 CSDDD darf die Richtlinie aber nicht als Rechtfertigung für eine Senkung des bereits bestehenden Schutzniveaus im nationalen Recht dienen (Regressionsverbot).[340] Somit wäre es europarechtswidrig, wenn das LkSG wegen der Umsetzung der CSDDD abgeschwächt wird. Die Bundesregierung sah dies aber mit der »Wachstumsinitiative« vom 5.7.2024 vor. Geschieht dies, ist zu befürchten, dass der Anwendungsbereich des LkSG enger gefasst wird und somit ein Verstoß gegen das Regressionsverbot vorliegt. In einem solchen Fall droht ein EU-Vertragsverletzungsverfahren. Zudem kommen bei einer Anpassung des Anwendungsbereichs Staatshaftungsansprüche von betroffenen Personen in Betracht.

Ein weiterer Unterschied ist, dass die Richtlinie konkrete Klimaschutzvorhaben vorsieht. Zudem ist im LkSG – im Gegensatz zur CSDDD – keine Anspruchsgrundlage für eine zivilrechtliche Haftung enthalten. Somit muss Deutschland eine Anspruchsgrundlage einführen, damit Betroffene von Unternehmen vor Gericht Schadensersatz verlangen können.

Achtung:
Am 26.2.2025 hat die EU-Kommission den Entwurf eines Omnibus-Pakets veröffentlicht, der u.a. auch die CSDDD abschwächen soll. Demnach würde die Vorgabe an die Mitgliedstaaten zur zivilrechtlichen Haftung entfallen. Zudem ist geplant, die Sorgfaltspflichten auf direkte Geschäftspartner zu beschränken. Nur bei konkreten Hinweisen wäre der Geltungsbereich erweitert. Hingegen bezieht sich die Ermittlung und Bewertung negativer Auswirkungen nach der CSDDD auf die gesamte Aktivitätenkette und somit auch auf indirekte Geschäftspartner. Es bleibt abzuwarten, ob das EU-Parlament und der Rat dem Omnibus-Paket zustimmen.

---

340 Eine ähnliche Regelung gibt es auch in § 8 Nr. 3 der Rahmenvereinbarung über befristete Arbeitsverträge. Der EuGH hat in der Rechtssache Mangold klargestellt, dass deren Umsetzung für die Mitgliedstaaten nicht als Grund für die Senkung des allgemeinen Niveaus des Arbeitnehmerschutzes in dem von der Vereinbarung erfassten Bereich dienen kann (EuGH 22.11.2005 – C-144/04, Mangold, Rn. 50).

Merke:
Betriebs- und Personalräte sollten sich zu diesem Thema schulen lassen, da es gerade die Arbeitnehmervertreter sind, die dem Arbeitgeber »auf die Finger gucken können« und ein Beteiligungsrecht nach der CSDDD haben.

VII. Europäische Vorschriften, die besondere Rechte und/ oder besonderen Schutz für Arbeitnehmervertreter vorsehen[1]

Charta der Grundrechte der EU

Artikel 27
Recht auf Unterrichtung und Anhörung der Arbeitnehmerinnen und Arbeitnehmer im Unternehmen
Für die Arbeitnehmerinnen und Arbeitnehmer oder ihre Vertreter muss auf den geeigneten Ebenen eine rechtzeitige Unterrichtung und Anhörung in den Fällen und unter den Voraussetzungen gewährleistet sein, die nach dem Unionsrecht und den einzelstaatlichen Rechtsvorschriften und Gepflogenheiten vorgesehen sind.
Dazu EuGH 15.1.2014 – C-176/12, AMS, AuR 2014, 81:
Art. 27 der Charta der Grundrechte der EU ist für sich genommen oder i.V.m. den Bestimmungen der Informations- und Konsultations-RL 2002/14/EG dahin auszulegen, dass er, wenn eine nationale Bestimmung zur Umsetzung dieser Richtlinie, wie Art. L. 1111-3 des französischen Arbeitsgesetzbuchs, mit dem Unionsrecht unvereinbar ist, in einem Rechtsstreit zwischen Privaten nicht geltend gemacht werden kann, um diese nationale Bestimmung unangewendet zu lassen.

Arbeitsschutzrahmenrichtlinie 89/391/EWG

Artikel 11
Anhörung und Beteiligung der Arbeitnehmer
(1) Die Arbeitgeber hören die Arbeitnehmer bzw. deren Vertreter an und ermöglichen deren Beteiligung bei allen Fragen betreffend die Sicherheit und die Gesundheit am Arbeitsplatz.

---

1 Unterstreichungen vom Autor hinzugefügt.

Dies beinhaltet:
- die Anhörung der Arbeitnehmer;
- das Recht der Arbeitnehmer bzw. ihrer Vertreter, Vorschläge zu unterbreiten;
- die ausgewogene Beteiligung nach den nationalen Rechtsvorschriften bzw. Praktiken.

(2) Die Arbeitnehmer bzw. die Arbeitnehmervertreter mit einer besonderen Funktion bei der Sicherheit und beim Gesundheitsschutz der Arbeitnehmer werden in ausgewogener Weise nach den nationalen Rechtsvorschriften bzw. Praktiken beteiligt oder werden im Voraus vom Arbeitgeber gehört:

a) zu jeder Aktion, die wesentliche Auswirkungen auf Sicherheit und Gesundheit haben kann;
b) zu der Benennung der Arbeitnehmer gemäß Artikel 7 Absatz 1 und Artikel 8 Absatz 2 sowie zu den Maßnahmen gemäß Artikel 7 Absatz 1;
c) zu den Informationen gemäß Artikel 9 Absatz 1 und Artikel 10;
d) zur etwaigen Hinzuziehung außerbetrieblicher Fachleute (Personen oder Dienste) gemäß Artikel 7 Absatz 3;
e) zur Planung und Organisation der in Artikel 12 vorgesehenen Unterweisung.

(3) Die Arbeitnehmervertreter mit einer besonderen Funktion bei der Sicherheit und beim Gesundheitsschutz der Arbeitnehmer haben das Recht, den Arbeitgeber um geeignete Maßnahmen zu ersuchen und ihm diesbezüglich Vorschläge zu unterbreiten, um so jeder Gefahr für die Arbeitnehmer vorzubeugen und/oder die Gefahrenquellen auszuschalten.

(4) Den in Absatz 2 genannten Arbeitnehmern und den in den Absätzen 2 und 3 genannten Arbeitnehmervertretern dürfen aufgrund ihrer in den Absätzen 2 und 3 genannten jeweiligen Tätigkeit keinerlei Nachteile entstehen.

(5) Der Arbeitgeber ist verpflichtet, den Arbeitnehmervertretern mit einer besonderen Funktion bei der Sicherheit und beim Gesundheitsschutz der Arbeitnehmer eine ausreichende Arbeitsbefreiung ohne Lohnausfall zu gewähren und ihnen die erforderlichen Mittel zur Verfügung zu stellen, um ihnen die Wahrnehmung der sich aus dieser Richtlinie ergebenden Rechte und Aufgaben zu ermöglichen.

(6) Die Arbeitnehmer bzw. ihre Vertreter haben das Recht, sich gemäß den nationalen Rechtsvorschriften bzw. Praktiken an die für die Sicherheit und den Gesundheitsschutz am Arbeitsplatz zuständige Behörde zu wenden, wenn sie der Auffassung sind, daß die vom Arbeitgeber getrof-

fenen Maßnahmen und bereitgestellten Mittel nicht ausreichen, um die Sicherheit und den Gesundheitsschutz am Arbeitsplatz sicherzustellen. Die Vertreter der Arbeitnehmer müssen die Möglichkeit haben, bei Besuchen und Kontrollen der zuständigen Behörde ihre Bemerkungen vorzubringen.

Massenentlassungsrichtlinie 98/59/EG

Artikel 2

(1) Beabsichtigt ein Arbeitgeber, Massenentlassungen vorzunehmen, so hat er die Arbeitnehmervertreter rechtzeitig zu konsultieren, um zu einer Einigung zu gelangen.

(2) Diese Konsultationen erstrecken sich zumindest auf die Möglichkeit, Massenentlassungen zu vermeiden oder zu beschränken, sowie auf die Möglichkeit, ihre Folgen durch soziale Begleitmaßnahmen, die insbesondere Hilfen für eine anderweitige Verwendung oder Umschulung der entlassenen Arbeitnehmer zum Ziel haben, zu mildern.

Die Mitgliedstaaten können vorsehen, daß die Arbeitnehmervertreter gemäß den innerstaatlichen Rechtsvorschriften und/oder Praktiken Sachverständige hinzuziehen können.

(3) Damit die Arbeitnehmervertreter konstruktive Vorschläge unterbreiten können, hat der Arbeitgeber ihnen rechtzeitig im Verlauf der Konsultationen

a) die zweckdienlichen Auskünfte zu erteilen und
b) in jedem Fall schriftlich folgendes mitzuteilen:
   i) die Gründe der geplanten Entlassung;
   ii) die Zahl und die Kategorien der zu entlassenden Arbeitnehmer;
   iii) die Zahl und die Kategorien der in der Regel beschäftigten Arbeitnehmer;
   iv) den Zeitraum, in dem die Entlassungen vorgenommen werden sollen;
   v) die vorgesehenen Kriterien für die Auswahl der zu entlassenden Arbeitnehmer, soweit die innerstaatlichen Rechtsvorschriften und/oder Praktiken dem Arbeitgeber die Zuständigkeit dafür zuerkennen;
   vi) die vorgesehene Methode für die Berechnung etwaiger Abfindungen, soweit sie sich nicht aus den innerstaatlichen Rechtsvorschriften und/oder Praktiken ergeben.

Der Arbeitgeber hat der zuständigen Behörde eine Abschrift zumindest der in Unterabsatz 1 Buchstabe b) Ziffern i) bis v) genannten Bestandteile der schriftlichen Mitteilung zu übermitteln.
(4) Die Verpflichtungen gemäß den Absätzen 1, 2 und 3 gelten unabhängig davon, ob die Entscheidung über die Massenentlassungen von dem Arbeitgeber oder von einem den Arbeitgeber beherrschenden Unternehmen getroffen wurde.
Hinsichtlich angeblicher Verstöße gegen die in dieser Richtlinie enthaltenen Informations-, Konsultations- und Meldepflichten findet der Einwand des Arbeitgebers, das für die Massenentlassungen verantwortliche Unternehmen habe ihm die notwendigen Informationen nicht übermittelt, keine Berücksichtigung.

Artikel 3
(1) Der Arbeitgeber hat der zuständigen Behörde alle beabsichtigten Massenentlassungen schriftlich anzuzeigen. …
(2) Der Arbeitgeber hat den Arbeitnehmervertretern eine Abschrift der in Abs. 1 genannten Anzeige zu übermitteln.
Die Arbeitnehmervertreter können etwaige Bemerkungen an die zuständige Behörde richten.

Artikel 6
Die Mitgliedstaaten sorgen dafür, daß den Arbeitnehmervertretern und/oder den Arbeitnehmern administrative und/oder gerichtliche Verfahren zur Durchsetzung der Verpflichtungen gemäß dieser Richtlinie zur Verfügung stehen.

Informations- und Konsultations-richtlinie 2002/14/EG

Artikel 1
Gegenstand und Grundsätze
(1) Ziel dieser Richtlinie ist die Festlegung eines allgemeinen Rahmens mit Mindestvorschriften für das Recht auf Unterrichtung und Anhörung der Arbeitnehmer von in der Gemeinschaft ansässigen Unternehmen oder Betrieben. …

Artikel 4
Modalitäten der Unterrichtung und Anhörung

(1) Im Einklang mit den in Artikel 1 dargelegten Grundsätzen und unbeschadet etwaiger geltender einzelstaatlicher Bestimmungen und/oder Gepflogenheiten, die für die Arbeitnehmer günstiger sind, bestimmen die Mitgliedstaaten entsprechend diesem Artikel im Einzelnen, wie das Recht auf Unterrichtung und Anhörung auf der geeigneten Ebene wahrgenommen wird.

(2) Unterrichtung und Anhörung umfassen

a) die Unterrichtung über die jüngste Entwicklung und die wahrscheinliche Weiterentwicklung der Tätigkeit und der wirtschaftlichen Situation des Unternehmens oder des Betriebs;
b) die Unterrichtung und Anhörung zu Beschäftigungssituation, Beschäftigungsstruktur und wahrscheinlicher Beschäftigungsentwicklung im Unternehmen oder Betrieb sowie zu ggf. geplanten antizipativen Maßnahmen, insbesondere bei einer Bedrohung für die Beschäftigung;
c) die Unterrichtung und Anhörung zu Entscheidungen, die wesentliche Veränderungen der Arbeitsorganisation oder der Arbeitsverträge mit sich bringen können, einschließlich solcher, die Gegenstand der in Artikel 9 Absatz 1 genannten Gemeinschaftsbestimmungen sind.

(3) Die Unterrichtung erfolgt zu einem Zeitpunkt, in einer Weise und in einer inhaltlichen Ausgestaltung, die dem Zweck angemessen sind und es insbesondere den Arbeitnehmervertretern ermöglichen, die Informationen angemessen zu prüfen und gegebenenfalls die Anhörung vorzubereiten.

(4) Die Anhörung erfolgt

a) zu einem Zeitpunkt, in einer Weise und in einer inhaltlichen Ausgestaltung, die dem Zweck angemessen sind;
b) auf der je nach behandeltem Thema relevanten Leitungs- und Vertretungsebene;
c) auf der Grundlage der vom Arbeitgeber gemäß Artikel 2 Buchstabe f) zu liefernden Informationen und der Stellungnahme, zu der die Arbeitnehmervertreter berechtigt sind;
d) in einer Weise, die es den Arbeitnehmervertretern gestattet, mit dem Arbeitgeber zusammenzukommen und eine mit Gründen versehene Antwort auf ihre etwaige Stellungnahme zu erhalten;
e) mit dem Ziel, eine Vereinbarung über die in Absatz 2 Buchstabe c) genannten Entscheidungen, die unter die Leitungsbefugnis des Arbeitgebers fallen, zu erreichen.

Artikel 6
Vertrauliche Informationen

(1) Die Mitgliedstaaten sehen vor, dass es gemäß den in den einzelstaatlichen Rechtsvorschriften festgelegten Bedingungen und Beschränkungen den Arbeitnehmervertretern und den etwaigen sie unterstützenden Sachverständigen nicht gestattet ist, ihnen im berechtigten Interesse der Unternehmen oder Betriebe ausdrücklich als vertraulich mitgeteilte Informationen an Arbeitnehmer oder Dritte weiterzugeben. Diese Verpflichtung besteht unabhängig von ihrem Aufenthaltsort und auch noch nach Ablauf ihres Mandats. Ein Mitgliedstaat kann es Arbeitnehmervertretern oder sie unterstützenden Personen jedoch gestatten, vertrauliche Informationen an Arbeitnehmer und Dritte weiterzugeben, die zur Vertraulichkeit verpflichtet sind.

(2) Die Mitgliedstaaten sehen vor, dass der Arbeitgeber in besonderen Fällen und unter Beachtung der in den einzelstaatlichen Rechtsvorschriften festgelegten Bedingungen und Beschränkungen nicht verpflichtet ist, eine Unterrichtung vorzunehmen oder eine Anhörung durchzuführen, wenn diese Unterrichtung oder Anhörung nach objektiven Kriterien die Tätigkeit des Unternehmens oder Betriebs erheblich beeinträchtigen oder dem Unternehmen oder Betrieb schaden könnte.

(3) Unbeschadet bestehender einzelstaatlicher Verfahren sehen die Mitgliedstaaten Rechtsbehelfsverfahren auf dem Verwaltungsweg oder vor Gericht vor, falls gemäß den Absätzen 1 und 2 der Arbeitgeber Vertraulichkeit verlangt oder die Informationen verweigert. Sie können ferner Verfahren vorsehen, die dazu bestimmt sind, die Vertraulichkeit der betreffenden Informationen zu wahren.

Artikel 7
Schutz der Arbeitnehmervertreter

Die Mitgliedstaaten tragen dafür Sorge, dass die Arbeitnehmervertreter bei der Ausübung ihrer Funktion einen ausreichenden Schutz und ausreichende Sicherheiten genießen, die es ihnen ermöglichen, die ihnen übertragenen Aufgaben in angemessener Weise wahrzunehmen.

Artikel 8
Durchsetzung der Rechte

(1) Für den Fall der Nichteinhaltung dieser Richtlinie durch den Arbeitgeber oder durch die Arbeitnehmervertreter sehen die Mitgliedstaaten geeignete Maßnahmen vor. Sie sorgen insbesondere dafür, dass es geeignete Verwaltungs- und Gerichtsverfahren gibt, mit deren Hilfe die Er-

füllung der sich aus dieser Richtlinie ergebenden Verpflichtungen durchgesetzt werden kann.
(2) Die Mitgliedstaaten sehen angemessene Sanktionen vor, die im Falle eines Verstoßes gegen diese Richtlinie durch den Arbeitgeber oder durch die Arbeitnehmervertreter Anwendung finden; die Sanktionen müssen wirksam, angemessen und abschreckend sein.
Dazu EuGH 11.2.2010 – C-405/08, Holst, AuR 2010, 273:
Die (IuK-)RL 2002/14/EG v. 11.3.2002 ist dahin auszulegen, dass sie einer Umsetzung dieser Richtlinie durch Tarifvertrag, die bewirkt, dass eine Gruppe von Arbeitnehmern dem betreffenden Tarifvertrag unterliegt, obwohl die dieser Gruppe zugehörigen Arbeitnehmer der an diesem Vertrag beteiligten Gewerkschaft nicht angehören und ihre Berufsgruppe von dieser Gewerkschaft nicht vertreten wird, nicht entgegensteht, sofern der Tarifvertrag den von ihm erfassten Arbeitnehmern einen wirksamen Schutz der Rechte gewährleisten kann, den ihnen diese Richtlinie verleiht. Art. 7 der RL 2002/14 ist dahin auszulegen, dass er nicht verlangt, Arbeitnehmervertretern einen verstärkten Kündigungsschutz zu gewähren. Jedoch hat jede zur Umsetzung dieser Richtlinie, sei es durch Gesetz oder durch Tarifvertrag, vorgesehene Maßnahme den in diesem Art. 7 vorgesehenen Mindestschutz zu wahren.

Entgelttransparenzrichtlinie (EU) 2023/970

Artikel 7
Auskunftsrecht
(1) Arbeitnehmer haben das Recht, gemäß den Absätzen 2 und 4 Auskünfte über ihre individuelle Entgelthöhe und über die durchschnittlichen Entgelthöhen zu verlangen und in schriftlicher Form zu erhalten, aufgeschlüsselt nach Geschlecht und für die Gruppen von Arbeitnehmern, die gleiche Arbeit wie sie oder gleichwertige Arbeit verrichten.
(2) Arbeitnehmer haben die Möglichkeit, Auskünfte nach Absatz 1 über ihre Arbeitnehmervertreter im Einklang mit nationalen Rechtsvorschriften und/oder Gepflogenheiten zu verlangen und zu erhalten. Sie haben zudem die Möglichkeit, die Informationen über eine Gleichbehandlungsstelle anzufordern und zu erhalten.
Sind die erhaltenen Informationen unzutreffend oder unvollständig, so haben Arbeitnehmer das Recht, persönlich oder über ihre Arbeitnehmervertreter zusätzliche und angemessene Klarstellungen und Einzelheiten

zu den bereitgestellten Daten zu verlangen und eine begründete Antwort zu erhalten.
(3) Arbeitgeber informieren alle Arbeitnehmer jährlich über ihr Recht, die Auskünfte nach Absatz 1 zu erhalten, und über die Schritte, die der Arbeitnehmer unternehmen muss, um dieses Recht wahrzunehmen.
(4) Arbeitgeber stellen die Auskünfte nach Absatz 1 innerhalb einer angemessenen Frist und auf jeden Fall innerhalb von zwei Monaten ab dem Tag, an dem der Antrag gestellt wird, zur Verfügung.
(5) Arbeitnehmer dürfen nicht daran gehindert werden, ihr Entgelt offenzulegen, um den Grundsatz des gleichen Entgelts durchzusetzen. Insbesondere ergreifen die Mitgliedstaaten Maßnahmen, um Vertragsbedingungen zu verbieten, durch die Arbeitnehmer davon abgehalten werden, Informationen über ihr Entgelt offenzulegen.
6) Arbeitgeber können verlangen, dass Arbeitnehmer, die Informationen gemäß diesem Artikel erhalten haben, bei denen es sich nicht um Informationen betreffend ihr eigenes Entgelt oder ihre eigene Entgelthöhe handelt, diese Informationen nur zur Ausübung ihres Rechts auf gleiches Entgelt verwenden.

Artikel 25
Viktimisierung und Schutz vor ungünstigerer Behandlung
(1) Arbeitnehmer und deren Arbeitnehmervertreter dürfen nicht deshalb ungünstiger behandelt werden, weil sie ihre Rechte in Bezug auf den Grundsatz des gleichen Entgelts ausgeübt haben oder eine andere Person beim Schutz ihrer Rechte unterstützt haben.
(2) Die Mitgliedstaaten treffen im Rahmen ihrer nationalen Rechtsordnungen die erforderlichen Maßnahmen, um Arbeitnehmer, einschließlich Arbeitnehmer, die Arbeitnehmervertreter sind, vor Entlassung oder anderen Benachteiligungen durch einen Arbeitgeber zu schützen, die als Reaktion auf eine Beschwerde innerhalb der Organisation des Arbeitgebers oder auf die Einleitung eines Verwaltungsverfahrens oder eines Gerichtsverfahrens für die Zwecke der Durchsetzung von Rechten oder Pflichten im Zusammenhang mit dem Grundsatz des gleichen Entgelts erfolgen.

Entsenderichtlinie 96/71/EG

Artikel 5
Maßnahmen
Die Mitgliedstaaten sehen geeignete Maßnahmen für den Fall der Nichteinhaltung dieser Richtlinie vor.
Sie stellen insbesondere sicher, daß den Arbeitnehmern und/oder ihren Vertretern für die Durchsetzung der sich aus dieser Richtlinie ergebenden Verpflichtungen geeignete Verfahren zur Verfügung stehen

Betriebsübergangsrichtlinie 2001/23/EG

Artikel 6
1. Sofern das Unternehmen, der Betrieb oder der Unternehmens- bzw. Betriebsteil seine Selbständigkeit behält, bleiben die Rechtsstellung und die Funktion der Vertreter oder der Vertretung der vom Übergang betroffenen Arbeitnehmer unter den gleichen Bedingungen erhalten, wie sie vor dem Zeitpunkt des Übergangs aufgrund von Rechts- und Verwaltungsvorschriften oder aufgrund einer Vereinbarung bestanden haben, sofern die Bedingungen für die Bildung der Arbeitnehmervertretung erfüllt sind.
Unterabsatz 1 findet keine Anwendung, wenn gemäß den Rechts- und Verwaltungsvorschriften oder der Praxis der Mitgliedstaaten oder durch Vereinbarung mit den Vertretern der betroffenen Arbeitnehmer die Bedingungen für die Neubestellung der Vertreter der Arbeitnehmer oder die Neubildung der Vertretung der Arbeitnehmer erfüllt sind.
Wurde gegen den Veräußerer unter der Aufsicht einer zuständigen öffentlichen Stelle (worunter auch ein von einer zuständigen Behörde ermächtigter Insolvenzverwalter verstanden werden kann) ein Konkursverfahren oder ein entsprechendes Insolvenzverfahren mit dem Ziel der Auflösung des Vermögens des Veräußerers eröffnet, können die Mitgliedstaaten die erforderlichen Maßnahmen ergreifen, um sicherzustellen, dass die vom Übergang betroffenen Arbeitnehmer bis zur Neuwahl oder Benennung von Arbeitnehmervertretern angemessen vertreten sind.
Behält das Unternehmen, der Betrieb oder der Unternehmens- bzw. Betriebsteil seine Selbständigkeit nicht, so treffen die Mitgliedstaaten die erforderlichen Maßnahmen, damit die vom Übergang betroffenen Arbeitnehmer, die vor dem Übergang vertreten wurden, während des Zeitraums, der für die Neubildung oder Neubenennung der Arbeitnehmer-

vertretung erforderlich ist, im Einklang mit dem Recht oder der Praxis der Mitgliedstaaten weiterhin angemessen vertreten werden.
2. Erlischt das Mandat der Vertreter der vom Übergang betroffenen Arbeitnehmer aufgrund des Übergangs, so gelten für diese Vertreter weiterhin die nach den Rechts- und Verwaltungsvorschriften oder der Praxis der Mitgliedstaaten vorgesehenen Schutzmaßnahmen

Artikel 7
1. Der Veräußerer und der Erwerber sind verpflichtet, die Vertreter ihrer jeweiligen von einem Übergang betroffenen Arbeitnehmer über Folgendes zu informieren:
- den Zeitpunkt bzw. den geplanten Zeitpunkt des Übergangs,
- den Grund für den Übergang,
- die rechtlichen, wirtschaftlichen und sozialen Folgen des Übergangs für die Arbeitnehmer,
- die hinsichtlich der Arbeitnehmer in Aussicht genommenen Maßnahmen.

Der Veräußerer ist verpflichtet, den Vertretern seiner Arbeitnehmer diese Informationen rechtzeitig vor dem Vollzug des Übergangs zu übermitteln.
Der Erwerber ist verpflichtet, den Vertretern seiner Arbeitnehmer diese Informationen rechtzeitig zu übermitteln, auf jeden Fall aber bevor diese Arbeitnehmer von dem Übergang hinsichtlich ihrer Beschäftigungs- und Arbeitsbedingungen unmittelbar betroffen werden.
2. Zieht der Veräußerer bzw. der Erwerber Maßnahmen hinsichtlich seiner Arbeitnehmer in Betracht, so ist er verpflichtet, die Vertreter seiner Arbeitnehmer rechtzeitig zu diesen Maßnahmen zu konsultieren, um eine Übereinkunft anzustreben.
3. Die Mitgliedstaaten, deren Rechts- und Verwaltungsvorschriften vorsehen, dass die Vertreter der Arbeitnehmer eine Schiedsstelle anrufen können, um eine Entscheidung über hinsichtlich der Arbeitnehmer zu treffende Maßnahmen zu erhalten, können die Verpflichtungen gemäß den Absätzen 1 und 2 auf den Fall beschränken, in dem der vollzogene Übergang eine Betriebsänderung hervorruft, die wesentliche Nachteile für einen erheblichen Teil der Arbeitnehmer zur Folge haben kann.
Die Information und die Konsultation müssen sich zumindest auf die hinsichtlich der Arbeitnehmer in Aussicht genommenen Maßnahmen erstrecken.
Die Information und die Konsultation müssen rechtzeitig vor dem Vollzug der in Unterabsatz 1 genannten Betriebsänderung erfolgen.
4. Die in diesem Artikel vorgesehenen Verpflichtungen gelten unabhängig davon, ob die zum Übergang führende Entscheidung vom Arbeit-

geber oder von einem den Arbeitgeber beherrschendes Unternehmen getroffen wird.
Hinsichtlich angeblicher Verstöße gegen die in dieser Richtlinie vorgesehenen Informations- und Konsultationspflichten findet der Einwand, der Verstoß gehe darauf zurück, dass die Information von einem den Arbeitgeber beherrschenden Unternehmen nicht übermittelt worden sei, keine Berücksichtigung.
5. Die Mitgliedstaaten können die in den Absätzen 1, 2 und 3 vorgesehenen Verpflichtungen auf Unternehmen oder Betriebe beschränken, die hinsichtlich der Zahl der beschäftigten Arbeitnehmer die Voraussetzungen für die Wahl oder Bestellung eines Kollegiums als Arbeitnehmervertretung erfüllen.
6. Die Mitgliedstaaten sehen vor, dass die betreffenden Arbeitnehmer für den Fall, dass es unabhängig von ihrem Willen in einem Unternehmen oder in einem Betrieb keine Vertreter der Arbeitnehmer gibt, vorher zu informieren sind über

- den Zeitpunkt bzw. den geplanten Zeitpunkt des Übergangs,
- den Grund für den Übergang,
- die rechtlichen, wirtschaftlichen und sozialen Folgen des Übergangs für die Arbeitnehmer,
- die hinsichtlich der Arbeitnehmer in Aussicht genommenen Maßnahmen.

Mindestlohnrichtlinie (EU) 2022/2041

Erwägungsgründe

(24) Vor dem Hintergrund einer rückläufigen tarifvertraglichen Abdeckung ist es von grundlegender Bedeutung, dass die Mitgliedstaaten Tarifverhandlungen fördern, die Wahrnehmung des Rechts auf Tarifverhandlungen zur Lohnfestsetzung erleichtern und damit die tarifvertragliche Lohnfestsetzung stärken, um den Mindestlohnschutz der Arbeitnehmer zu verbessern. Die Mitgliedstaaten haben das IAO-Übereinkommen Nr. 87 (1948) über die Vereinigungsfreiheit und den Schutz des Vereinigungsrechtes und das IAO-Übereinkommen Nr. 98 (1949) über die Anwendung der Grundsätze des Vereinigungsrechtes und des Rechtes zu Kollektivverhandlungen ratifiziert. Das Recht auf Kollektivverhandlungen wird im Rahmen dieser IAO-Übereinkommen, des IAO-Übereinkommens Nr. 151 (1978) über den Schutz des Vereinigungsrechts und über Verfahren zur Festsetzung der Beschäftigungsbedingungen im öffentlichen Dienst und

des IAO-Übereinkommens 154 (1981) über die Förderung von Kollektivverhandlungen sowie der Konvention zum Schutze der Menschenrechte und Grundfreiheiten und der ESC anerkannt. Durch die Artikel 12 und 28 der Charta werden die Versammlungs- und Vereinigungsfreiheit bzw. das Recht auf Tarifverhandlungen und Arbeitskampfmaßnahmen garantiert. Gemäß ihrer Präambel werden diese Rechte, wie sie sich insbesondere aus der Konvention zum Schutze der Menschenrechte und Grundfreiheiten und den von der Union und dem Europarat beschlossenen Sozialchartas ergeben, durch die Charta bekräftigt. Die Mitgliedstaaten sollten ggf. und gemäß den nationalen Rechtsvorschriften und im Einklang mit den nationalen Gepflogenheiten Maßnahmen zur Förderung von Tarifverhandlungen bei der Lohnfestsetzung ergreifen. Zu solchen Maßnahmen könnten unter anderem Maßnahmen gehören, die den Zugang von Gewerkschaftsvertretern zu den Arbeitnehmern erleichtern.

(35) Die Arbeitnehmer und die Arbeitnehmervertreter, einschließlich derjenigen, die Mitglieder oder Vertreter von Gewerkschaften sind, sollten in der Lage sein, ihr Recht auf Verteidigung auszuüben, wenn ihre Rechte in Bezug auf den Mindestlohnschutz, die im nationalen Recht oder in Tarifverträgen festgelegt sind, verletzt wurden. Um zu verhindern, dass Arbeitnehmern ihre Rechte, die im nationalen Recht oder in Tarifverträgen festgelegt sind, vorenthalten werden, sollten die Mitgliedstaaten – unbeschadet spezifischer Rechtsbehelfe und Möglichkeiten der Streitbeilegung, die in Tarifverträgen festgelegt sind, einschließlich Systemen zur Streitbeilegung auf kollektiver Ebene – die erforderlichen Maßnahmen ergreifen, um sicherzustellen, dass die Arbeitnehmer Zugang zu einer wirksamen und unparteiischen Streitbeilegung und Anspruch auf Rechtsbehelfe haben sowie einen wirksamen Schutz durch Justiz und/oder Verwaltung vor jeder Form von Benachteiligung genießen, wenn sie von ihrem Recht auf Verteidigung Gebrauch machen. Die Einbeziehung der Sozialpartner in die Weiterentwicklung unparteiischer Streitbeilegungsmechanismen in den Mitgliedstaaten kann von Vorteil sein. Die Arbeitnehmer sollten über die Rechtsbehelfsmechanismen informiert werden, damit sie ihr Recht auf Rechtsbehelfe wahrnehmen können.

Artikel 4
Förderung von Tarifverhandlungen zur Lohnfestsetzung

(1) Um die tarifvertragliche Abdeckung zu erhöhen und die Ausübung des Rechts auf Tarifverhandlungen zur Lohnfestsetzung zu erleichtern, ergreifen die Mitgliedstaaten unter Beteiligung der Sozialpartner gemäß dem nationalen Recht und im Einklang mit den nationalen Gepflogenheiten folgende Maßnahmen: …

c) ggf. Schutz der Ausübung des Rechts auf Tarifverhandlungen zur Lohnfestsetzung und Schutz der Arbeitnehmer und Gewerkschaftsvertreter vor Handlungen, durch die sie in Bezug auf ihre Beschäftigung diskriminiert werden, weil sie an Tarifverhandlungen zur Lohnfestsetzung teilnehmen oder teilnehmen wollen;
d) zur Förderung von Tarifverhandlungen bei der Lohnfestsetzung ggf. Schutz von Gewerkschaften und Arbeitgeberorganisationen, die an Tarifverhandlungen teilnehmen oder teilnehmen möchten, vor Eingriffen der jeweils anderen Seite oder ihrer Vertreter oder Mitglieder in ihre Gründung, ihre Arbeitsweise oder ihre Verwaltung. …

Artikel 12
Anspruch auf Rechtsbehelfe und Schutz vor Benachteiligung oder negativen Konsequenzen
(2) Die Mitgliedstaaten ergreifen die erforderlichen Maßnahmen, um die Arbeitnehmer und Arbeitnehmervertreter, einschließlich derjenigen, die Gewerkschaftsmitglieder oder in der Arbeitnehmervertretung tätig sind, vor Benachteiligungen durch den Arbeitgeber und vor nachteiligen Folgen zu schützen, die sich aus einer Beschwerde beim Arbeitgeber oder aus Verfahren ergeben, die eingeleitet wurden, um die Einhaltung der Rechte in Bezug auf den Mindestlohnschutz durchzusetzen, sofern solche Rechte im nationalen Recht oder in Tarifverträgen verankert sind und gegen sie verstoßen wurde.

Leiharbeitsrichtlinie 2008/104/EG

Artikel 8
Unterrichtung der Arbeitnehmervertreter
Unbeschadet strengerer und/oder spezifischerer einzelstaatlicher oder gemeinschaftlicher Vorschriften über Unterrichtung und Anhörung und insbesondere der Richtlinie 2002/14/EG des Europäischen Parlaments und des Rates vom 11. März 2002 zur Festlegung eines allgemeinen Rahmens für die Unterrichtung und Anhörung der Arbeitnehmer in der Europäischen Gemeinschaft hat das entleihende Unternehmen den gemäß einzelstaatlichem und gemeinschaftlichem Recht eingesetzten Arbeitnehmervertretungen im Zuge der Unterrichtung über die Beschäftigungslage in dem Unternehmen angemessene Informationen über den Einsatz von Leiharbeitnehmern in dem Unternehmen vorzulegen.

Richtlinie 2006/54/EG Gleichbehandlung Männer und Frauen

Artikel 24
Viktimisierung
Die Mitgliedstaaten treffen im Rahmen ihrer nationalen Rechtsordnungen die erforderlichen Maßnahmen, um die Arbeitnehmer sowie die aufgrund der innerstaatlichen Rechtsvorschriften und/oder Gepflogenheiten vorgesehenen Arbeitnehmervertreter vor Entlassung oder anderen Benachteiligungen durch den Arbeitgeber zu schützen, die als Reaktion auf eine Beschwerde innerhalb des betreffenden Unternehmens oder auf die Einleitung eines Verfahrens zur Durchsetzung des Gleichbehandlungsgrundsatzes erfolgen.
Dazu EuGH 20.6.2019 – C-404/18:
Art. 24 der RL 2006/54/EG v. 5.7.2006 zur Verwirklichung des Grundsatzes der Chancengleichheit und Gleichbehandlung von Männern und Frauen in Arbeits- und Beschäftigungsfragen ist dahin auszulegen, dass er einer nationalen Regelung wie der im Ausgangsverfahren fraglichen entgegensteht, wonach in einer Situation, in der sich eine Person als Opfer einer Diskriminierung aufgrund des Geschlechts sieht, ein Arbeitnehmer, der sie in diesem Zusammenhang unterstützt hat, vor Viktimisierung durch den Arbeitgeber nur dann geschützt ist, wenn er als Zeuge im Rahmen der Untersuchung dieser Beschwerde aufgetreten ist und seine Zeugenaussage den in dieser Regelung vorgesehenen Formerfordernissen entspricht.

EBR-Richtlinie 2009/38/EG

Artikel 10
Rolle und Schutz der Arbeitnehmervertreter
(1) Unbeschadet der Zuständigkeiten der anderen Gremien oder Organisationen in diesem Bereich verfügen die Mitglieder des Europäischen Betriebsrats über die Mittel, die erforderlich sind, um die Rechte auszuüben, die sich aus dieser Richtlinie ergeben, um kollektiv die Interessen der Arbeitnehmer des gemeinschaftsweit operierenden Unternehmens oder der gemeinschaftsweit operierenden Unternehmensgruppe zu vertreten.
(2) Unbeschadet des Artikels 8 informieren die Mitglieder des Europäischen Betriebsrats die Arbeitnehmervertreter der Betriebe oder der

zur gemeinschaftsweit operierenden Unternehmensgruppe gehörenden Unternehmen oder, in Ermangelung solcher Vertreter, die Belegschaft insgesamt über Inhalt und Ergebnisse der gemäß dieser Richtlinie durchgeführten Unterrichtung und Anhörung.
(3) Die Mitglieder des besonderen Verhandlungsgremiums, die Mitglieder des Europäischen Betriebsrats und die Arbeitnehmervertreter, die bei dem Unterrichtungs- und Anhörungsverfahren nach Artikel 6 Absatz 3 mitwirken, genießen bei der Wahrnehmung ihrer Aufgaben den gleichen Schutz und gleichartige Sicherheiten wie die Arbeitnehmervertreter nach den innerstaatlichen Rechtsvorschriften und/oder Gepflogenheiten des Landes, in dem sie beschäftigt sind.
Dies gilt insbesondere für die Teilnahme an den Sitzungen des besonderen Verhandlungsgremiums, des Europäischen Betriebsrats und an allen anderen Sitzungen im Rahmen der Vereinbarungen nach Artikel 6 Absatz 3 sowie für die Lohn- und Gehaltsfortzahlung an die Mitglieder, die Beschäftigte des gemeinschaftsweit operierenden Unternehmens oder der gemeinschaftsweit operierenden Unternehmensgruppe sind, für die Dauer ihrer durch die Wahrnehmung ihrer Aufgaben notwendigen Abwesenheit.
(4) In dem Maße, wie dies zur Wahrnehmung ihrer Vertretungsaufgaben in einem internationalen Umfeld erforderlich ist, müssen die Mitglieder des besonderen Verhandlungsgremiums und des Europäischen Betriebsrats Schulungen erhalten, ohne dabei Lohn- bzw. Gehaltseinbußen zu erleiden.

Geheimnisschutzrichtlinie (EU) 2016/943

Artikel 3
Rechtmäßiger Erwerb, rechtmäßige Nutzung und rechtmäßige Offenlegung von Geschäftsgeheimnissen
(1) Der Erwerb eines Geschäftsgeheimnisses gilt als rechtmäßig, wenn das Geschäftsgeheimnis auf eine der folgenden Weisen erlangt wird: …
c) Inanspruchnahme des Rechts der Arbeitnehmer oder Arbeitnehmervertreter auf Information und Anhörung gemäß dem Unionsrecht sowie gemäß den Rechtsvorschriften und den Gepflogenheiten der Mitgliedstaaten, …

Artikel 5 Ausnahmen

Die Mitgliedstaaten stellen sicher, dass ein Antrag auf die in dieser Richtlinie vorgesehenen Maßnahmen, Verfahren und Rechtsbehelfe abgelehnt wird, wenn der angebliche Erwerb oder die angebliche Nutzung oder Offenlegung des Geschäftsgeheimnisses in einem der folgenden Fälle erfolgt ist: …

c) Offenlegung durch Arbeitnehmer gegenüber ihren Vertretern im Rahmen der rechtmäßigen Erfüllung der Aufgaben dieser Vertreter gemäß dem Unionsrecht oder dem nationalen Recht, sofern die Offenlegung zur Erfüllung dieser Aufgaben erforderlich war; …

Whistleblowing-Richtlinie (EU) 2019/1937

Erwägungsgründe

(21) Diese Richtlinie sollte den für Arbeitnehmer gewährten Schutz bei der Meldung von Verstößen gegen das Arbeitsrecht der Union unberührt lassen. Im Bereich der Sicherheit und des Gesundheitsschutzes am Arbeitsplatz verpflichtet Artikel 11 der Richtlinie 89/391/EWG des Rates die Mitgliedstaaten schon jetzt, dafür zu sorgen, dass Arbeitnehmern oder Arbeitnehmervertretern keine Nachteile entstehen, wenn sie den Arbeitgeber um geeignete Maßnahmen ersuchen und ihm Vorschläge unterbreiten, um Gefahren für die Arbeitnehmer vorzubeugen und/oder Gefahrenquellen auszuschalten. Die Arbeitnehmer und ihre Vertreter sind nach der genannten Richtlinie berechtigt, die zuständige Behörde auf Probleme hinzuweisen, wenn sie der Auffassung sind, dass die vom Arbeitgeber getroffenen Maßnahmen und eingesetzten Mittel nicht ausreichen, um die Sicherheit und den Gesundheitsschutz zu gewährleisten.

(29) Diese Richtlinie sollte sich nicht auf nationale Bestimmungen über die Inanspruchnahme des Rechts der Arbeitnehmervertreter auf Information, Konsultation und Teilnahme an Kollektivverhandlungen und die Verteidigung der Arbeitnehmerrechte durch Arbeitnehmervertreter auswirken. Die Ausübung dieser Rechte sollte das durch diese Richtlinie gewährte Maß an Schutz unberührt lassen.

(41) Es sollte nicht nur Schutz vor Repressalien gewährt werden, die direkt gegen den Hinweisgeber selbst ergriffen werden, sondern auch für Maßnahmen, die indirekt, einschließlich gegen Mittler, Kollegen oder Verwandte des Hinweisgebers, die ebenfalls in einer beruflichen Verbindung zum Arbeitgeber des Hinweisgebers, zu einem Kunden des

Hinweisgebers oder zu einem Empfänger vom Hinweisgeber erbrachter Dienstleistungen stehen, ergriffen werden können. Unbeschadet des Schutzes, den Gewerkschaftsvertreter oder Arbeitnehmervertreter nach sonstigen Unionsbestimmungen und den nationalen Bestimmungen in ihrer Eigenschaft als Interessenvertreter genießen, sollten sie sowohl im Fall von Meldungen, die sie in ihrer Eigenschaft als Arbeitnehmer erstatten, als auch im Fall der Beratung und Unterstützung des Hinweisgebers den in dieser Richtlinie vorgesehenen Schutz genießen. Indirekte Repressalien umfassen auch Maßnahmen wie Verweigerung von Dienstleistungen, Erfassung auf »schwarzen Listen« oder Geschäftsboykott gegen die juristische Person, die im Eigentum des Hinweisgebers steht, für die er arbeitet oder mit der er in einem beruflichen Kontext anderweitig in Verbindung steht.

(54) Auch Dritte könnten ermächtigt werden, Meldungen von Verstößen im Namen von juristischen Personen des privaten und öffentlichen Sektors entgegenzunehmen, sofern sie entsprechende Garantien für die Wahrung der Unabhängigkeit und Vertraulichkeit, des Datenschutzes und der Geheimhaltung bieten. Bei solchen Dritten könnte es sich um externe Anbieter von Meldeplattformen, externe Berater, Prüfer, Gewerkschaftsvertreter oder Arbeitnehmervertreter handeln.

Transparenz- und Arbeitsbedingungen-Richtlinie (EU) 2019/1152

Artikel 17
Schutz vor Benachteiligung oder negativen Konsequenzen

Die Mitgliedstaaten führen die notwendigen Maßnahmen ein, um Arbeitnehmer, darunter auch Arbeitnehmervertreter, vor jedweder Benachteiligung durch den Arbeitgeber und vor jedweden negativen Konsequenzen zu schützen, denen sie ausgesetzt sind, weil sie Beschwerde beim Arbeitgeber eingereicht oder ein Verfahren angestrengt haben mit dem Ziel, die Einhaltung der im Rahmen dieser Richtlinie gewährten Rechte durchzusetzen.

VO (EG) Nr. 761/2001 über die freiwillige Beteiligung von Organisationen an einem Gemeinschaftssystem für das Umweltmanagement und die Umweltbetriebsprüfung (EMAS)

Artikel 1
Umweltmanagement- und Umweltbetriebsprüfungssystem und seine Ziele

(1) Es wird ein – nachstehend »EMAS« genanntes – Gemeinschaftssystem für das Umweltmanagement und die Umweltbetriebsprüfung zur Bewertung und Verbesserung der Umweltleistung von Organisationen und zur Unterrichtung der Öffentlichkeit und der anderen interessierten Kreise geschaffen, an dem sich Organisationen freiwillig beteiligen können.

(2) Ziel von EMAS ist die Förderung einer kontinuierlichen Verbesserung der Umweltleistung von Organisationen durch

a) die Schaffung und Anwendung von Umweltmanagementsystemen durch Organisationen, wie in Anhang I beschrieben;
b) eine systematische, objektive und regelmäßige Bewertung der Leistung dieser Systeme, wie in Anhang I beschrieben;
c) die Information der Öffentlichkeit und der anderen interessierten Kreise über die Umweltleistung und einen offenen Dialog mit der Öffentlichkeit und den anderen interessierten Kreisen;
d) die aktive Einbeziehung der Arbeitnehmer in der Organisation sowie eine adäquate Aus- und Fortbildung, die die aktive Mitwirkung bei den unter Buchstabe a angeführten Aufgaben ermöglicht. Auf Antrag werden auch Arbeitnehmervertreter einbezogen.

VIII. Gerichtliches Verfahren

1. Vorabentscheidungsverfahren nach Art. 267 AEUV

Über die Auslegung von Europarecht entscheidet der Gerichtshof der Europäischen Union, der EuGH, in Luxemburg (nicht zu verwechseln mit dem EGMR in Straßburg). Dafür sieht Art. 267 AEUV ein Vorabentscheidungsverfahren vor, d.h. nationale Gerichte legen in Fällen, für deren Entscheidung es auf die Auslegung europäischen Rechts ankommt, dem EuGH Fragen zur Auslegung eben dieser europäischen Bestimmungen vor. Der EuGH entscheidet dann nicht über nationales, sondern nur über europäisches Recht. Tatsächlich geht es aber in den meisten Verfahren um die Vereinbarkeit nationaler Bestimmungen und nationaler Rechtsprechung mit Europarecht. Deswegen haben Vorlagefragen oft folgenden Wortlaut:

»Ist Art. X der Richtlinie Y so auszulegen, dass ihm eine nationale Bestimmung/Rechtsprechung/Rechtspraxis entgegensteht, wenn diese den Inhalt hat, dass …?«

Auf diese Weise kann der EuGH z. B. im Arbeitsrecht feststellen, dass eine aus Arbeitnehmersicht schlechtere nationale Rechtslage europarechtswidrig ist, weil sie eben gegen die bezeichnete europäische Vorschrift verstößt oder diese nicht vollständig umgesetzt hat. Wird dies festgestellt, muss das nationale Recht angepasst werden, je nach Möglichkeit durch Auslegung, durch Nichtanwendung oder durch Gesetzesänderung (s. o. IV). Solche Vorlagen kommen von den Gerichten aller Mitgliedstaaten. EuGH-Urteile zu Vorlagefragen bilden dann die maßgebliche und authentische Auslegung dieser europäischen Bestimmungen in allen Mitgliedstaaten, nicht nur in dem Land, dessen Gerichte diese Vorlagefragen formuliert haben.

Beispiel:
Ein spanisches Gericht fragte, ob Bereitschaftsdienste von Ärzten Arbeitszeit i.S.d. Arbeitszeitrichtlinie sind. Der EuGH bejahte diese Frage im Urteil SIMAP[1] und zahlreichen nachfolgenden Urteilen. Daraufhin musste Deutschland das Arbeitszeitgesetz entsprechend anpassen.

2. Vorlagen durch nationale Gerichte

Wo in einem konkreten Rechtsstreit Europarecht einschlägig ist, kann jedes nationale (Instanz-)Gericht, also auch Arbeitsgerichte oder Verwaltungsgerichte, dem EuGH sachdienliche Fragen vorlegen und den Rechtsstreit bis zu deren Beantwortung aussetzen. Deswegen ist es sinnvoll, schon in den gerichtlichen Eingangsinstanzen, ja selbst in vorgerichtlichen Verhandlungen oder in Einigungsstellen mit Europarecht zu argumentieren. Ein letztinstanzliches Gericht wie das Bundesarbeitsgericht oder das Bundesverwaltungsgericht ist nach Art. 267 AEUV zur Vorlage verpflichtet, wenn es im Rechtsstreit auf die Auslegung von Europarecht ankommt und diese nicht ohnehin klar oder durch die bisherige EuGH-Rechtsprechung schon geklärt ist. Die Prozessparteien können derartige Beschlüsse anregen und auch Vorlagefragen selbst formulieren und beantragen, was auch häufig geschieht. Letztlich aber entscheidet das nationale Gericht, ob es die Vorlage für notwendig hält.

3. Nationale Umsetzung

National ergibt sich diese Vorlageverpflichtung aus dem Grundrecht auf »gesetzlichen Richter« nach Art. 101 des Grundgesetzes. Legt ein vorlagepflichtiges (letztinstanzliches) Gericht willkürlich eine prozesserhebliche Frage dem EuGH nicht vor, ist dieses Grundrecht verletzt, was mit einer Verfassungsbeschwerde an das Bundesverfassungsgericht geltend gemacht werden kann. So ist es schon mehrfach vorgekommen, dass das BVerfG BAG-Urteile aufgehoben hat, weil das BAG in Fragen, in denen es auf Europarecht ankam, selbst entschieden hat, ohne den EuGH zu befragen.

1 EuGH 3.10.2000 – C-303/98, SIMAP, AuR 2000, 465.

Beispiel:
Nach der Massenentlassungsrichtlinie 98/59/EG (MERL), die in Deutschland durch §§ 17, 18 KSchG umgesetzt worden ist, muss ein Arbeitgeber vor dem Ausspruch von Massenentlassungen die Arbeitnehmervertreter rechtzeitig konsultieren und der zuständigen Behörde alle beabsichtigten Massenentlassungen schriftlich anzeigen. Das BAG hatte früher unter Entlassung i. S. d. §§ 17, 18 KSchG nicht die Kündigungserklärung, sondern die tatsächliche Beendigung des Arbeitsverhältnisses nach Fristablauf verstanden und somit die Anzeige und das Konsultationsverfahren auch nach Ausspruch der Kündigung zugelassen. Das sah der EuGH anders: Maßgeblich ist danach der Kündigungsausspruch. Das BAG wollte jedoch einem Arbeitgeber, der diesen Zeitpunkt verpasst hatte, »Vertrauensschutz« geben, ohne den EuGH zu fragen, ob es dazu berechtigt war. Es hätte den EuGH fragen müssen, denn grundsätzlich darf nur dieser »Vertrauensschutz« in eine frühere Rechtsprechung geben. Mit dieser Begründung hob das BVerfG das BAG-Urteil auf.[2]

Hat dann der EuGH entschieden, ist das vorlegende Gericht verpflichtet, dessen im Tenor getroffenen Feststellungen und, soweit zur Erklärung notwendig, auch Gründe seinem eigenen Urteil zugrunde zu legen. Ist ihm das Ergebnis nicht klar, kann es erneut Fragen vorlegen. Es darf indes nicht von der Vorabentscheidung des EuGH abweichen und sich darüber hinwegsetzen – nicht einmal unter Berufung auf nationales Verfassungsrecht. Anschließend sind auch alle anderen nationalen Gerichte gehalten, dem EuGH zu folgen – und dies in allen Mitgliedstaaten.

4. Verfahrenspraxis

Die Einzelheiten des Verfahrens in Luxemburg ergeben sich aus der EuGH-Satzung und der EuGH-Verfahrensordnung. Das Kasseler Gewerkschaftliche Centrum für Revision und Europäisches Recht der DGB Rechtsschutz GmbH hat schon seit den 80er-Jahren des letzten Jahrhunderts bis heute immer wieder Arbeitnehmer/innen in arbeits- und sozi-

2 BVerfG 10.12.2014 – 2 BvR 1549/07, AuR 2015, 233: »Das Urteil des BAG v. 1.2.2007 – 2 AZR 15/06 – verletzt den Beschwerdeführer in seinem grundrechtsgleichen Recht aus Art. 101 Abs. 1 Satz 2 des Grundgesetzes. Das Urteil wird aufgehoben. Die Sache wird an das Bundesarbeitsgericht zurückverwiesen.«

alrechtlichen Verfahren vor dem EuGH vertreten, Schriftsätze formuliert und mündliche Plädoyers vorgetragen.[3]

> **Wichtig:**
> Für Arbeitnehmervertreter sind diese Vorlageverfahren in der Praxis die einzige Verfahrensart. Daneben gibt es Vertragsverletzungsverfahren auf Antrag der Kommission gegen einzelne Mitgliedstaaten, die auch zu wichtigen Urteilen führen können, an denen wir aber nicht beteiligt werden. Direkte Klageverfahren oder Rechtsmittel (Revisionen) gegen Urteile nationaler Gerichte über die Auslegung arbeits- oder sozialrechtlichen Vorschriften sind im europäischen Prozessrecht nicht vorgesehen. »Revision beim EuGH einlegen« gibt es nicht.

3 Zu den Besonderheiten dieses Verfahrens ausführlich Buschmann/Jessolat, Das Vorlageverfahren zum EuGH in Arbeitsrechtsstreitigkeiten, AuR 2025, 183 ff.

IX. Europarecht umsetzen!

»The times they are a-changin'« – sang Bob Dylan schon 1964. Damals war Europa eine reine Wirtschaftsgemeinschaft mit besonderen Regeln für Kohle, Stahl und Atomenergie. Inzwischen gibt es weit mehr als einen bloßen Binnenmarkt – zwar noch kein flächendeckendes europäisches Arbeitsrecht, jedoch zahlreiche Schwerpunktregelungen mit konkreten Auswirkungen auf das nationale Recht. Arbeitnehmervertreter sollten sie kennen, um die Beschäftigten über ihre Rechte aufzuklären. Wer seine Rechte kennt, hat Chancen, sie durchzusetzen. Wer sie nicht kennt, hat sie nicht. Europa hat vielen nationalen Rechtsordnungen wichtige Nachhilfestunden erteilt, auch Deutschland. Und wie sagte schon Adi Preißler: »Entscheidend ist auf dem Platz!«

Stichwortverzeichnis